신의 전쟁
The Wars of God

신의 전쟁 The Wars of God

초판 인쇄　2018년 8월 25일

지은이　　알렉스 이
발행인　　이 금 선

발행처　　브래드북스
출판등록　2011년 5월 13일 (신고번호 제2011-000085호)
주소　　　경기도 고양시 일산동구 백마로 502번길 116-18　브래드TV
전화　　　031-926-2722
홈페이지　www.bradtv.co.kr　　|　**이메일**　bradbooks123@gmail.com
값　　　　15,000원

디자인　　김 보 라 (mizkim77@naver.com)

ISBN　　　979-11-958931-4-0

이 책의 저작권은 저자에게 있으며 판권은 브래드북스에 있습니다.
이 책은 저작권법에 의하여 보호를 받는 저작물이므로 무단전재와 무단복제를 금합니다.

신의 전쟁
The Wars of God

Brad Books

평안의 인사

　이스라엘의 미래 전쟁사를 알면 미래에 일어날 수많은 세계 전쟁을 알 수 있고 이스라엘의 역사를 깨달으면 주님의 공중 강림휴거, 적그리스도 출현, 7년 환난, 주님의 지상 재림을 예비할 수 있다.
　"여호와의 구원하심이 칼과 창에 있지 아니함을 이 무리로 알게 하리라 전쟁은 여호와께 속한 것인즉 그가 너희를 우리 손에 붙이시리라And all this assembly shall know that the LORD saveth not with sword and spear: for the battle is the LORD's, and he will give you into our hands (KJV, 삼상17:47)."

　할렐루야! 만왕의 왕 되신 예수 그리스도의 이름으로 평안의 인사를 드린다. 내가 〈신의 전쟁〉을 쓰게 된 계기가 있었다.
　그것은 바로 주님의 지상 명령인 "오직 성령이 너희에게 임하시면 너희가 권능을 받고 예루살렘과 온 유대와 사마리아와 땅끝까지 이르러 내 증인이 되리라행1:8"는 주님의 지상 명령과 "이 천국 복음이 모든 민족에게 증거되기 위하여 온 세상에 전파되리니 그제야 끝이 오리라마24:14"는 말씀 때문이었다. 나는 이 말씀을 통해 세계 선교의 끝이 7~10년 안에 마치게 될 것과 더불어 예수님의 '공중 강림휴거'과 '7년 환란'의 때가 가까이 왔음을 직감했다.
　그러던 중 나는 2017년 3월, LA 한인타운에서 '묻지마 망치 사건'을 경험했다. 그 사건 직후 각종 매스컴에서는 연일 나를 'LA 의인'이라며 떠들썩하게 추켜세웠지만 정작 나는 무덤덤했다. 오히려 그날 '망치로 23번 정도의 타격'을 받아 피를 흘리며 "살려달라"는 한 자매의 모습을 보고 '삶과 죽음'에 관해 다시 한번 깊이 생각하게 되었다. 또한 그날 이후로 미국에 와서 주님 뜻대로 산다고 포장했지만 나의 뜻대로만 살았던 지난 날들을 회개하고 〈신의 전쟁〉의 집필을 다시 시작했다.

〈신의 전쟁〉을 읽는 모든 분들에게 두 가지를 부탁드리고 싶다.

먼저, 자신이 교회에 다닌다고 해서 또는 봉사를 열심히 한다고 해서 당연히 천국에 들어갈 것이라고 생각하지 말라는 것이다. 예수님을 믿는 성도의 삶은 나의 삶이 나의 것이 아닌 주님의 것임을 알고 오직 주님 안에서 예수님처럼 생각하고, 예수님처럼 말하고, 예수님처럼 행동해야 한다. 이것이 바로 값없이 주시는 하나님의 은혜의 구원에 대한 합당한 삶이기 때문이다. 무엇을 하던지 말씀과 기도가 병행된 출석, 봉사, 헌신, 충성이 있어야만 우리는 온전히 들림받고 구원받을 수 있다.

믿음이 없는 사람들은 "천국에 가면 다냐?"고 반문한다. 나는 그렇다고 확신한다. 우리가 천국에 가지 못하고 지옥에 간다면 이보다 비참한 일은 없을 것이기 때문이다. 그러므로 "필사적인 사명처럼 기도하고 복음을 전해야 한다." 말세에 성도가 사는 방법은 말씀안에서 기도하는 것뿐이다.

여러분이 미래에 "이스라엘이 이란을 핵공격했다제5차 중동전쟁"라는 뉴스를 접하게 되면 마태복음 25장의 '현명한 5처녀'와 같이 공중강림'휴거' 즉 들림받을 시간이 얼마 남지 않음을 기억하고 등말씀과 기름기도을 준비해야 한다. 다시 한 번 간절히 부탁드린다. 주님을 맞이 할 준비하자. 시간이 얼마 남지 않았다.

한국에서 군복무를 하던 시절, 나는 소대장과 참모를 하면서 가끔 힘들고 어려운 일들을 겪었다. 특히 기억에 남는 것은 광주 상무대 기갑 학교에서 약 5개월간 '초등군사반' 교육을 이수하고 부대 배치를 받을 때였다. 당시 소대장이었던 나는 "왜 하나님은 나를 힘든 부대에 보내실까? 다른 동기들처럼 보병 사단의 전차 중대나 대대, 또는 동원사단에 보내 주셔서 편하게 군 생활하게 하면 얼마나 좋을까?"라는 생각을 가끔 했다.

당시 '수기사수도 기계화 보병사단'는 제3 야전군 예하, 제7 기동 군단에 속한 기계화 보병 사단으로 1년에 5개월 정도는 야외 훈련을 해야 했다. 그만큼 훈련의 강도가 높았다.

지금도 그때를 생각하면 농담반 진담반으로 "예비 사단의 군인들은 일반 사단의 군인보다 월급을 더 받아야 한다"고 말하곤 한다. 일반 사단도 힘이 들지만 예비 사단은 "밥만 먹으면 훈련, 쉴 때는 정비"라는 말이 있을 정도로 힘든 곳이다.

그러나 당시 혈기왕성한 신임 소대장인 나를 힘들게 한 것은 고강도의 훈련보다 부대간의 편차였다. 수기사는 워낙 훈련이 많은 부대로 월남전에서 전투한 경험이 많은 훌륭한 맹호 사단이다. 그러나 12.12 사태를 전후로 쿠테타의 반대편에 선 부대라는 이유 때문인지 아니면 당시 권력자들이 '수기사'가 두려워서였는지는 모르겠지만, 모든 중요한 행사나 TV 의전이 있을 때에 쿠테타에 가담한 양기사20사단 – 전방에 있던 부대가 대대장의 월북 사건으로 후방 지역 양평으로 작전지역을 옮긴다가 아직까지도 모든 대외 활동에 앞장 서는 것을 보면 씁쓸하다. 또한 초급 장교들간육사, 학사, 삼사, ROTC 출신에 따른 파벌은 나를 더욱 힘들게 했다. 그 가운데서도 초급 장교 시절 많은 숫자가 배출되는 곳의 출신들이 저지르는 행포는 대단했다. 자기 출신 아닌 다른 출신 초급 장교에게는 인사도 못하게 하는 일들이 비일비재했다. 오죽하면 농담으로 "전쟁이 나면 적을 치기 전에 아군 장교끼리 죽이겠다"라고 할 정도였으니까. 한마디로 뿌리 깊은 군대의 병폐였다. 대부분 장교와 병사들은 오늘도 최전방에서 불철주야 경계와 전략, 전술 훈련을 위해 땀을 흘리고 있다. 그러나 일부 장교들과 장군들이 나라를 망치고 팔아넘기는 '매국노'물론 자신이 매국노가 아닌 애국자인 줄 착각한다와 다름없는 일을 일삼곤 했다. 군장비에 뇌물을 받아 야금야금 혹은 통채로 먹고 불량품을 납품하니 크고 작은 사고들이 끊이지 않는다. 공중에서는 비행기가 떨어지고, 지상에서는 전차가 이탈하고, 장갑차가 고장나고, 바다에서는 배에 물이 차고, 잠수함의 장비가 고장나고, 7천원 짜리 배터리가 70만 원으로 둔갑하고, 병사들의 헬멧과 전투화, 전투복, 방탄복이 구멍이 나는 등 어쩌구니 없는 일들이 일어나고 있다.

나는 수기사에서 소대장, 군단 연락장교, 정보 학교 교육, 정보 보좌관, 정보 과장, 그리고 대대, 여단, 사단 전술 훈련과 미군들과 함께한 '팀 스피릿Team

Spirit' 훈련 등을 통해 작전, 정보, 군수, 인사와 작계 5027[1]에 대해 배우고 익혔다. 물론 힘들고 어려웠지만 지금 돌아보면 군 생활을 통해 얻은 것들이 참으로 많다. 그때의 지식과 경험들이 이 글을 쓰는 데에도 많은 도움이 되었기에 하나님께 감사드린다.

나는 창조 이후 하나님께 불순종한 인간이 저지른 최악의 선택이 '전쟁'이라고 생각한다. 그러나 긍휼이 많으신 하나님은 전쟁을 통해서 인간을 향한 사랑과 진정한 구원자가 누구신지를 분명하게 나타내신다.

하나님께서는 "전쟁은 여호와께 속하였고 여호와의 구원하심이 칼과 창에 있지 않음 삼상17:47"을 깨닫게 해주셨다. 또한 세계 역사에 나타난 어떤 전쟁도 철저하게 하나님의 계획과 섭리 속에 성취된다는 것, 특히 성경에 나타난 전쟁들은 '전쟁의 주관자'가 누구인지를 드러내셨다.

성경 킹 제임스 버전 KJV에는 '여호와의 전쟁 The War of the LORD'이란 말씀이 세 번 등장한다 민21:14, 삼상18:17, 25:28. 나는 이 세 번의 전쟁을 거룩한 전쟁 즉 성전 The Holy War 이라고 부른다.

이스라엘 전쟁사에서는 이 세 가지 성전 The Holy Wars을 직접 성전 The Direct Holy Wars과 간접 성전 The Indirect Holy Wars, 그리고 감동 성전 The Impressed Holy Wars으로 나눌 수 있다.

첫째, 직접 성전 The Direct Holy Wars은 여호와께서 친히 말씀으로 나타나셔서 이스라엘을 대신해서 적들과 직접 싸우시는 전쟁이다.

둘째, 간접 성전 The Indirect Holy Wars은 여호와께서 말씀으로 현현하시고 이스라엘에게 작전과 정보에 관한 전투 수칙과 방법 등을 직접 지시하신 후에 이스라엘로 하여금 적들과 전투를 치르게 하는 전쟁이다.

---

1) 작계 5027 : 작전 계획은 미국과 한국이 북한의 무력공격에 대비해 만든 대응 작전으로 1974년에 처음 수립됐다. 한국과 미국은 북한과의 전면전에 대비한 작전 계획 5027, 북한의 급변사태에 가동하는 5029를 세워 놓고 이를 보완해 왔다. 2015년 6월 미국과 한국은 작전 계획 5027을 대체하는 '작계 5015'를 새롭게 만들었다. 새 작전 계획 5015는 기존의 5027과 5029, 평시 작전태세를 모두 통합한 것이다.

셋째, 감동 성전 The Impressed Holy Wars은 여호와의 현현과 말씀대신 '하나님의 사람'에게 '영적 감동'을 통해 지혜와 용기, 능력을 주셔서 적들과 싸우게 하는 전쟁이다.

성전 The Holy Wars의 진정한 의미는 단순히 전쟁을 통해 영토 확장이나 자원 확보를 하기 위한 것이 아니다. 오직 여호와의 하나님 되심과 진정한 구원자가 누구이신지 알게 하기 위함일 뿐이다.

성경이 말씀하시는 '미래 성전 The Holy Wars of Future'에는 '영적 의미'가 있다. '세계 선교'는 2025년에서 2027년을 기점으로 전세계 모든 미전도 종족에게까지 복음이 전파되어 예수님께서 제자들에게 예언하신 "이 천국 복음이 모든 민족에게 증거되기 위하여 온 세상에 전파되리니 그제야 끝이 오리라" 하신 말씀이 이루어질 것이다. 즉 천국 복음이 모든 민족에게 증거되므로 세상의 끝이 오고 '세상의 끝'은 곧 '휴거Rapture=들림'과 7년 환란, 그리고 '예수 그리스도의 재림'의 시간을 깨닫게 하는 중요한 이정표가 될 것이다.

또한 '미래 성전 The Holy Wars of Future'의 역사적 의미는 미래에 이스라엘에 일어나게 될 전쟁, 즉 '제3차 세계대전'과 '지구 최후의 전쟁' 등 성경에 예언된 전쟁들이 반드시 지구상에 일어날 것을 나타낸다.

지구의 마지막 때에 '미래의 세계'와 '미래의 역사' 그리고 '신의 전쟁'의 중심은 '이스라엘'이다. 세계사의 공통점 가운데 하나는 '한 나라의 전쟁은 그 나라의 운명과 함께한다'는 사실이다. 미래의 '이스라엘 전쟁사'는 전 세계, 전 인류의 운명과 함께할 것이다.

<신의 전쟁>에서는 이스라엘의 '고대 전쟁사', '현대 전쟁사', 그리고 '미래 전쟁사'를 다룬다.

이스라엘의 '고대 전쟁사'는 세계 기독교 역사와 함께 '직접 성전 The Direct Holy Wars'과 '간접 성전 The Indirect Holy Wars'이 중심이 된다.

이스라엘의 '현대 전쟁사'는 이스라엘 독립과 동시에 시작된 중동 1, 2, 3, 4차 중동전쟁, 이라크 전쟁, 시리아 전쟁 등 20세기와 21세기 초까지의 전쟁들을 포함한다.

이스라엘의 '미래 전쟁사'는 젖과 꿀이 흐르는 약속의 땅 이스라엘을 배경으로 일어날 제5, 6, 7차 성전중동전쟁을 의미한다.

이스라엘의 7차 성전 이후에는 '휴거', '적그리스도 등장', '7년 대환란'이 일어난다. 7년 대환란 기간에 '3차 세계대전', '유브라데 전쟁', '아마겟돈 전쟁'이 있으며 '재림' 이후 '천년왕국', 그리고 인류의 마지막 전쟁인 '곡과 마곡 전쟁'을 정점으로 '미래 전쟁사'는 끝이 난다.

세계 역사에서 나라를 잃고 '디아스포라'로 살아가던 민족이 약 2천년 만에 영토를 되찾아 세계 무대에 다시 등장한 예는 한 번도 없었다. 그러나 '약속의 나라' 이스라엘은 1948년 5월 14일, 전 세계에 흩어져 있던 일부 유대인들이 '알리야'해서 과거의 영토를 일부분 회복하여 독립을 선포했다.

이스라엘의 독립은 유대인의 영토, 정치, 경제, 히브리어 회복으로 이어졌고, 전 세계와 대체신학에 젖어 있던 교회들에게 엄청난 충격을 주었다. 성경에 기록된 예언이 그대로 성취되었기 때문이다 마 24:32.

에스겔 37장을 비롯해 성경에서 여러 차례 약속하신대로 이스라엘은 약 2천년 만에 다시 회복되었고, 유대인의 '알리야 물결'은 마침내 이스라엘의 독립을 가져왔다. '세계 사람 열 명이 유대인 한 사람의 옷자락을 잡고 하나님을 경배할 날'이 점점 현실로 다가오고 있다.

이스라엘을 둘러싼 전쟁은 왜 그토록 치열할까? 답은 간단하다. 이스라엘은 하나님께서 아브라함에게 약속하신 축복의 땅이요, 거룩한 도시인 예루살렘은 '제3성전 The Third Temple'이 건축될 영적인 장소이기 때문이다.

그래서 악한 마귀와 마귀의 추종자인 '이 세상 어두움의 주관자들'은 하나님의 약속을 싫어하고, 이스라엘이 회복되는 것을 경멸하며, 예루살렘에 성전이 세워지는 것을 저주로 여긴다.

이스라엘은 세계의 중심이요 축복의 땅이다. 예루살렘은 세계 중심의 심장이자 하나님 축복의 통로이다. 예루살렘에 세워질 제3성전 The Third Temple은 제1성전과 제2성전이 세워진 곳에 반드시 지어질 것이다.

'미래의 거룩한 성전The Holy Wars of Future'은 예루살렘에 제3성전이 세워지기 위한 발판이자 밑거름이다. 제5성전제5차 중동전쟁–The Fifth Holy War은 이스라엘이 이란에 승리하고, 제6성전제6차 중동전쟁–The Sixth Holy War때에는 레바논, 시리아, 이라크, 요르단, 사우디아라비아, 이집트, 헤즈볼라, 하마스에 승리한다. '곡', '마곡' 혹은 '로스'로 묘사되는 제7성전제7차 중동전쟁–The Seventh Holy War은 러시아가 '신 소련연방'을 만들고 이란을 중심으로 한 '이슬람 연합국'과 함께 이스라엘 침략하는 전쟁이다.

지구 최후의 미래 전쟁, 바로 그 열쇠는 이스라엘과 예루살렘에 있다. 우주 만물의 주관자이신 하나님, 그리고 그분의 눈동자인 이스라엘에 '미래의 거룩한 성전The Holy Wars of Future'이 세워진다는 약속은 반드시 성취될 것이다.

인류의 최후의 때, '하나님의 사람'은 이스라엘을 축복하고, 예루살렘의 평안을 기도하고, 예루살렘을 사랑해야 한다. 이스라엘을 향한 축복과 기도와 사랑을 멈추지 않는 것이 말세의 형통한 자의 삶이다.
"예루살렘을 위하여 평안을 구하라. 예루살렘을 사랑하는 자는 형통하리로다 Pray for the peace of Jerusalem: they shall prosper that love thee. _KJV, 시편122:6."

이 글을 쓰는 데 여러모로 도움을 주신 Brad TV의 김종철 감독님, Operation Exodus USA, Jews for Jesus, KIBI USA, Jewish agency에 감사를 드린다.

평안의 인사 • 1

제1부 이스라엘 고대 전쟁사 • 15

제1장. 홍해 전투 Battle of Red Sea • 17
1. 이집트 군대 • 20 | 2. 하나님의 4가지 작전 • 21

제2장. 시내^{아몬드}산의 진실 • 25
1. 이집트 '모세산^{제벨 무사}'이 '시내산'이 된 배경 • 26
2. 사우디아라비아의 '알 라오즈산'이 '시내산'이라는 주장 • 27
3. 이스라엘 정부의 입장 • 31
4. 성경에 기록된 '시내산' 역사 • 32

제3장. 사막 전투 Desert battle • 33
1. 르비딤 전투 • 33 | 2. 1차 호르마 전투 • 36
3. 2차 호르마 전투 • 37 | 4. 야하스 전투 • 38
5. 에드레이 전투 • 39 | 6. 미디안 전투 • 40

제4장. 가나안 정복 전쟁 • 42
1. 여리고 전투 • 42 | 2. 아이성 전투 • 47

제5장. 사사들의 전투 • 50
1. 다볼산 전투 • 50 | 2. 모리아산 전투 • 54
3. 길르앗 미스바 전투 • 58

제6장. 왕들의 전쟁 • 60
1. 길르앗 야베스 전투 • 60 | 2. 엘라 골짜기 전투 • 62
3. 도단 전투 • 63

신의 전쟁
The Wars of God

제2부 중간시대 전쟁 • 67

제1장. 마카비 전투 • 72
1. 맛다디아^{맛디디아} • 74 | 2. 유다 마카비 • 74

제2장. 마사다 전투 • 77
1. 유대-로마 전쟁 • 79 | 2. 마사다 전투 • 80

제3부 이스라엘 건국과 20세기 성전 • 83

1. 19세기 이스라엘의 건국 운동과 알리야 • 85
2. 20세기 이스라엘 건국과 알리야 • 88

제1장. 제1차 중동전쟁 • 97
1. 역사적 배경 • 97 | 2. 이스라엘과 아랍 연합국 인구 • 98
3. 이스라엘·아랍 연합국 군사력 • 98 | 4. 전쟁의 양상 • 100
5. 전쟁의 결과 • 106

제2장. 제2차 중동전쟁^{수에즈 전쟁} **• 108**
1. 전쟁 배경 • 108 | 2. 병력 규모 • 111 | 3. 전쟁 전개 • 111
4. 정전과 휴전 • 116 | 5. 전쟁 결과 • 117

제3장. 제3차 중동전쟁^{6일 전쟁} **• 119**
1. 전쟁 배경 • 119 | 2. 이스라엘의 정보 능력 • 123
3. 이스라엘의 전쟁 대처 방법 • 127 | 4. 전쟁 스토리 • 128
5. 전쟁 결과 • 137 | 6. 성전에 나타나신 하나님의 기적 • 138

제4장. 제4차 중동전쟁욤 키푸르전쟁 • 147
1. 정말! 전쟁이 날까? • 147 | 2. 3국의 전쟁 준비 • 148
3. 시리아 전투 • 153 | 4. 이집트 시나이 전투 • 160
5. 이스라엘 방어 작전 • 161 | 6. 전쟁 중반부·후반부 • 163
7. 전쟁 후 각국 상황 • 164 | 8. 성전에 역사하신 하나님의 기적 • 164

제5장. 작은 중동전쟁 • 169
1. 1차 레바논 전쟁 • 169 | 2. 이라크 핵시설 공격 • 170
3. 2차 이스라엘-레바논 전쟁 • 171 | 4. 시리아 핵시설 공습 • 172
5. 1차 가자 전쟁 • 172 | 6. 2차 가자 전쟁 • 173
7. 중동전쟁의 키 • 173 | 8. 하나님의 기적 • 174

제4부 이스라엘 미래 성전 • 177

제1장. 제5성전 제5차 중동전쟁 • 182
1. 이란의 핵개발 • 183 | 2. 이란의 주요 핵시설 • 187
3. 이스라엘의 핵무기 현황 • 190
4. 이스라엘과 이란의 긴박한 핵 전쟁 이슈 • 191
5. 이스라엘의 핵관련 전쟁 • 196 | 6. 이스라엘 공군 • 202
7. 이스라엘의 이란 핵시설 무력화할 첨단무기 • 204
8. 이스라엘과 이란의 가상 전쟁 시나리오 • 208 | 9. 전쟁 결과 • 214

신의 전쟁
The Wars of God

제2장. 제6성전제6차 중동전쟁 • 216
  1. 아랍 연합군 창설 • 216 | 2. 수니파 & 시아파 • 218
  3. 아랍 연합국의 심판 • 219 | 4. 아랍 연합 국가들의 현재와 과거 • 220
  5. 이스라엘과 아랍 연합국의 군사력 • 223 | 6. 전쟁 시나리오 • 224
  7. 전쟁 결과 • 232

제3장. 제7성전제7차 중동전쟁 • 233
  1. 신 소련연방과 이란의 재등장 • 234 | 2. 미국의 멸망 • 235
  3. 세계 선교의 끝 • 237 | 4. '젖과 꿀의 땅' 이스라엘 • 238
  5. '신 소련연방곡'과 '이슬람 연합국' • 242 |
  6. '신 소련연방' 15개국 군사력 • 245 | 7. 이슬람 연합국 군사력 • 248
  8. '신 소련연방'과 '이슬람 연합국'의 침략 배경 • 249
  9. 신 소련연방과 이슬람 연합국의 침략 시기 • 250
  10. 신 소련연방과 이슬람 연합국의 공격 • 251
  11. 하나님의 직접 성전 • 252 | 12. 전쟁의 결과 • 254

제5부 **맺는말** • 257
  평안의 인사 • 259

제1부
이스라엘 고대 전쟁사
Ancient History of War

제1부_ 이스라엘 고대 전쟁사
Ancient History of War

이스라엘의 '고대 전쟁사'에 드러나는 특징은 뚜렷하다. 그들은 전투에 필요한 정보, 작전 능력, 군수품 지원, 병력과 부대의 규모 같은 것에 초점을 맞추지 않고 '전쟁의 주관자'가 누구신지 명확히 밝히고 있다.

세계 전쟁사에는 부족과 부족, 민족과 민족, 나라와 나라 간에 일어난 수많은 전쟁의 역사들이 기록되어 있다. 고대 전쟁사를 연구해 보면 단순한 공식이 성립한다. 살거나 죽거나, 이기거나 지거나, 존속하거나 패망하는 것이다.

하나님은 세계 전쟁사에서 '보이지 않는 도움의 손길'과 '기적'이라는 방법으로 개인을 살리시고, 민족을 일으키시고, 나라들을 구원하셔서 "전쟁이 여호와께 속한 것"임을 깨닫게 해주셨다. 이스라엘 전쟁사와 세계 전쟁사가 다른 한 가지가 바로 이 점이다. '하나님의 직접적인 현현'과 '직접 성전 The Direct Holy Wars'은 이스라엘 전쟁사에만 존재한다.

하나님께서는 아브라함과 이스라엘을 택하셨고 이스라엘을 '하나님의 군대'로 부르시고 훈련시켜서 '여호와의 군사'가 되게 하셨다.

'고대 이스라엘'은 레마 말씀의 원칙 하에 작전 계획, 전술 훈련, 공격과 방어 능력을 익혔고 무엇보다 여호와의 명령에 순종하는 '신본주의 원칙'으로 전쟁에 임하는 자세를 배웠다. 이 원칙은 이스라엘 백성에게 하나의 공식이었다. 여호와의 명령에 순종하면 백전백승했고, 불순종하면 백전백패였다.

고대 이스라엘 지휘관과 리더에게는 독특한 특징이 있다. 그들은 전부 여호와의 직접적인 부르심을 받고 이스라엘 앞에 나갔는데, 특이한 점은 그들 대부분이 특수훈련을 받거나, 전투에 전문적인 지식이나 경험을 갖춘 군인, 전사, 용병이 아닌 평범한 사람들이었다는 사실이다. 모세, 여호수아, 드보라, 기드온, 사무엘 등 모두 여호와의 부르심을 받을 때 전투 비전문가였다.

그들은 오직 전쟁의 주관자이신 하나님을 신뢰하고 경외하는 것만이 전쟁에서 승리하는 유일한 방법임을 굳게 믿는 사람들이었다. 그래서 하나님의 명령이 떨어지면 지체 없이 앞장섰고, 하나님의 기적과 도움을 경험하면서 이스라엘을 위험에서 구해냈다.

고대 국가들은 문화, 종교, 경제가 왕을 중심으로 하는 절대 왕정 시스템 아래서 도시 국가를 형성하고 통치했다. 왕은 백성에게 "나는 신의 대리인으로 생사 권한을 허락받았다"고 강조하면서 강한 군대를 만들어 나갔다. 그런 점을 감안하고 '이스라엘 고대 전쟁사'를 깊이 들여다보면, 이스라엘과 다른 나라의 전쟁관이 매우 다르다는 것을 알 수 있다. 이스라엘 관점에서 볼 때, 개인과 나라에 관영한 죄 때문에 하나님께서 마침내 '심판'의 채찍을 드시는데, 그 '심판의 도구'가 바로 전쟁이었다.

하나님은 전쟁을 통해 이스라엘과 세계를 향한 사랑과 관심, 구원을 위한 메시지를 항상 나타내셨다. 고대 이스라엘의 전쟁을 '성전 The Holy War', 또는 '정당한 전쟁 The Just Wars'이라고 부르는 것도 그 때문이다.

제1장. 홍해 전투
Battle of Red Sea

이스라엘과 애굽의 '홍해 전투'는 여호와의 '직접 성전 Direct Holy Wars'으로 시작된다. 이스라엘의 '고대 전쟁사'에 서막을 알리는 '출애굽' 사건과 함께 이스라엘은 '이스라엘'이라는 이름으로 처음 세계 역사에 등장한다.

'출애굽'은 유대인의 힘과 능력으로 이집트에서 해방된 사건이 아니다. 오직 여호와의 명령으로 시작하고 완성된 구원 역사이며, 크리스천들은 이 사건을 '하나님의 주권'이라고 정의한다.

유대인이 430년간 애굽에서 했던 노예 생활은 마치 '굵은 낚시 바늘에 걸린 한 마리 물고기처럼, 그물에 걸린 한 마리 새처럼' 살아가는 미래가 없는 삶이었다. 과한 노동 착취에 신음하던 그때, 하나님께서는 모세를 세우셔서 이스라엘의 구원 역사를 시작하신다. 강퍅해진 바로가 하나님께서 내리신 9번의 재앙에도 꿈쩍하지 않자 하나님께서는 애굽의 모든 장자의 목숨을 앗아가겠다고 선포하셨다.

이스라엘은 출애굽 전날 밤 통치권자이신 여호와의 명령대로 어린양을 잡아 그 피를 집 앞 문인방문의 아래, 위과 문설주문의 오른쪽, 왼쪽에 두루 발랐다. 그리고 그들은 '어린 양의 피'를 본 죽음의 사자가 집을 넘어가는 '유월절 Passover'을 경험한다.

이스라엘은 '어린 양' 되신 예수 그리스도의 보혈로 영적 해방을, 그리고 애굽에 내려진 마지막 대재앙을 끝으로 육체적 해방을 맞는다.

출애굽 당시 이스라엘은 애굽 사람들에게 받은 은과 금, 패물을 갖고 있었고, 전투 식량으로 누룩을 넣지 않은 무교병을 준비했다. 이로써 이스라엘은 마침내 '여호와의 군대'가 되었다.

출애굽이 영적인 첫 경험, 첫 사랑이었다면, '하나님 군대'가 된 그들에게 첫 번째 주어진 훈련의 장소는 홍해였고, 두 번째는 '40년의 광야 생활'이다. 이 두 가지 훈련을 통과한 뒤에야 이스라엘은 가나안에 입성했다.

만군의 여호와는 가나안 땅으로 가는 쉬운 길들을 허락하지 않으셨다. 출애굽 당시 애굽에서 가나안으로 가는 길 중에는 일주일 내지 열흘 만에 갈 수 있는 3가지 길이 있었다.

1) 북쪽 블레셋 땅을 통과해서 가는 가까운 길
2) 술 광야를 통해서 가는 길
3) 제일 먼 아카바만을 통하는 '왕의 대로 King's highway'

빨리 쉽게 갈 수 있는 방법이 3개나 있었는데, 왜 하나님은 40년이나 돌아가게 하셨을까출 14:17?

▲ 이스라엘 에리엇에 위치한 홍해
— 이집트 국경에서 남쪽으로 내려가면 이집트의 '비하히롯'이 나온다.

이스라엘이 가나안으로 가는 가까운 길에는 모두 이방인들이 살고 있었다. 지나가려면 그들과의 전쟁이 불가피한 상황이었다. 만약 이스라엘이 전쟁을 해야 했다면 분명 두려움에 사로잡혀서 다시 애굽으로 돌아갔을 것이다.

하나님은 이스라엘이 애굽으로 돌아가는 것을 원치 않으셨다. 그래서 차라리 홍해를 건너고 시내산 라오즈산과 가데스바네아를 거쳐서 40년간 훈련하는 광야 길을 택하신 것이다.

애굽의 왕자였던 모세는 인사, 군수, 정보, 작전에 능했다. 그는 이스라엘을 이집트 군인들이 지키고 있는 시나이반도의 시내산을 피해 사흘 길을 걸어 아라비아를 마주보는 '누웨이바'에 도착, 홍해를 도하하여 사우디아라비아에 있는 '시내산'에 들어갈 작전을 세웠다.

애굽의 바로 투트모세 3세는 열 재앙 중 마지막 재앙인 애굽의 모든 장자들이 죽는 고통을 당하고 나서야 이스라엘을 놓아 주었다. 그러나 남자만 60만, 여자와 어린이, 노인까지 포함해 200만의 노동력을 놓쳤다고 생각하자 억울하고 아까운 마음이 들기 시작했다.

이에 '투트모세 3세'는 애굽의 모든 군대에 전투준비태세를 지시하고, 약 10만 명의 병력을 직접 진두지휘하며 이스라엘의 뒤를 쫓았다. 당시 애굽 전차부대의 최고 이동 속도는 일일 80㎞로서 당시 세계 최고의 기동력을 자랑하는 수준이었다.

이스라엘이 출애굽을 한지 4일째, 그리고 진을 친 지 7일째 되는 날, 믹돌 Migdol 255m 고지에서 경계를 살피던 이스라엘 경계병은 바로의 군대를 발견한다. 그것도 자그마치 전차 600승과 기병 1,200명으로 구성된 애굽 군대와 전차 부대를 보고는 혼비백산하여 모세에게 보고한다. 그리고 얼마 후 '투트모세 3세'가 이끈 10만 명의 본진까지 애굽군의 진영에 도착한다.

이스라엘은 사면초가, 풍전등화의 상황에 놓이게 되었다. 앞에는 시퍼런 홍해가 삼킬 듯 놓여 있고, 뒤에는 10만 명이 넘는 이집트 군대와 전차 부대의 마병과 전차의 바퀴 소리가 사자의 포효와 같이 거세게 몰려오고 있었다.

1. 이집트 군대

애굽의 군대는 당시 세계를 호령하는 최강의 군대였다. 고대 이집트 군대의 통수권은 파라오 바로에게 있었다.

애굽 군대는 다른 나라보다 성능이 뛰어난 신무기를 지속적으로 개발하고 있었다. B.C. 3천 년경 메소포타미아에서 만들어진 것으로 추정되는 전차가 발견되었는데, 2개의 바퀴가 달려있는 것으로 보아 기동성이 매우 뛰어났다는 것을 짐작할 수 있다. 애굽은 2가지 형태의 전차를 사용했다. 바퀴살이 6개인 전투용 전차[2]와 바퀴살이 4개인 수송용 전차가 있었다.

애굽 전차부대는 2개 여단으로 편성되어 장군급 지휘관이 통솔했다. 각 여단은 2개 이상의 전투부대로 편성되며 각 전투부대는 10대의 전차로 구성된 5개 중대로 편성됐다.

보통 지휘관들은 정기적인 작전회의와 토론을 통해 작전계획을 수립한다. 특히 정보 수집에 매우 민감하기 때문에 대규모의 정보기관을 운영하면서 전장 파악을 최우선으로 한다.

당시 애굽 군대는 '직업 군인 제도'와 유사한 '전문 군인 제도'를 시행하고 있었다. 귀족들은 장교와 전차 기수로 기용되었고 왕은 장교, 사병과 함께 전투에 참가해 병사들의 정신적 지주 역할을 담당했다.

고대 애굽의 1개 사단 병력은 약 5천 명으로 보병 4천 명과 전차 1천 대로 구성되며, 각기 500명으로 구성된 10개 대대가 사단 예하에 편성되었다. 중대는 통상 250명, 소대는 50명, 분대는 10명으로 구성했다.

기원전 16세기부터 기원전 11세기까지의 신왕국 기원전 1570~1070년 시기에는 최대 10만 명의 정규군을 보유했던 것으로 나타난다. 어마어마한 규모에 세계 최

---

[2] 전투용 전차 : 보통 말을 모는 병사와 단궁으로 무장한 궁수 2명이 탑승한다. 이 전차의 등장으로 이집트 군사전술의 일대 혁명이 일어났다. 6개의 바퀴살을 가진 바퀴는 4개짜리 바퀴에 비해 가볍고 튼튼하게 만들 수 있어 전장에서의 고속질주에 적합했으며 바퀴가 파손되는 일도 적었다.

강 최고의 전력을 갖고 있었다는 것을 알 수 있다. 그러니 홍해 앞 넓은 숙영지에서 휴식을 취하던 이스라엘이 애굽의 추격 소식을 듣고 흔들리는 것은 어쩌면 당연한 일이었다. 전차로 중무장한 애굽의 20개 사단, 10만 명의 병력이 쫓아오자 몰살될 절체절명의 위기가 왔음을 느낀 이스라엘은 공황상태에 빠져버린다.

전차의 회전 소리와 말발굽 소리가 '덜커덩 와르릉 쿵쾅'거리며 쫓아오는데 얼마나 무섭고 두렵겠는가? 그러나 이스라엘의 여호와는 한번 약속한 것을 변개치 않으신 분이다. 하나님은 이스라엘을 보호하기 위해 이집트 군대를 상대로 네 가지 작전을 전개하셨다.

2. 하나님의 4가지 작전

1) 구름기둥, 불기둥 작전

이스라엘이 출애굽 작전에 성공한 순간부터 하나님은 '구름기둥'으로 시원한 그늘을 만들어 주셨고, '불기둥'으로 추운 사막의 밤을 따뜻하게 준비하시는 작전을 펼치셨다 출 13:21~22.

2) 차단 작전

'여호와의 군대' 진영 앞에는 홍해, 뒤에는 전차로 무장한 애굽 군대가 쫓아온다. 하나님의 사자가 이스라엘 진영 앞에 있던 '구름기둥', '불기둥'을 뒤로 배치했다 출 14:19~20.

구름기둥과 불기둥은 애굽 군대와 이스라엘 진영 사이에서 차단선을 만들어 약 10만 명의 애굽 군대가 이스라엘 진영에 침투하지 못하게 밤새도록 막아주었다. 여호와의 '차단 작전'으로 인해 약 10만의 애굽 군대는 이스라엘 본진에 접근조차 할 수 없었다.

3) 도하 작전

현대 21세기 전투에서 '도하 작전[3]'은 아군과 적군이 하천이나 강, 바다에서 대치하게 되었을 때, 또는 기동로의 선택의 여지가 없을 때 공격부대가 실시하는 '차선'의 방책이다.출 14:21~22.

현대전의 도하 작전은 '탄막사격[4]'을 집중적으로 실시하여 방어 부대를 묶어둔 다음, 부교와 문교를 이용하여 병력과 장비를 이동시킨다. 만약 방어부대가 주요한 감제고지를 점령하고 시야를 확보했을 때에는 공격부대 입장에서는 많은 희생을 감수해야 하는 대단히 위험한 작전이다.

여호와께서 약 3,500년 전 실시하신 '홍해 도하 작전'은 아마도 인류 최초의 도하 작전일 것이다. 현대전의 군사 교육과 훈련을 받은 입장에서 보면, 홍해 도하 작전은 어떤 군사교범에서도 설명할 수 없는, '기적'이라는 말 이외에 달리 표현할 길이 없는 사건이다.

이스라엘의 '홍해 도하 작전'시 지형을 분석해 보면 숙영지와 출발 지점은 같다. 도하 작전의 출발 지점은 이집트의 '비하히롯 Pi-hahiroth'이고, 도착 지점은 사우디아라비아의 '바알스본 Baal-zephon'이다. 바다의 폭은 약 13㎞, 평균 깊이는 1.5㎞에 달한다. 도하 작전을 감행한다는 것은 사실상 불가능하다.

그러나 하나님은 불가능을 가능케 하시는 전능하신 분이다. '홍해 도하 작전'에서 현대전에 사용하는 고무보트, 'RBS 리본부교'를 사용치 않고, 단지 큰 동풍으로만 밤새도록 바닷물을 물러가게 하시고 마른 땅[5]을 만드셨다.

하나님의 '홍해 도하 작전'에 이스라엘은 질서 있게 홍해를 건넜다. 홍해는 큰

---

[3] 도하 작전의 종류: 강습도하와 정밀도하가 있다. 강습도하는 적의 공격이 있거나, 공격이 예상될 수 있는 상황에서 신속히 도하하여 반대쪽 강안의 확보가 필요하거나, 다른 이유로 신속한 도하가 필요할 때이며, 정밀도하는 시간이 충분하고 적의 화력이 제압되었다고 판단될 때 한다.

[4] 탄막사격 : 집중포화를 실시, 적이 움직이지 못하도록 하는 사격으로 제4차 중동전쟁 당시 이집트 군이 이스라엘 군에 사용한 작전이다.

동풍으로[5]인해 골짜기에서 내려온 퇴적물이 바다로 흘러들어 쌓였다. 동시에 수면 아래 둑이 생겨 맞은편 해안까지 연결된 '천혜의 바닷길[6]'이 형성되었다.

이스라엘의 200만 명이 '도하 작전'을 벌이는 동안 구름기둥과 불기둥이 애굽의 전차 군단을 가로막고 있었다출 14:13.

4)전멸 작전

하나님께서 지휘관 모세에게 위대한 승리의 말씀을 주신다. 모세는 백성들에게 "너희는 두려워 말고 가만히 서서 여호와께서 오늘날 너희를 위하여 행하시는 구원을 보라 너희가 오늘 본 애굽 사람을 또 다시는 영원히 보지 못하리라. 여호와께서 너희를 위하여 싸우시리니 너희는 가만히 있을지니라출 14:13"라고 선포했다. 자기 백성을 향한 하나님의 위대한 위로의 말씀, 격려의 말씀, 승리의 말씀이었다.

하나님의 약속대로 '여호와의 군대'는 밤새도록 홍해를 무사히 건넜다. 그들이 다 건너자마자 애굽 군대를 가로막고 있던 구름기둥, 불기둥이 걷힌다. 전투 시야를 확보한 애굽 군대의 전차, 기병부대가 홍해길로 거침없이 들어서 추격을 시작하고 본진 10만 명의 군대도 홍해에 진입했다.

바로 그때, 하나님께서 애굽 군대를 어지럽게 하시고, 전차 바퀴를 벗겨서 전차가 달리지 못하게 하셨다. 갑작스러운 상황에 당황한 애굽 군대는 그제야 자신들이 하나님의 작전에 휘말린 것을 깨닫고 "이스라엘 앞에서 우리가 도망하자 여호와가 그들을 위하여 싸워 이집트 사람들을 치는도다"하고 후퇴 명령을 내린다.

그러자 하나님께서는 모세에게 "손을 바다 위로 내밀어 물이 이집트 군대와

---

5) 마른 땅 : 큰 동풍으로 인해 양편의 퇴적물이 쌓이고 폭 6㎞의 둑이 바다 밑에 형성되었다. 둑으로부터 수면까지 이르는 수심은 가장 깊은 곳이 120m정도였다. 그러나 둑을 벗어나면 갑자기 깊어져 수심 1.5㎞에 달한다. 퇴적층이 형성되어 얕아진 이 곳의 바닷물을 하나님께서 말리셨던 것이다. _Ron Wyatt 지휘 하에 실시된 영국 해군탐사팀의 고증

6) 천혜의 바닷길 : 이스라엘이 편하게 도하할 수 있도록 바다 밑의 둑이 6도 경사로 완만하게 내려갔다가 다시 맞은편 해안으로 완만하게 오르는 구조다. 맞은편 사우디아라비아 쪽 해안에서도 골짜기 사이로 같은 작용이 일어나 생긴 현상이다.

병거들과 전차들 위에 다시 흐르게 하라"는 명령을 내리신다. 모세가 순종하자 동서 120m의 홍해 벽이 무너져 내리면서 본래의 수면으로 합해졌고 10만 명의 애굽군은 모두 수장되었다.

　홍해 전투는 하나님께서 이스라엘을 위하여 직접 싸우신 '직접 성전 The Direct Holy Wars'이자 '여호와의 군대'를 구원하심으로써 하나님이 영광을 받으신 전쟁이다. 세계 어떤 나라와 군대도 홍해와 이집트 군대와 같은 적들이 앞뒤로 있으면 절망하고 좌절할 수 있다. 그러나 이스라엘은 하나님을 바라보았다. 하나님을 바라보는 자는 '직접 성전'을 체험하게 된다.

제2장. 시내^{아몬드}산의 진실

주일 학교 시절, 난 얼굴에 땀은 뻘뻘 흐르고, 코를 훌쩍이면서 열심히 여름 성경학교로 뛰어갔다. 교회에 도착하면 냄새나는 신발을 벗어던지고 선생님께 달려갔다. 땀 냄새, 발 냄새가 나는데도 언제나 밝은 미소로 맞아주신 선생님이 생각난다.

성경공부 시간이면 선생님께 칭찬받으려는 개구쟁이들의 초롱하고 영롱한 눈빛이 아름답게 반짝였다. 선생님의 질문이 시작되면 졸던 아이들도 사탕이나 엿을 받고 싶어 열심히 들은 척하면서 "저요, 저요"하며 연신 손을 들고 대답하곤 했다. 성경공부 시간에 이스라엘의 출애굽 사건과 홍해를 건넌 이야기는 듣고 또 들어도 신나고 재미있었다.

성장한 후 성경을 읽고 묵상하던 어느 날 문득 몇 가지 의문이 들었다.

첫째, 구약 성경 출애굽기에 등장하는 모세는 B.C. 1527년에 태어나 40년 동안 애굽의 왕자로 살았다. 그리고 바로를 피해 미디안 땅에서 40년 동안 살았다. 그런데 나중에 이런 의문이 생겼다. '미디안은 분명히 사우디아라비아 땅인데?'

둘째, 미디안이 사우디아라비아 땅인데, 우리는 왜 이집트의 시나이반도의 '모세산'을 시내산이라고 배웠을까?

셋째, 하나님께서는 모세에게 "네가 40년간 머물렀던 미디안 땅으로 이스라엘 백성을 이끌고 오라 출 3:10~12"고 말씀하셨다. 이때 분명히 이스라엘에게 "이집트를 떠나라" 하셨고, 출애굽은 애굽에서 탈출하는 것을 뜻한다. 그런데 왜 홍해를 건너서 이집트의 '시나이반도'에 머물고 있었을까?

21세기 최첨단 시대에도 이스라엘을 찾는 많은 성지 순례자들과 개신교 교인들은 약 1,700여 년 동안 천주교가 지정한 이집트 시나이반도의 '모세산'에 올라가서 '성경의 발자취를 걸어서 갔다 왔다'라고 하며 감격하고 만족해했다. 많은 교인들이 진리가 아닌 것을 진리라고 믿었고, 비본질을 본질인 것처럼 믿었던 것이다.

성경 말씀을 조금 더 관심을 가지고 묵상하면 '과연 이집트의 시내산모세산'에서 약 250만 명이 넘는 많은 사람들이 한꺼번에 먹고, 마시고, 자고, 생활을 할 수 있었을까?'라는 의문을 가지게 된다. 현재의 이집트, 시나이반도에 위치한 시내산은 온통 골짜기로 둘러싸여 10만 명 이상이 머물 만한 장소가 없기 때문이다.

1. 이집트 '모세산제벨 무사'이 '시내산'이 된 배경

'제벨 무사Jebel Musa'는 아랍어로 '모세의 산'이라는 뜻이다. 현재 많은 순례객들과 여행자들이 시내산으로 생각하고 찾는 산이다.

이집트 시나이반도에 위치한 시내산 수도원은 이집트 수도사인 '안토니Anthony'가 이집트의 동쪽 사막을 경건을 위한 수도 장소로 삼았다. 안토니에 의해 이집트 수도원 운동은 동쪽으로 확장되어 비잔틴 시대에는 시내 반도까지 퍼져나갔다.

A.D. 4세기, 로마가 기독교를 국교화하면서 크리스천들은 성지를 찾아 나섰다. 이때 로마의 콘스탄티누스 황제가 시나이반도에 있는 '모세산'을 시내산이라고 명명했다. 또한 A.D. 6세기 경인 527년 로마 교황청은 시내산을 순례하고자 하는 크리스천들의 성화에 못 이겨 유스티니아누스 황제 때 무사산의 북서쪽 언덕배기에 캐더린 성당을 세우고, 성지로 정한 뒤에 그 주위의 산을 아무 근거도 없이 시내산으로 명명했다.

2. 사우디아라비아의 '알 라오즈산'이 '시내산'이라는 주장

내가 APU^{Azusa Pacific University} 대학원에서 신학을 공부할 때 "개역성경에서는 '아론의 싹이 난 지팡이'를 살구나무라고 표현하는데 히브리 성경이나 KJV 등은 '아몬드 나무'라고 기록되어 있다"라고 배웠다. '라오즈'는 '아몬드'란 뜻으로 성경이 말씀하시는 '아몬드'라는 뜻과 일맥상통한다.

1) 론 와이어트 Ron Waytt 1933~1999

'론 와이어트[7]'는 아마추어 성경 고고학 탐험가이다. 그는 요세푸스[8]의 기록과 성경의 여러 구절들을 통해 시내산이 과거 미디안 땅에 있었으며 미디안 땅은 현재 '사우디아라비아'라고 확신했다.

론 와이어트는 항공 사진들을 판독하면서 사우디아라비아 지역에 있는 라오즈산에 200여만 명의 이스라엘 백성들이 거주할 만한 넓은 공간이 있음을 확인했다. 그리고 '라오즈산'이 진짜 '시내산'이라고 확신했다.

그는 모세가 애굽의 왕자로 교육을 받고 자랐기 때문에 누구보다 이집트의

---

7) 론 와이어트 : 사우디아라비아 미디안 땅에 있는 라오즈산이 진짜 시내산이라고 주장하는 미국의 론 와이어트와 그의 아들이 찍은 〈디스커버리〉라는 제목의 비디오가 있다. 비디오에는 모세와 이스라엘 백성이 시나이반도 방향에서 홍해를 건너 아라비아 쪽으로 갔다는 사실을 강조하고 있다. 아라비아 북서부의 홍해 횡단 기념기둥과 진짜 시내산이라는 라오즈산이 금송아지 제단도 촬영되어 있다. 탐험가인 론 와이어트는 금송아지 제단에서 없앤 금을 땅에 묻었다는 전설을 믿고 그 보물을 캐기 위해 요르단을 거쳐 사우디아라비아에 밀입국했다. 그는 라오즈산을 탐사하다가 출애굽에서 말하는 지형과 매우 비슷한 것을 발견했다. 그러나 1989년 사우디아라비아 경찰에 적발당해 모든 자료를 빼앗기고 추방당했다. 그 이후에 아들과 함께 다시 잠입하여 비디오테이프를 남겼다."

8) 플라비우스 요세푸스(Flavius Josephus, AD 37~AD 100) : 1세기 로마 시대의 유대인 출신의 정치가이자 역사가이다. 기원후 66년에 발발한 유다이아 전쟁에서 유대군을 지휘하여 로마군에 맞섰으나, 로마군의 포로가 된 뒤 투항하여 정보를 제공해 주고 베스파시아누스 황제의 배려로 풀려나 로마 시민이 되었다. 플라비우스 요세푸스라는 이름은 새로 로마 시민이 된 이들에게 적용되는 관례에 따라 보호자인 베스파시아누스 황제의 가문을 이름을 따서 '플라비우스'를 가문 이름으로 삼은 것으로 보인다. 티투스의 막료로서 예루살렘 함락의 순간을 모두 지켜보았으며, 훗날 이 전말을 〈유대 전쟁사〉라는 책으로 남겼다.

정치, 경제, 역사, 지리, 군사작전과 군사정보에 관해 지식이 많을 것이라는 점에 주목했다. 그래서 애굽이 버티고 있는 시나이반도의 '무사산'으로 향하지 않고 사흘 길을 걸어 '누웨이바'에 도착해 그곳에서 홍해를 건넜을 것이라고 생각했다. 또한 성경에 기록된 것처럼 홍해 바다 속에 수장된 이집트 군대의 무기들과 전차들의 잔재가 있을 지도 모른다고 여겼다. 결국 그는 1978년에 이집트의 누웨이바에서 사우디아라비아의 바알스본에 이르는 바다를 탐사했다. 그 결과 누웨이바 근처에서 페니키아 양식의 기둥을 발견했으며, 누웨이바 인근 홍해 바다에서는 이집트 병사들이 남긴 전차의 수레바퀴, 칼, 창 등을 찾아내기도 했다.

1984년, 라오즈산에서 므리바 반석과 금송아지 제단 그리고 고대 이집트 지역에서만 볼 수 있는 소 암각화 등을 발견하면서 그는 라오즈산이 진짜 시내산이라는 사실을 깨달았다. 그 과정에 그는 사우디아라비아 경찰에 체포되어 죽을 고비를 넘기기도 했으나 하나님의 도우심으로 풀려났다.

2) 윌리엄 데버 William G. Dever

미국의 성서학자 윌리엄 데버는 그의 저서 〈고고학과 정복의 이스라엘 역사 Israel History of Archaeology and the Conquest", New York, 1992〉를 통해 "시나이반도의 중남부 전 지역에 걸쳐 철저한 조사와 탐사를 했지만 이스라엘 민족이 머물렀던 어떤 장소도 찾지 못했고 200만 명 이상의 사람이 40년 이상 머물 곳은 없다"고 주장했다.

3) 아비람 페레볼로츠스키, 이스라엘 핑켈스타인

두 사람의 공동 저서 〈생태학적 관점에서의 남부 시나이 이주 경로 'The Southern Sinai Exodus Route in Ecological Perspective', Biblical Archaeology Review July-August, 1985〉에서 "출애굽 시점의 유물이나 주거의 흔적을 발견치 못했다. 시내산으로 믿어온 모세산에서도 이스라엘 백성들이 장막을 친 흔적이나 다른 어떤 유물도 찾지 못했다"라고 발표했다.

4) 리차드 버튼 Richard Francis Burton

19세기 유명한 영국의 탐험 작가인 리차드 버튼은 아라비안 반도의 메카 및 미디안 지역을 여행한 뒤 자신의 저서 <미디안의 황금 광산 The Gold Mines of Midian, 1878>을 통해 시내산이 미디안에 있다고 기록했다.

5) 김승학 원장

한국선교역사 문화원 김승학 원장[9]은 자신의 저서 <떨기나무>와 많은 여러 방송 인터뷰에서 "지금 많은 크리스천들이 시내산이라고 믿고 순례하는 시나이 반도에 있는 무사산은 시내산이 아닙니다. 진짜 시내산은 사우디아라비아에 있는 '알 라오즈' 산입니다"라고 강조한다.

그는 "만약 라오즈산이 진짜 시내산이라면 성경에 기록한 대로 있어야 할 것이 있을 것이다"라고 생각하고 그 목록들을 적었다.

엘리야 동굴 왕상 19:9, 그리고 이스라엘 백성이 올라오지 못하도록 쌓은 지경 19:12, 성막을 친 장소 출 26장, 아론의 금송아지 단출 32장, 광야 산에 흐르는 물 신 9:21, 모세가 친 므리바 반석 등. 김승학 원장은 라오즈 산을 오르면서 이 목록에 있는 것들을 하나씩 찾아본 결과 성경과 정확하게 들어맞았다는 사실을 알아냈다. 누가 꾸며 놓았다고 할 만큼 라오즈 주변은 이스라엘 백성들의 흔적이 여기저기 널려 있었다. 그때의 흔적을 발견하면서 하나님께서 사우디아라비아를 통해 그곳을 잘 보존하게 하셨다는 것을 깨달았다. 그곳은 7년에서 10년에 한 번 정도 비가 내릴 정도로 메말라 있다. 거기 사는 유목민들은 그곳으로 이스라엘 사람들이 지나갔다는 말을 아무렇지 않게 했다.

"라오즈산을 배경으로 수많은 암각화들이 그려져 있다. 고대 히브리 문자는 물론 이집트의 각종 신들의 형상도 있다. 또한 만나를 갈아먹거나 찧어 먹기 위

---

[9] 김승학 원장 : 1988년 사우디아라비아 제다지역에 있는 제다종합병원에서 침구과를 개설했다. 이슬람 메카 주지사(이슬람 총재)였던 마지드 빈 압둘아지즈 왕자의 목 디스크를 침 하나로 낫게 하시는 하나님의 은혜가 있었다. 그것이 계기가 돼 왕자 주치로 2003년까지 지냈다. 그리고 2006년 8월 3일에 출국하기까지 12차례 성지탐사를 하고 모든 자료를 가지고 한국에 귀국했다.

해 사용된 수많은 맷돌과 돌절구들이 여기저기에 흩어져 있다. 나도 그곳에서 맷돌과 절구를 가져왔다. 홍해를 바라보는 쪽으로 지경이 넓게 쌓여 있다. 또한 천막을 친 주거 형태의 돌이 당시 그 모습대로 보존되어 있다."

김승학 원장은 진짜 시내산 라오즈산이 미디안 광야에 있다는 사실을 8가지 이유를 들어 설명한다.

첫째, 현재 사우디아라비아 북서부 땅은 예로부터 미디안 땅이라고 불려 왔다.

둘째, 하나님은 이미 구약 시대부터 아라비아와 미디안에 관해서는 명명백백하게 구분해서 말씀하신다.

셋째, 성경에는 애굽 왕자 모세가 애굽 사람을 죽이고 도망간 곳이 시나이가 아닌, 미디안이라고 분명히 명시되어 있다.

넷째, 하나님은 모세에게 모세가 살고 있는 미디안 땅으로 이스라엘 백성들을 데려오라고 말씀하셨다.

다섯째, 홍해를 건너 그들이 수르 광야로 들어가 물을 찾아 사흘 길을 헤매다가 마라의 쓴 물을 달게 마시는 장면을 생각해 보라.

여섯째, 모세의 장인 이드로는 분명히 아라비아 사람이었고 미디안 땅에 산다고 했을 뿐 시나이에 산다고 한 적이 없다.

일곱째, 출애굽한 이스라엘 백성이 전투를 벌인 아멜렉족은 미디안 광야 인근에 살던 아라비아인이다.

여덟째, 사도 바울은 시내산의 위치를 아라비아에 있는 산으로 정확하게 기록했다 행 7:29. - 〈떨기나무〉, 402~406쪽

5) 강훈기

〈시내산은 어디에 있는가?〉의 저자 강훈기[10]씨는 사우디아라비아의 알 라오즈산이 시내산이라고 주장한다. 그는 사우디아라비아의 여러 곳을 방문, 탐사하면서 이스라엘 백성들이 머물렀던 곳들을 확인했다.

---

10) 강훈기 : 1982년에 사우디아라비아로 출국하여 사우디아라비아에 평신도로 머물면서 성경의 출애굽 사건에 대한 커다란 관심을 가지고, 그 사건을 밝혀보고자 다각도로 많은 노력을 기울여 왔다. 2008년에 〈시내산은 어디에 있는가?〉의 초판을 내놓았고, 다시 2014년 7월에 보정판 출판

3. 이스라엘 정부의 입장

이스라엘이 1967년 6월 5일, 제3차 중동전쟁, 일명 6일 전쟁에서 시나이반도를 4일 만에 점령하여 1982년 4월까지 15년 동안 했던 가장 중요한 프로젝트는 출애굽한 조상들의 흔적을 찾는 것이었다.

이스라엘 정부는 시나이반도에 고고학자와 지질학자들을 파견해 바둑판 쪼개듯 면밀히 뒤지고 연구에 들어갔으나 선조 이스라엘의 40년 광야 생활의 흔적은 하나도 발견하지 못했다. 결국 그들은 지금의 시내산무사산을 시내산이 아니라고 단정지었다.

나도 만약 이스라엘이 자신들의 조상의 흔적을 찾아내고 시나이반도에 시내산이 있었다면 절대로 시나이반도를 이집트에 돌려주지 않았을 것이라고 생각한다.

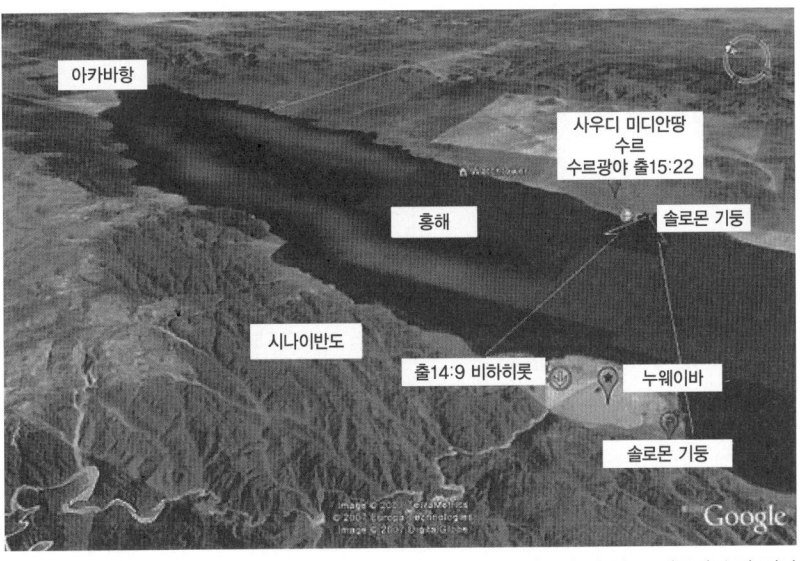

▲ 이스라엘 백성이 건넌 것으로 알려진 홍해. 양편으로 솔로몬 기둥이 서 있고, 이곳의 수면 깊이가 유일하게 120m다. 하나님께서 바로 이곳을 가르시고 그의 백성을 건너게 하셨다. 론 와트 탐험가는 이 근방을 다 조사해서 애굽의 말굽과 병거들을 찾아냈다고 한다.

4. 성경에 기록된 '시내산' 역사

시내산은 출애굽기, 레위기, 민수기에 하나님께서 아브라함 자손들에게 율법을 주신 산으로 모두 15차례 기록되었다.

시내산에 대해서 시적으로 표현한 구절들삿 5:5, 시 68:8, 68:17에서는 시내산이 하나님께서 거하시는 산으로 나온다. 시내산에 대한 다른 표현인 '바란산'은 신명기 33장 2절과 하박국 3장 3절에 두 차례 기록되었다. 민수기 10:12, 12:16, 13:3절에 언급된 바란 광야는 시내 광야의 다른 이름으로 사용되었다.

성경에서 미디안 광야, 시내산의 이름이 익숙해지기 시작한 것은 모세가 바로의 얼굴을 피해 미디안 땅으로 도망간 사건출 2:15과 하나님께서 모세에게 "이스라엘 백성들을 이집트에서 인도하여 낸 후에 미디안 광야에 위치한 시내산에서 하나님을 섬기리라"고 말씀하시면서부터다출 3:12.

열왕기상 19장 7~9절에는 엘리야가 브엘세바에서 40주야를 걸어 하나님의 산 호렙산에 와서 동굴로 들어가는 장면이 나온다. 이 말씀에 근거해서 생각해 보면, 시내산에는 반드시 동굴이 있어야 하는데, 알-라우즈산에는 엘리야가 들어간 곳으로 여겨지는 동굴이 있다.

사도 바울 역시 당시 아라비아로 불리는 곳을 갔다가 다메섹으로 돌아왔다. 이후 갈라디아 지역의 성도들에게 율법에 대해 가르치는 편지에서 '아라비아'를 한 번 더 언급한다갈 4:25.

성경의 비유에도 주목할 필요가 있다. 갈라디아서 4장 25절에 '이 하갈은 아라비아에 있는 시내산'이라고 언급한 것으로 보아, 아라비아는 분명히 존재하는 지명임에 틀림없다. 이곳은 아마도 바울이 회심한 뒤에 갔던 아라비아와 동일한 곳으로 추정된다.

이렇게 주장할 수 있는 근거로는 사도 바울과 비슷한 시대를 살았던 요세푸스의 저서 〈유대 고대사〉와 〈유대 전쟁사〉를 들 수 있다. 그곳에는 아라비아가 시내반도를 포함하지 않았고, 사우디아라비아 북서쪽 부분은 항상 포함했다고 말하고 있다.

제3장. 사막 전투
Desert battle

이스라엘의 '사막 전투'는 하나님께서 약속의 백성을 40년 동안 사막에서 훈련시키는 기간에 벌어지는 전투들로 이스라엘이 젖과 꿀이 흐르는 가나안 땅에 들어가기 위해 반드시 치러야 하는 전쟁이었다.

사막 전투는 하나님께서 이스라엘에 작전, 정보, 인사 병력 사항, 군수 군수품 등을 제공해 주시는 '간접 성전 Indirect Holy Wars'이 주류를 이룬다. 또한 전투나 전쟁 과정에서 적을 향한 협상이나 타협, 그리고 외교가 없는 '전멸 작전'이 병행되었다.

1. 르비딤 전투

이스라엘이 군사 조직을 개편하고 처음으로 군대의 면모를 갖춘 후 처음으로 전쟁을 한 민족이 '아말렉'이었다. 아말렉은 야곱의 쌍둥이 형인 에서의 아들인 엘리바스의 아들이다. 아말렉 나라 이름의 뜻은 '호전적인'이란 의미를 가지고 있다.

에돔 족속은 에서의 후손으로 이스라엘보다 훨씬 일찍 왕권 체제를 형성했다. 그들은 전투에 사용하는 전략과 전술이 뛰어났으며, 병력 체계가 확립된 호전적인 군대를 조직하고 있었다.

1) 전쟁 배경

아말렉은 이스라엘에 대한 정보를 입수했다. 그들이 이집트에서 430년 만에 출애굽했다는 사실 뿐만 아니라 자신들이 결코 넘볼 수 없었던 세계 최강 애굽의 전차 부대 공격을 물리치고 '도하 작전'으로 홍해를 건너서 아라비아 사막에 나타났다는 정보였다.

더 나아가 불기둥과 구름기둥이 이스라엘 위에 머물러 있고, 이스라엘 진영에 만나와 메추라기가 공급되고, 바위에서 생수가 흘러 내려와 이스라엘 모든 백성이 먹고 마신다는 이야기도 들렸다.

하나님께서 이스라엘을 위해 베푸신 기적은 아말렉에게 엄청난 충격과 공포를 안겨주었다. 절대적 위기감 속에서 아말렉은 "이스라엘 군대를 선제 공격해야 한다"는 결론을 내고 이스라엘을 공격한다. 그것이 하나님의 섭리에 도전하는 미련한 일임을 전혀 깨닫지 못한 것이다.

사실 아말렉은 초지가 있는 곳을 따라 이동하는 유목민이지만, 필요에 따라서는 약탈 행위도 서슴지 않는 산적 같은 군대였다. 그러나 아말렉이 이스라엘을 공격한 것은 단순히 약탈을 하기 위해서가 아니라 '여호와에 대한 의도적이고 참람한 공격 도발'이었다. 하나님께서는 이미 아말렉의 공격 속에 세상의 신, 사단의 선전포고가 있음을 알고 계셨다.

2) 아말렉의 약탈 작전

유목민으로서 거친 생활을 해온 아말렉 군사들은 싸움과 전투에 자신만만했다. 지형과 위치 선점에 있어서는 그들이 이스라엘보다 분명 우위에 있었다. 문제는 숫자였다.

이스라엘은 200만 명이 넘는 거대한 민족이고, 싸움에 나갈 수 있는 군인만 해도 60만 명이 넘었다. 결국 아말렉 군대가 택한 방법은 이스라엘의 대오에서 뒤에 처진 자들을 공격하는 '약탈 작전'이었다. 그리고 이 방법으로 르비딤에서 이스라엘을 공격한다신 25:17~18.

3) 이스라엘의 방어와 공격

이스라엘에 처음으로 '간접 성전'의 서막이 펼쳐진다. 모세는 하나님의 명령대로 지팡이를 손에 잡고 산꼭대기에 섰다. 여호수아와 이스라엘 군대는 아말렉과의 '르비딤 전투'를 위해 진격했다. 전투 상황은 독특했다. 지휘관 모세가 손을 들면 이스라엘 군대가 이기고 손을 내리면 아말렉 군대가 이겼다. 아론과 훌은 오른쪽과 왼쪽에서 지휘관 모세의 손을 붙들어 올리며 보좌했다. 그들의 도움으로 모세의 손은 해가 지도록 내려오지 않았다.

4) 전쟁 결과

군대 장관인 여호수아의 "나를 따르라"는 명령에 이스라엘 군대는 해가 지기까지 칼날로 아말렉 군대를 섬멸했다. 모세는 전투가 끝난 후 단을 쌓고 그 이름을 '여호와 닛시'라고 하였다. '닛시'라는 히브리어는 '깃발', '기', '정복자'라는 뜻으로, 고대의 전쟁에서 '기'는 곧 '승리'를 의미했다.

하나님께서는 아말렉과의 전쟁 후에 "내가 아말렉을 도말하여 천하에서 기억함이 없게 하리라"고 하셨고, 성경은 이에 대해 "여호와가 아말렉으로 더불어 대대로 싸우리라"고 증언하고 있다.

하나님께서는 왜 이렇게까지 아말렉에 대해 극도로 분노하셨을까? 그 이유는 바로 아말렉이 "하나님을 두려워하지 않았기 때문신 25:18"이다.

출애굽기 17장 16절에서 "여호와께서 맹세하시기를"이라는 말씀은 히브리어로는 "여호와의 보좌를 치려고 손이 들렸으니"로 번역될 수 있다. 즉 하나님의 통치와 주권의 중심인 "여호와의 보좌"를 치려고 한 것은 곧 하나님에 대한 정면 도전이었다.

2. 1차 호르마 전투

1) 전쟁 배경

이스라엘은 이집트에서 출애굽 한 지 2년이 지난 B.C. 1445년경 '바란 광야'에 진영을 구축했다. 하나님께서는 모세에게 "가나안 땅 탐지를 위해 각 지파에서 족장 한 명씩을 차출하라"고 명령하셨다.

그들의 주요 임무는 가나안 탐지와 정보 수집이었다. '땅의 어떠함, 그 땅 거민의 강약과 다소, 그 땅의 호불호, 성읍이 진영인지 산성인지, 토양이 비옥한지 메마른지, 나무들은 있는지 없는지, 그리고 그 땅 실과를 가져 오라'는 것이었다.

가나안에 갔던 정탐병들은 약 40일 만에 이스라엘 진영에 복귀했다. 정탐 결과를 보고할 때 여호수아와 갈렙을 제외한 나머지 10명의 정탐병들은 그 땅에 대해 악평을 했다. 이스라엘 백성 앞에 펼쳐진 구름기둥과 불기둥을 잊어버리고, 눈에 보이는 적들의 거대함에 사로잡혀 스스로를 과소평가한 것이다. 정탐꾼들의 불신앙적인 보고로 인해 이스라엘 백성들은 불안과 두려움에 사로잡혔고, 급기야 하나님을 원망하기에 이른다.

군인의 사명은 상관의 명령에 절대 복종하는 것이다. 영원한 상관되시는 하나님에 대해 원망하기 바빴던 이스라엘은 명령에 복종하는 마음과 태도를 잃어버리고 말았다. 그리고 믿음의 진군을 포기했다. 그 결과 20세 이상 되는 출애굽 1세대가 모두 사막에서 죽게 되었고, 40년의 광야 훈련이 시작되었다.

2) 선제 공격하는 이스라엘

원망한 이스라엘은 그제야 '아차'하고 자신들의 잘못을 깨달았다. 만회해야겠다고 생각한 그들은 아침에 일찍 일어나 하나님과 모세의 명령을 듣지 않은 채로 선제공격을 하기 위해 산꼭대기로 올라간다. 그들은 행군을 하면서 모세에게 말한다. "보소서 우리가 여기 있나이다 우리가 여호와의 허락하신 곳으로 올라가리니 우리가 범죄하였음이니이다 민 14:40."

모세는 여호와의 명령 없이 출발하는 이스라엘에게 "너희가 어찌하여 이제 여호와의 명령을 범하느냐 이 일이 형통치 못하리라 여호와께서 너희 중에 계시지 아니하니 올라가지 말라 너희 대적 앞에서 패할까 하노라"고 진군을 멈추라고 명령한다. 그러나 이스라엘은 모세의 명령에 불복종하고 기어이 적진이 있는 산꼭대기로 올라가 작전을 실시했다.

3) 명령에 불순종한 선제 공격의 결과

이스라엘의 하나님은 원망하고 명령에 불복종한 이스라엘의 뜻을 거절하셨다. 그 결과 아말렉 군대와 산지에 거하는 가나안 군대가 내려와 이스라엘을 공격하고 이스라엘 군대는 호르마까지 퇴각한다. 이스라엘이 여호수아와 갈렙의 말에 귀를 기울이기만 했어도, 호르마 전투는 최초의 정복 전쟁이 될 수 있었을 것이다.

3. 2차 호르마 전투

'제2차 호르마 전투'는 B.C. 1406년경 이스라엘이 40년의 긴 사막 생활을 끝내고 가나안 땅에 입성하기 전에 치른 첫 번째 전투다.

'호르마'는 이스라엘이 바란 사막 가데스에서 원망하고 뉘우친 뒤에 자신들 뜻대로 전쟁을 일으켜 아말렉 군대와 가나안 군대에게 패하여 퇴각한 격전지이다 민 14:45.

제2차 호르마 전투는 남방에 거하는 가나안 나라 곧 '아랏의 왕'이 이스라엘이 '아다림 길'로 온다는 정보를 듣고, 이스라엘을 선제 공격하여 그 중 몇 사람을 포로로 잡으면서 시작되었다.

1) 이스라엘의 서원

이스라엘 몇 사람이 아랏의 왕에게 포로로 잡히자 모세와 군대장관 여호수아, 그리고 모든 이스라엘이 하나님께 "주께서 만일 이 아랏 나라를 이스라엘

손에 붙이시면 아랏 나라의 성과 마을들을 다 멸하리이다"라고 서원했다.

2) 서원과 전쟁
하나님께서는 그 서원을 들으시고 가나안 나라를 이스라엘 군대에 붙이셨다. 아랏 왕과 나라를 다 멸하시게 허락하신 것이다. 성경은 그곳 이름을 '호르마 완전히 멸하였다, 저주'라고 부르고 있다.

이스라엘은 처음으로 '감동 성전 Impressed Holy Wars'을 믿음으로 치렀다. 그리고 약 40년 전에 이스라엘이 패배했던 바로 그곳에서 승리하게 된다.

4. 야하스 전투

이스라엘이 모압들에 있는 골짜기에 이르자 지휘관 모세는 아모리왕 '시혼'에게 편지를 보낸다. 그가 요청한 바는 간단했다. 그저 그들의 땅을 통과하게 해달라는 것이었다. "이스라엘로 아모리 나라를 통과하게 하소서 이스라엘이 밭에든지 포도원에든지 들어가지 아니하며 우물 물도 공히 마시지 아니하고 이스라엘이 아모리 지경에서 다 나가기까지 왕의 대로로만 통행하리이다 민 21:21~26".

1) 아모리왕의 선제공격
불행하게도 아모리왕 시혼은 모세의 청을 거절했다. 자기 나라와 지경으로 이스라엘이 통과하는 것을 용납하지 않은 것이다. 그는 아모리 군대를 다 모아서 이스라엘을 공격하기 위해 광야로 보냈고, '야하스에서 이스라엘을 선제 공격한다.

2) 이스라엘의 역공
공격을 받은 이스라엘은 신속하게 방어 작전을 펼치면서 역공을 했다. 아모리 군대를 향해 파상 공격을 한 결과, 아모리 군대는 아르논부터 얍복까지 퇴각하여 도시와 마을들은 물론 암몬 자손의 경계선 전까지 점령당한다.

5. 에드레이 전투

야하스 전투에서 아모리 군대에게 승리한 이스라엘에게 지휘관 모세가 다시 새로운 작전 명령을 하달한다.

1) 작전 명령
모세는 이스라엘에게 '야셀'을 정탐하고 정보를 수집할 것을 명령한다. 그 뒤로 이스라엘 군대는 정탐한 마을들을 차례로 점령하고 그곳에 주둔하면서 아모리 군대와 민간인을 몰아내었다민 21:33~35. 야셀을 점령한 이스라엘은 이번에는 진영을 돌이켜 바산으로 향한다. 바산에 대한 정보를 수집하고 작전을 세운 다음 '바산'으로 이스라엘 군대를 이동시킨다.

2) 바산의 근접 방어
"이스라엘 군대가 바산을 공격해 올 것이다"라는 정보를 받은 바산왕 '옥'이 바산 군대와 백성들에게 소집 명령을 내린다. 바산왕 옥은 모든 군대를 거느리고 전투 지역인 에드레이에 도착해 주둔지를 정한다. 그리고 이스라엘과의 전투를 위해 근접 방어 진지를 구축하고 경계 태세를 갖춘다.

3) 이스라엘의 공격
공격 준비를 완료한 이스라엘군은 하나님의 명령을 기다리고 있다. 하나님께서 지휘관 모세에게 명령을 하달하신다. "바산왕 옥을 두려워 말라 내가 바산왕 옥과 바산 백성과 그리고 바산 땅을 네 손에 붙인다. 너는 헤스본에 거하던 아모리인의 왕 시혼에게 행한 것같이 그에게도 행할지니라."
'여호와의 군대', 이스라엘은 지휘관 모세의 명령이 내려지자 신속히 근접 방어선을 구축한 바산 군대에 공격을 시작했다. 바산왕 옥과 왕자들, 바산 군대는 배수의 진을 치고 이스라엘을 막았다. 그러나 이스라엘군은 '파상 공격'으로 진격하면서 한 사람도 남기지 않고 바산 땅을 점령했다.

4) 전쟁의 의미

이스라엘은 요단 동쪽의 아모리 족속을 다스리던 헤스본왕 시혼과 바산왕 옥과의 전쟁을 시작으로 본격적인 '정복 전쟁'에 나선다. 야하스 전투와 에드레이 전투는 이스라엘 전쟁사에 중요한 전쟁으로 자리잡았고 르우벤과 갓과 므낫세 반 지파의 유업이 되었다느 9:22, 시 68:22; 135:11; 136:20.

6. 미디안 전투

미디안 전투는 민수기 25장, 바알브올의 범죄와 연결되어 있다. 이스라엘은 발람의 계략으로 모압에서 이방 종교에 가담함으로써 음행을 저질렀고, 죄악의 결과로 2만 4천 명이 죽었다민 25:9.

1) 여호와의 명령

미디안 전투 전, 하나님께서 모세에게 명령을 내리셨다. "이스라엘 자손의 원수를 미디안에게 갚으라 그 후에 네가 네 조상에게로 돌아가리라."

2) 전투 준비 태세

모세는 이스라엘군에게 다음과 같은 하나님의 명령을 전달한다. "이스라엘 12지파에서 사람을 택하여 싸움에 나갈 준비를 시키고 미디안을 치러 보내어서 여호와의 원수를 미디안에게 갚으라."

이에 이스라엘은 각 지파에서 1천 명씩, 총 1만 2천 명을 택하여 무장을 시키고, 제사장 엘르아살의 아들 비느하스에게 성소의 기구와 신호 나팔을 들려서 전투에 참여케 했다.

3) 전쟁 결과

이스라엘의 1만 2천 명의 군인들은 모세의 명령대로 나팔 신호에 맞추어 미디안을 공격했다. 그들은 미디안 남자들, 미디안의 다섯 왕 에위와 레겜과 수르와 후르와 레바를 죽이고 브올의 아들 발람도 칼로 심판했다. 그리고 미디안의 부녀들과 아이들을 사로잡고 가축과 양 떼와 재물을 탈취하고 성읍들과 촌락을 모두 불살랐다.

미디안이 패전한 원인은 음행의 죄와 연관되어 있다. 음행은 우상숭배와 더불어 신구약 성경을 통해 가장 강조되는 죄 가운데 하나다. 음행의 죄를 지은 사람과 나라는 회개 없이는 결코 영적, 육적 전쟁에서 절대 승리할 수 없다.

제4장. 가나안 정복 전쟁

하나님께서 이스라엘 40년 동안 사막에서 훈련시키신 1세대는 모두 죽고 B.C. 1445년경 '바란 광야' 사건 당시 20세 이하였던 2세들이 성장해 이스라엘의 군인이 되었다. 사막에서 태어나고 자란 3세들 역시 훌륭한 이스라엘 군인들로 성장한 상태였다 여호수아10:42.

하나님께서 이스라엘 2, 3세들을 통해 가나안 민족들을 정복하게 하신 이유는 가나안 땅에 거하는 사람들이 매우 악했기 때문이다. 가나안의 문화와 관습은 끔찍할 정도로 타락하고 부패해서 땅도 스스로 토하여 낼 정도였다 레 18:25. 가나안 부모들은 자신의 아이를 '몰록 Molech'에게 바쳐 불로 태우는 '인신제사'를 행했다. 최근 '우가릿 Ugarit [11]'에서 발견된 문서들을 통해 가나안에서 우상숭배, 남색, 수간, 마법, 아이들 인신제사 Child sacrifice 가 아무렇지 않게 이뤄지고 있었다는 사실이 밝혀졌다 신 18:9~12.

이스라엘을 통한 가나안 정복 전쟁은 하나님의 '선하시고 죄악을 용서치 않으시는' 성품이 반영된 것이다. 하나님께서는 가나안에 만연한 악으로부터 하나님의 백성인 이스라엘이 오염되지 않도록 '섬멸 작전'을 택하신 것이다.

1. 여리고 전투

이스라엘의 가나안 정복 전쟁은 여리고 전투를 시작으로 그 장을 연다. 여리고 전투는 이스라엘의 가나안 정복 전쟁의 첫 관문이자 가나안 일곱 족속과의 본격적인 전쟁에서 기선을 제압한 간접 성전이다. 또 가나안 민족들의 남북 연합 작전을 미연에 차단하며 가나안 정복의 교두보를 확보하기 위한 전투였다.

어릴 때 설교 시간이나 성경공부 시간에 여리고 전투에 대해 들을 때마다 재미있고 신났던 기억이 난다. 마치 키가 1m 80㎝인 내가 3, 4m 키의 농구 선수와 게임을 해서 이기는 모습이 연상되었기 때문이다. 즉 이스라엘 군인들의 평균 신장을 1m 80㎝정도 라고 가정한다면, 가나안 족속들 가운데 일부는 약 3m, 4m에 이를 정도로 장대했던 것이다.

1) 여리고 전투 배경

여리고 전투의 배경은 B.C. 2081년경 아브라함이 아직 아브람의 이름을 가졌을 때에 "아모리 족속의 죄악이 아직 관영치 아니함이니라창 15:16"는 말씀에서 찾을 수 있다. 아모리 족속이 처음 등장한 때였다. 그로부터 676년이 지난 B.C. 1405년 경 여호수아서에서는 "가나안의 죄악이 관영함"으로 창조주 여호와께서 인내의 시간을 끝내시고 이스라엘을 통해 가나안 심판을 준비하셨다고 나와 있다.

2) 여리고 전투 지형

여리고는 오늘날 '텔에스 술탄Tell es Sultan'에 위치하며 사해에서 북쪽으로 12㎞, 요단에서 서쪽으로 9㎞, 또 예루살렘에서 동북 방면으로 약 30㎞되는 지점에 있다.

여리고 성의 넓이는 대략 8에이커1에이커=약 4 평방 킬로미터 정도로 추정되고 있다. 작은 규모의 도시 국가였고, 가나안 도시 중에서는 평균 정도의 도시에 속했다.

여리고 성은 일반적인 공격 작전으로는 함락하기가 어려운 요새였다. 매우 가파르고 미끄러운 경사지 정상에 위치해 있어서 성에 접근하는 즉시 죽임을 당했기 때문이다. 또한 여리고 성에는 적들의 침입에 대비해서 성 밖으로 3~4m 높이의 석조 장애물이 설치되어 있었다.

---

11) 우가릿 : 시리아 북부의 지중해 연안에 위치한 라스 샴라(Ras Shamra, 아랍어로 회향의 머리 를뜻함)에서 번성했던 청동기 시대의 도시 국가를 지칭하는 말이다. 우가릿에서 발견된 문서들에 따르면 우가릿에는 우가릿인은 물론 메소포타미아인 그리스인, 후리 안인, 히타이트인, 이집트인 등이 섞여 산 명실상부한 국제 도시였다.

외벽과 내벽 등 두 겹으로 되어 있는 여리고 성 성벽은 외벽의 경우 5m 정도 높이의 기초 성벽 위에 두께 2m, 높이 7m의 진흙 벽돌 벽으로 세워졌다. 내벽은 지상으로부터 높이가 14m 정도 되는 둑 위에 다시 높이 솟아오른 내성벽의 구조로 설계된 그야말로 난공불락의 구조를 지닌 이중 성벽이다.

여리고와 전쟁을 치를 때, 유일한 공격 방법은 장기간의 포위 작전뿐이었다. 하지만 포위작전은 시간이 오래 걸리기 때문에 공격하는 부대의 사기와 군수물자에 문제가 생길 수 있는 위험이 있었다. 그리고 가나안 족속의 연합군에게 반격할 기회를 줄 수 있기 때문에 함부로 시도하기 어려운 작전이었다.

3) 여호와의 작전 명령

여리고 전투를 앞둔 이스라엘에게 여호와께서 전투에 관한 구체적인 전략과 전술, 그리고 작전 명령을 여호수아에게 하달하셨다. 작전 명령은 아래와 같다.

(1) 여리고 성을 네 손에 붙였다

손자병법 모공편에 '지피지기면 백전불퇴Know your enemy and who you are, then you'll never lose'라는 말이 나온다. 이 말처럼 여리고 전투는 여호와께 이미 승리를 보장받고 싸우는 전쟁이다.

이스라엘 군대는 가나안 족속이 아무리 강해도 "그들은 우리의 밥민 14:9"에 불과한 자들이라는 믿음이 이스라엘에 차고 넘쳐서 이미 승리를 확신했다.

(2) 7일 동안 성 돌기 작전

여리고 성을 무너뜨리기 위한 '여호와의 전술'은 간단했다. 이스라엘이 여리고 성을 6일 동안 하루에 한 번씩 돌고, 7일째는 7번을 도는 것이었다. 이스라엘 입장에서 보면 "전투하지 않고 성 주위만 돌면 성이 무너진다"는 명령이 비상식적이고 이해할 수 없는 작전이었다. 하지만 이스라엘은 묵묵히 하나님의 명령에 순종한다.

(3) 나팔을 불라

하나님께서는 여호수아에게 궤적으로 작전 명령을 내리셨다. 여호수아는 제사장들에게 "언약궤를 메고 나팔을 불라 그리고 무장한 자들이 그 앞과 뒤에서 호위하라"는 명령과 "여리고 성을 7일간 13바퀴를 다 돈 뒤에는 제사장들의 나팔 소리에 맞춰 백성들이 큰 소리로 외쳐 부르라"는 작전을 지시했다.

(4) 침묵 작전

여리고 성 공격 작전을 수행할 때 또 하나의 중요한 명령이 있었다. "너희 입에서 아무 말도 내지 말라"는 침묵 작전이었다. 말을 많이 하다 보면 불평이나 원망이 나올 수 있고, 사람의 소리가 높아지면 여호와의 소리 제사장의 나팔소리를 들을 수 없기 때문이다. 오직 하나님만이 말씀하시고, 일하셔야 하는 순간이었던 것이다.

물론 사람의 역할도 중요하다. 전쟁은 홀로 치를 수 없는 만큼 각자에게 주어진 사명과 직분에 따라 함께해야 승리할 수 있다. 무엇보다 지도자인 여호수아는 하나님의 작전 명령과 전략 전술을 잘 이해했고, 이스라엘 군대와 제사장들이 잘 따를 수 있도록 독려했다. 그 결과 군대는 물론 백성들과 한 마음 한 뜻이 되었고, 모두 각자에게 주어진 전투 임무에 충성했다.

4) 여호수아의 작전 명령

여호수아는 하나님의 말씀대로 제사장들에게 여호와의 궤를 메게 했다. 일곱 제사장은 일곱 양각 나팔을 잡고 여호와의 궤 앞에서 계속 행군하며 나팔을 불고 무장한 군인들은 그 앞에 행하게 했다. 이스라엘 후군은 여호와의 궤 뒤에 행하고 제사장들은 나팔을 불며 진군하게 한 것이다.

여호수아는 이스라엘 진영을 향해 엄숙하게 하나님의 명령을 선포했다. "여리고 성을 도는 동안에 외치거나 그들의 음성이 들리지 않게 하고 침묵을 지켜라. 그리고 7일째인 마지막 날에 외치라는 명령이 전군에 내려질 때에 큰 소리로 외치라."

5) 여리고 성의 방어 작전

여리고 성의 왕과 군인들은 성문을 굳게 닫고 방어 작전에 돌입했다. 어느 누구도 출입이 불가능했다. 왜냐하면 하나님께서 이스라엘 백성을 위해 한 일들을 알고 있었기 때문이다. 홍해 도하 작전을 통해 바다를 가르시고 바닷물을 마르게 하신 일, 아모리 두 왕 시혼과 옥을 전멸시킨 일, 요단강 물을 멈추고 이스라엘을 건너게 하신 일 등 하나님이 베푸신 기적을 보고받은 여리고 성의 왕과 고위 관리들, 심지어 군인들은 두려움에 휩싸였다. 백성들은 이스라엘이 두려워서 간담이 녹았고 정신을 잃었다.

여리고 성의 사람들은 여호와께서 가나안 땅을 이스라엘에게 주실 것을 알고 있었다. 그래서 그들이 할 수 있는 것은 성문을 굳게 잠그는 일밖에 없었다. 한편으로는 난공불락의 여리고 성이 어떤 전투에서도 시행한 적이 없는 특별한 경계 작전에 들어갔다.

6) 최초 가나안 전투

작전 개시일인 제 7일에 이스라엘은 여리고 성을 일곱 번 돌았다. 여호수아는 마지막 일곱 바퀴를 돌고 난 뒤에 제사장들이 나팔을 불 때 "외치라! 여호와께서 이 성을 너희에게 주셨느니라"고 명령했다. 뒤이어 "이 성과 그 가운데에 있는 모든 물건을 여호와께 바치라"고 명령한 뒤에 한 가지를 당부한다. 이스라엘의 정탐꾼을 살려준 기생 라합을 기억하고 그녀와 그의 가족들을 살려두라는 것이었다.

모든 것이 준비되자 제사장의 나팔소리에 맞춰 백성들이 소리를 질렀다. 그때 놀라운 기적이 일어난다. 하나님의 말씀대로 여리고 성이 무너진 것이다. 하나님의 명령을 온전히 순종한 결과, 여리고 성은 추풍낙엽이 되어 버렸다.

7) 전쟁의 교훈

하나님께서 여호수아에게 지시하신 전술은 '성벽 돌기 작전'이었다. 이스라엘 백성이 하루 한 차례씩 엿새 동안 성벽을 돌고 7일째 되는 날에는 성을 일곱 바퀴 돌며 제사장들에게 나팔을 불고 고함을 지르라는 독특한 전술이다 수 6:3~5. 이것은 인류가 전쟁을 시작한 이래 성경을 제외한 그 어떤 문헌에서도 찾아볼 수 없는 희귀하고 진기한 전술이었다.

2. 아이성 전투

여리고 성에서의 승리에 고무된 이스라엘은 곧 이어진 아이성 전투에 자신만만하게 나아갔다. 그러나 '아이성' 1차 공격에서 그들은 뼈아픈 실패를 하고 만다. 성이 작다고 여기고 방심한 탓이었다.

실패를 경험한 백성들은 다시 하나님 앞에 겸손해졌고 이에 하나님께서는 그들에게 작전 명령을 내리셨다. 아이성 '2차 공격' 때에는 모든 군사를 거느리고 전투에 참여할 것과 아이성으로 올라가서 여리고 성에 행한 것과 같이 그 성을 정복하라고 말씀하셨다.

아이성 작전은 여리고 성 정복 때와 다른 점이 있다. 하나님께서는 여리고 성을 정복할 때에는 모든 것을 불태우라고 하셨는데, 아이성 때에는 전리품과 가축을 이스라엘의 소유로 삼으라고 지시하신 것이다. 그 이유는 여리고 성은 가나안 첫 번째 정복지였기 때문이다. 이스라엘 백성이 가나안 땅에 입성해 얻은 첫 열매로 하나님께 온전히 드려져야 했던 것이다.

1) 여호수아의 작전 능력

여호와의 명령을 받은 여호수아는 즉시 용사 중에서 3만 명을 뽑아서 밤에 몰래 성읍 뒤에 매복할 것을 명령했다.

> **여호수아의 전술 3가지**
> 1) 성읍 뒤로 가서 성읍 가까이 매복하고 공격할 준비를 하라.
> 2) 유인 작전이 시행되면 성을 점령하라.
> 3) 성을 점령하면 성을 불사르고 탈취하라.

2) 공격 작전

(1) 매복 작전

여호수아의 작전 명령을 받은 이스라엘 군사들은 야간에 침투 작전을 통해 아이성 서쪽에 있는 벧엘과 아이성 사이에 도착 후 매복했다. 걸어서 3시간 정도의 거리인 아이와 벧엘 두 지역 사이에는 높은 돌산이 있었기 때문에 매복과 은폐, 엄폐가 용이했다.

(2) 유인 작전

여호수아는 아침 일찍 군사들을 점검하고 백성의 장로들과 함께 아이성을 향해 진격했다. 당시 이스라엘은 아이성 북쪽, 골짜기 하나를 사이에 두고 진을 친 상태였다. 아이성 주변은 계곡으로 둘러싸여 있었기 때문에 이스라엘로서는 골짜기를 건너서 직접 아이성을 공격하기란 매우 어려운 상황이었다.

하지만 눈에 보이는 난관은 하나님께 아무런 문제가 되지 않았다. 아이성 왕의 교만을 알고 계셨던 하나님께서는 여호수아에게 왕의 자만심을 자극해서 유인할 것을 명령하셨다. 이스라엘은 밤이 되자 계곡 가운데로 들어갔다. 아이성 군사들이 자신들을 감시하고 있다는 것을 알고 있었던 여호수아는 그들을 속이기 위해 밤에 습격하는 것처럼 위장한 것이다.

그러자 여호수아의 예측대로 아이성 왕은 아침 일찍 군사들을 이끌고 이스라엘 군사들을 공격하기 시작했다. 1차전의 승리로 자신감이 상승한 그들은 '성문을 열어 놓고' 이스라엘 군대를 추격했다. 과도한 자신감에 교만해져서 이스라엘의 주도면밀한 작전을 간과한 채 성급하게 대응한 것이다. 결국 성문은 열려 있고, 군사들도 이스라엘에 유인당해서 성 안에 없는 상황이 되어 버렸다. 이 모든 것은 하나님께서 이스라엘과 함께한 결과였다.

(3) 협공 작전

하나님께서는 여호수아에게 "단창을 들어 성읍을 가리키라"고 명령하셨다.

여기서 언급된 '단창키돈'은 적에게 세게 던질 수 있는 짧고 조그만 창을 말한다.

그는 단창을 들어 햇빛에 평평한 부분을 반사시킴으로써 아이성을 점령하라는 공격 신호로 사용했다. 매복하며 대기하던 복병들은 아군의 공격 신호를 받은 즉시 아이성으로 진격했다.

(4) 화공 작전

매복해 있던 이스라엘 전사들은 아이성 군대가 일시에 빠져나간 틈을 타서 아이성을 쉽게 점령할 수 있었다. 그들은 즉시 성읍에 불을 붙였다. 성에서 연기가 피어오르는 것을 본 순간, 아이성 군대의 전열이 흔들린다. 반면 광야로 후퇴하고 있던 이스라엘 전사들은 기수를 돌려 아이성 군사들을 역습하기 시작했다.

순식간에 아이성을 점령하고 화공 작전 임무를 완수한 복병들은 후방 작전에 합류했다. 그들은 성 밖으로 나와서 이스라엘 전사들을 추격하던 아이성 군사들을 공격하기 시작했다. 전후방에서 '양면 작전'으로 밀어붙인 결과 아이성 군사들은 한 사람도 남지 않고 전멸되었다. 이스라엘 전사들이 아이성 사람들을 남김없이 죽인 것은 우상을 섬기는 모든 자들을 용서하지 않으시는 '하나님의 심판'이다신 13:15. 하나님은 이스라엘에게 "호흡 있는 자는 하나도 살리지 말라"고 명령하셨다신 20:16. 하나님의 명령에 순종한 공격 작전은 완전한 승리로 연결되었다.

제5장. 사사들의 전투

　성경에 나타난 전쟁사 가운데 아슬아슬하면서도 신나는 사건이 있다. 다윗과 골리앗의 싸움, 여리고 전쟁, 아이성 전투 같은 내용이 담긴 여호수아와 사사기를 읽을 때면 시간 가는 줄 모를 만큼 흥미진진했다.
　사사 시대의 전쟁도 하나님께서 이스라엘 군대에 직접 작전을 지시하고 정보를 제공해 주시면서 승리하게 하신 '간접 성전'이었다.

1. 다볼산 전투

　'다볼산' 전투는 이스라엘이 여호와의 목전에 악을 행하고 불순종하는 것에서부터 시작되었다. 이스라엘은 하나님께 불순종한 결과로 가나안 왕 '야빈'의 손에 20년 동안 억압을 받게 된다. 당시 야빈 왕의 군대 장관은 시스라이며 야빈은 전차 900대와 육군으로 구성된 중무장 부대를 거느리고 있었다.

1) 여선지자 드보라
　하나님께서는 이스라엘의 고통과 기도를 들으시고 여선지자 '드보라'를 사사로 임명하셨다. 드보라는 '바락'을 납달리 게데스에서 호출해서 지휘관으로 임명했다. 당시 이스라엘 군대는 납달리 자손, 스불론 자손으로 구성되었는데, 그 숫자가 1만 명 정도였다.

2) 드보라의 작전 명령

사사 드보라는 '여호와의 작전 명령'을 지휘관 바락에게 하달했다. "1만 명을 거느리고 다볼산으로 가라. 여호와께서 야빈의 군대 장관 시스라와 900대의 전차 부대를 '기손강' 전투지로 기동하게 하시고 바락의 군대가 야빈의 군대를 진멸케 하리라"는 명령이었다.

지휘관 바락은 드보라의 이야기를 다 듣고 난 뒤에 "당신이 나와 함께 가면 내가 가려니와 당신이 나와 함께 가지 아니하면 나는 가지 않겠노라"고 간청한다. 이때 바락은 하나님께 더 많은 무기를 요청하지 않았다. 무기의 힘보다 믿음을 더 중요하게 여긴 까닭이다. 그래서 바락은 "여호와께서 함께할 때 자신과 군인들이 힘을 얻고 승리할 수 있다"고 믿었다 히브리서 11:32, 33. 사사 드보라는 바락과 이스라엘군에게 "내가 반드시 이스라엘 군대와 함께 가리라. 그리고 여호와께서 시스라를 여인의 손에 파실 것이다"라고 예언했다.

3) 이스라엘의 전투 준비

사사 드보라는 '다볼산' 꼭대기에 숙영지를 구축한 이스라엘 부대를 둘러본다. 그러면서 전투에 참여한 이스라엘 1만 명의 믿음과 다볼산을 찌르고도 남을 용기도 함께 보았을 것이다.

비록 이스라엘 군인의 숫자는 적고 무기도 미약했지만, 그래서 그들은 하나님께서 함께 하신다는 사실만을 굳게 붙잡았다. 그런 믿음이 있었기에 900대나 되는 야빈의 전차와 사나운 적들과 마주하며 '전투 준비 태세'를 갖출 수 있었을 것이다.

4) 전투지 다볼산

전투지인 다볼산은 해발 588m의 종모양을 한, 끝이 뭉툭한 커다란 원뿔처럼 생긴 산이다. 숙영지인 정상에서 작전 지역을 보면 약 400m 아래, 남서쪽 방향으로 넓게 뻗어 있는 '에스드라엘론 평야'가 시야에 펼쳐진다.

5) 시스라의 공격 작전

야빈의 군대 장관 시스라는 이스라엘이 다볼산에 숙영지를 치고 전투 준비 태세를 갖추고 있다는 보고를 받는다. 시스라는 900대의 전차와 모든 부대를 기손강으로 집결시킨다.

이스라엘의 집결지에서 경계근무를 서고 있던 초병의 눈에 무언가가 잡혔다. '에스드라엘론 평야'에서 무언가가 반짝이고 있는 것이 포착된 것이다. 자세히 보니 시스라의 군대의 전차부대가 진군하는 과정에 창과 칼이 햇빛에 비쳐 무시무시한 빛을 만들어 번쩍이고 있었다.

시스라 군대의 자랑인 900대의 전차 바퀴 축에는 철창이 튀어나와 있었다. 이 철창이 햇빛에 비치면 엄청난 빛을 발하게 된다. 시스라는 낫으로 보리를 베어 내듯이, 무장도 제대로 하지 않은 이스라엘 군인들을 모조리 쓸어버릴 작정이었다.

6) 다볼산 전투

시스라의 엄청난 기동 부대가 요란하게 진군하며 평야를 뒤덮자 땅이 진동할 지경이었다. 일촉즉발의 상황에서 이스라엘군은 바락의 공격 명령을 잠잠히 기다리고 있었다. 그리고 마침내 공격 명령이 드보라를 통해 내려졌다. 바락은 "일어나라 이는 여호와께서 시스라를 네 손에 붙이신 날이라 여호와께서 너의 앞서 행하지 아니하시느냐"라는 명령을 내리고 1만 명의 군사들과 함께 다볼산에서 내려왔다.

7) 다볼산의 기적

산에서 넓은 평지로 내려온 이스라엘 군대는 그 무시무시한 병거들을 향해 돌진했다. 사실 이론적으로나 상식적으로나 이러한 작전은 마치 폭탄을 들고 적진에 뛰어들어가는 것과 같은 미련한 짓이었다. 그러나 앞뒤 따지지 않고 하나님의 말씀에 순종한 이스라엘군에게 여호와의 기적이 일어난다. 이스라엘 군대의 공격이 시작되었을 때 시스라 군대가 진군하는 땅이 흔들렸고 시스라의 군대는 혼란에 빠져버렸다.

그리고 잠시 후, 하늘에서 비가 억수같이 쏟아지기 시작한다. 금세 땅이 습지가 되고 얼마 지나지 않아 철낫이 달린 무거운 900대의 전차와 병거들은 진창에 빠져버렸다. 꼼짝도 못하는 상태가 된 것이다.

반면 바락과 이스라엘 군대는 폭풍우가 왜 내리는지 알고 있었기 때문에 당황하거나 두려워하지 않았다. 그들은 오로지 가나안 군대를 향해 돌진했다. 이스라엘 군대는 여호와의 심판을 집행하는 심정으로 시스라의 군인을 한 사람도 살려 두지 않고 전멸시켰다. '키손강'이 범람하면서 그 시체들을 대해 쪽으로 휩쓸고 갔다.

8) 시스라의 최후

가나안 군인 가운데 한 사람이 탈영했다. 그는 가장 악랄하고 이스라엘 백성을 몹시 압제하던 시스라였다. 시스라는 자기 군사들을 진창에 죽게 버려둔 채 이스라엘 군인들 틈에서 슬쩍 빠져나왔다. 이스라엘 군인들의 눈에 띨까봐 마음을 졸이면서 넓은 평원을 가로질러 한참을 달리던 그는 얼마 후 '헤벨의 천막'에 도착했다.

겐 사람인 헤벨은 동족인 유목민들과는 떨어져 남쪽으로 와서 야빈 왕과 일종의 화친을 맺으며 살고 있었다. 시스라가 헤벨의 장막에 이르렀을 때 헤벨은 부재중이었고 대신 그의 아내인 '야엘'이 그를 맞이했다. 시스라는 하벨과 야빈 왕이 맺은 화친을 그녀도 당연히 존중할 것이라고 생각하며 안심했다.

이때 시스라가 간과한 것은 야엘이었다. 야엘은 가나안 사람들이 얼마나 포악하게 압제했는지 똑똑히 알고 있었고, 본능적으로 자신이 중요한 선택의 기로에 있다는 점도 감지했다. 야엘은 판단을 내려야 했다.

우선 그녀는 시스라에게 쉴 자리를 마련해 주었다. 시스라는 누가 찾으러 오더라도 자기의 존재를 숨겨줄 것을 부탁했다. 지친 시스라가 자리에 눕자 야엘은 담요로 덮어 주었고, "물을 달라"는 시스라의 부탁에 엉긴 젖을 주었다. 그 젖을 먹고 시스라가 깊은 잠에 빠져들자 야일은 행동을 개시했다. 그녀는 천막에 사는 여자들이 집에서 능숙하게 사용하는 두 가지 도구, '천막 말뚝'과 '나무 망치'를 집어 든 것이다. 그리고 말뚝과 망치를 이용해 시스라를 향해 여호와의 심판을 집행하는 큰 일을 해낸다.

시스라를 쫓던 바락이 헤벨의 장막에 도착했다. 관자놀이에 천막 말뚝이 박혀 있는 시스라의 시체를 본 바락은 드보라의 예언이 이루어졌다는 사실을 깨달았다.

2. 모리아산 전투

여호와의 도우심으로 승리한 경험에도 불구하고 시간이 지나자 이스라엘은 또다시 여호와의 명령에 불순종하고 악을 행하기 시작했다. 더 두고 볼 수만은 없다고 여기신 하나님께서는 그들을 다루시기 위해 미디안을 선택하셨다. 이스라엘을 미디안의 손에 7년 동안 붙이신 것이다.

당시 미디안 군대의 공격과 포악함은 말로 형용하기 어려울 정도였다. 이스라엘이 파종할 때면 미디안 군대, 아말렉 군대, 동방 사람들은 모든 소산물과 가축을 남겨두지 않았다. 마치 메뚜기 떼처럼 눈에 보이는 것은 모두 다 먹어 치워 버린 것이다.

미디안의 악행은 먹을 것을 약탈하는 것에 그치지 않았다. 그들은 눈에 보이는 대로 사람을 죽이거나 아니면 사로잡아 노예로 팔기도 했다. 그들의 포악함을 견디다 못한 이스라엘은 산으로 도망가고, 토굴을 파서 그 속에서 숨어 지내야 했다. 비참하기 이를 데 없는 상황까지 내몰리면서 이스라엘은 다시 여호와께 회개하고 부르짖었다.

1) 기드온의 등장

이스라엘의 하나님 여호와께서는 자기 백성의 부르짖는 기도를 들으시는 분이다. 이스라엘의 부르짖음을 들으신 하나님께서는 그들을 구출하기 위해 므낫세 '아비에셀 사람 요아스'의 아들 '기드온'을 지휘관으로 부르신다. 미디안 군대와 싸울 지휘관으로 명을 받은 기드온은 여호와를 위하여 단을 쌓고 그곳 이름을 '여호와 샬롬'이라고 칭했다.

2) 여호와의 모병 3백 명

지휘관 기드온이 제일 먼저 한 일은 모레아산 전투에 참가할 군인을 모집하는 일이었다. 모병을 한 결과 3만 2천 명이 자원해서 입대했지만, 이때 하나님께서 기드온에게 다소 황당한 명령을 내리신다. "3만 2천 명의 지원자가 너무 많은즉 누구든지 두려워서 떠는 자는 길르앗산에서 떠나 돌아가라"고 하신 것이다. 그러자 지원자 가운데 두려워 떠는 2만 2천 명이 떠나고, 남은 사람은 1만 명이었다.

그러나 하나님께서는 1만 명도 많다고 여기시고 "이스라엘 군대가 아직도 많으니 그들을 인도하여 물가로 내려가라 거기서 내가 너를 위하여 그들을 시험하리라" 명하셨다. 이때 하나님께서 정한 모병의 기준은 다음과 같다.

"무릇 개의 핥는 것같이 그 혀로 물을 핥는 자를 따로 세우고, 무릎을 꿇고 마시는 자도 따로 세우라."

하나님의 명령을 들은 기드온은 병사들을 물가로 데려가서 물을 마시게 했다. 그러자 손으로 물을 움켜 입에 대고 핥는 자의 수가 3백 명, 무릎을 꿇고 마신 사람은 9,700명이었다.

그제야 하나님께서는 만족하시고 기드온에게 "내가 이 물을 핥아 먹은 3백 명으로 너희를 구원하며 미디안 군대를 네 손에 붙이리니 9,700명의 모병들은 각각 그 처소로 돌려보내라"고 명령하신다.

사실 전쟁을 할 때 군인의 수가 많을수록 유리하다는 것은 삼척동자도 아는 당연한 상식이다. 그런데 지원자 3만 2천 명 가운데 3만 1천 7백명을 돌려보내고 100분의 1도 안 되는 3백 명의 군사로 전투를 하라는 명령은 언뜻 이해하기 힘들다. 그럼에도 불구하고 3백 명의 용사는 그 불리하고 비상식적인 명령에 절대 복종한다.

3) 적군과 전투지역 상황

하나님께서 제시하신 자격에 부합된 용사가 추려지자 드디어 하나님의 공격 명령이 떨어졌다. "일어나 내려가서 미디안 적진을 치라 내가 그것을 네 손에 붙였느니라." 하나님께서는 승리를 선언하시며 적진의 정보까지 파악케 하셨다.

당시 미디안 군대는 아말렉 군대, 동방의 군대, 연합군 3팀으로 편성되어 있었다. 연합군은 숫자 면에서 메뚜기의 중다함 같고 약대의 무수함이 해변의 모래같이 많았다.

4) 기드온의 용기

기드온은 일단 적진을 살피기 위해 직접 '부라'와 함께 적의 숙영지에 침투해서 상황을 파악하고자 했다. 그때 마침 숙영지에서 경계 근무를 서는 병사들의 대화 소리가 들렸다.

한 병사가 다른 병사에게 지난 밤 꾼 꿈에 대한 이야기를 전했다. "꿈에 보리떡 한 덩어리가 미디안 진영으로 굴러 들어와서 한 장막에 이르러 그것을 쳐서 무너뜨려 엎드러뜨리니 곧 쓰러지더라."

그 이야기를 들은 다른 병사는 다음과 같이 꿈을 해석했다. "이는 다른 것이 아니라 이스라엘 지휘관 요아스의 아들 기드온의 칼날이라 하나님이 미디안과 그 연합군을 기드온과 3백 용사의 손에 붙이셨다."

5) 선제 공격 작전

지휘관 기드온이 1개 대대 병력에 불과한 3백 명을 전투 작전에 맞게 3개 전투 중대 형태로 편성하고 군사들의 손에 나팔과 빈 항아리를 들게 했다. 그리고 항아리 안에는 횃불을 감추어 두었다.

이스라엘의 공격 작전은 이경 초, 즉 밤 10시에서 11시 사이 적군의 진영 경계병들이 경계업무를 교대하는 시간에 시작되었다. 기드온과 3백 명의 용사들이 적진에 기도비닉을 유지하며 엄밀하게 침투했다.

잠시 후 공격 작전 명령이 3백 명의 용사에게 하달되었다. 기드온은 "일어나라 여호와께서 미디안 군대를 너희 손에 붙이셨느니라. 너희는 나만 보고 나의 하는 대로 하되 내가 그 진 가에 이르러서 하는 대로 너희도 그리하여 나와 나를 좇는 자가 다 나팔을 불거든 너희도 그 진 사면에서 또한 나팔을 불며 이르기를 여호와를 위하라 기드온을 위하라 하라"는 명령을 내렸다.

기드온과 침투조로 편성된 100명의 용사가 가장 먼저 적진에 들어가 나팔을 불며 손에 가졌던 항아리를 부수었다. 2개 중대의 200명의 용사들도 나팔을 불며 항아리를 부수고 왼손에는 횃불을 들고 오른손에는 나팔을 들고 불었다. 그러면서 "여호와와 기드온의 칼이여"라고 외치며 각자 맡은 작전 지역에서 사면으로 연합군을 에워싸기 시작했다.

기드온과 3백 명의 용사들이 나팔을 불 때, 하나님의 손이 펼친 기적과 이적의 역사가 일어났다. 믿을 수 없는 광경이 눈 앞에 펼쳐졌다. 갑자기 미디안, 아말렉, 동방 군대가 자기들끼리 칼날로 서로를 치기 시작한 것이다. 이에 연합군으로 편성된 적군은 도망가기 시작했고, 이스라엘 군대는 납달리와 아셀과 므낫세에서부터 모여서 미디안과 연합군을 쫓았다.

6) 전투 결과

기드온과 3백 명의 용사들은 미디안 군대장관 '오렙'과 '스엡'을 사로잡아 오렙은 오렙 바위에서 죽이고 스엡은 스엡 포도주 틀에서 죽이고 미디안과 연합군을 추격했다.

이스라엘은 '갈골 전투'에서 동방군대 2만 명을 죽였다. 당시 연합군 1만 5천 명은 미디안 왕, 세바와 살문나를 좇아 진지에 머물고 있었다. 적진의 경계가 허술한 틈을 이용해 기드온과 3백 명의 용사가 '노바'와 '욕브하' 동편 장막에 거한 자의 길로 올라가서 적군을 공격하자 세바와 살문나가 도망했다. 기드온과 3백 명의 용사는 추격해서 그들을 사로잡고 연합군을 전멸시켰다.

기드온과 3백 용사가 '헤레스 비탈 전투'에서 돌아오다가 숙곳 청년을 잡아 심문하고 숙곳 장관들과 장로 70인의 정보를 입수했다.

숙곳과 브누엘은 기드온이 미디안 군대, 연합국과 전쟁할 때 돕지 않고 적대

시한 도시들이었다. 기드온은 입수한 정보에 의해 숙곳 장관들과 장로 70인을 징벌하고 브누엘 망대를 헐었다. 또한 숙곳 주민과 세바와 살문나를 처단하고 약대 목에 꾸몄던 새달 형상의 장식을 취했다.

3. 길르앗 미스바 전투

　기드온 이후에 이스라엘은 다시 악을 행하기 시작한다. 바알, 아스다롯, 아람의 신들, 시돈의 신들, 모압의 신들, 암몬의 신들과 블레셋 사람의 신들을 섬기고 하나님을 버린 것이다.
　이에 진노하신 하나님께서는 블레셋 사람의 손과 암몬 자손의 손에 이스라엘을 넘기셨고, 그 결과 이스라엘은 18년 동안 학대를 당한다. 특히 암몬 자손은 요단을 건너 유다, 베냐민, 에브라임 족속을 쳐서 그들의 곤고가 심했다.
　큰 고통 속에서 지내던 이스라엘은 "우리가 우리 하나님을 버리고 바알들을 섬김으로 주께 범죄하였나이다. 주의 보시기에 좋은 대로 우리에게 행하시려니와 오직 주께 구하옵나니 오늘날 우리를 건져 내옵소서"하며 부르짖었다.
　이에 여호와께서는 단호하게 답하신다. "너희가 나를 버리고 다른 신들을 섬기니 그러므로 내가 다시는 너희를 구원치 아니하리라. 가서 너희가 택한 신들에게 부르짖어서 너희 환난 때에 그들로 너희를 구원하게 하라."
　늘 반복되는 죄악에 화가 난 하나님께서 이스라엘을 꾸짖으셨고, 이스라엘은 정신을 차리고 이방 신들을 없애 버렸다. 그들이 마음을 돌이켜 다시 하나님을 섬기자 하나님께서 이스라엘의 곤고로 인해 근심하셨다. 이러한 상황에서 암몬의 군대가 길르앗에 주둔지를 만들고 공격 준비를 하자 이스라엘도 미스바에 군영을 설치했다.

1) 입다의 등장
　이때 등장한 사람이 입다이다. 길르앗의 큰 용사인 '입다'는 기생이 길르앗에게 낳은 아들이었고, 형제를 피하여 '돕 땅'에 거하고 있었다. 그의 주변에 불량배들이 모여 들어서 입다는 그들과 함께 어울리고 있었다.

그런데 암몬 군대가 이스라엘을 공격할 때에 길르앗 장로들이 입다를 찾아와서 군대 장관이 되어 달라는 부탁을 한다. 자신의 출신 때문에 망설이다가 결국 지휘관이 된 입다는 먼저 암몬 왕에게 사신을 파견했지만, 암몬왕은 입다의 의견을 묵살해 버렸다.

2) 여호와의 신이 임하심

여호와의 신이 입다에게 임하니 입다가 길르앗과 므낫세를 지나서 '길르앗 미스베'에 이르고 길르앗 미스베에서부터 암몬 자손에게로 나아간다.

3) 입다의 서원

전쟁을 앞둔 입다는 여호와께 다음과 같이 서원한다. "주께서 과연 암몬 자손을 내 손에 붙이시면 내가 암몬 자손에게서 평안히 돌아올 때에 누구든지 내 집 문에서 나와서 나를 영접하는 그는 여호와께 돌릴 것이니 내가 그를 번제로 드리겠나이다."

4) 암몬 전투

암몬 자손과의 전투에서 하나님께서는 암몬을 입다의 손에 붙이셨다. 그래서 입다는 아로엘에서부터 민닛에 이르기까지 이십 성읍을 치고 또 아벨 그라밈까지 크게 도륙함으로써 암몬을 굴복시켰다.

제6장. 왕들의 전쟁

 '왕들의 전쟁사'는 약 260년 간의 사사 시대를 뒤로하고 마지막 사사인 사무엘 선지자의 사역 말미인 B.C. 1050년경 이스라엘이 하나님의 통치를 거부하고 왕을 원하면서 시작된다.

 이스라엘은 사무엘 선지자에게 "우리에게 왕을 주어 우리를 다스리게 하라"고 요구했다. 백성들의 목소리를 들은 하나님께서는 친히 그들의 왕이 되신 하나님을 거부하고 이방 나라들처럼 왕을 원하는 모습에 실망하시지만, 곧 사무엘에게 명령하신다. "그들이 너를 버림이 아니요 나를 버려 자기들의 왕이 되지 못하게 함이니라…. 그러므로 그들의 말을 들되 너는 그들에게 엄히 경계하고 그들을 다스릴 왕의 제도를 알게 하라."

 이스라엘이 왕을 요구한 것은 분명히 하나님께 대한 도전이었지만, 그럼에도 불구하고 하나님은 그들의 요구를 들어주셨다. 왕들의 전쟁은 이스라엘 전쟁사에 나타내신 하나님의 직접 성전 The Direct Holy Wars과 간접 성전 The Indirect Holy Wars에 이어 하나님의 사람에게 성령의 감동을 주시고 전투에 참가해 승리하게 하시는 감동 성전 The Impressed Holy Wars 으로 바뀐다.

1. 길르앗 야베스 전투

 '길르앗 야베스' 전투는 전형적인 감동 성전의 출발점이며, 사사에서 왕으로 이어지는 다리 역할을 하는 전투이다.

 길르앗 야베스 전투에서 암몬 사람 나하스는 길르앗 야베스를 공격하기 위해 군대를 이끌고 그들 앞에 진을 쳤다. 길르앗 야베스 사람이 나하스에게 전령을 보내 "우리와 언약하자. 그리하면 우리가 너를 섬기리라"고 전하지만, 나하스는 "내가 너희 오른눈을 다 빼야야 너희와 언약하리라. 내가 온 이스라엘을 이같이 모욕하리라"고 하면서 조약 맺기를 거부했다. 그러자 야베스 장로들은 나하스에게 "우리가 이스라엘 전 지역에 사자를 보낼 수 있도록 우리에게 7일 동안 여유를 주시오. 만약 아무도 우리를 구하러 오지 않는다면 당신에게 항복하겠소"라는 전령을 보냈다.

전령들이 도착한 곳은 사울이 살고 있는 '기브아'였다. 그곳에서 그들은 야베스 장로들의 소식을 전했고, 이 소식을 들은 모든 사람들이 큰 소리로 울기 시작했다. 바로 그때 들에서 소들을 몰고 돌아오던 사울이 그 소리를 듣고 의아하게 여겼다. "백성들에게 무슨 일이 있습니까? 왜들 저렇게 큰 소리로 울고 있습니까?"

백성들로부터 전후 사정을 듣고 난 뒤, 하나님의 영이 사울에게 강하게 임했고 사울의 마음속에서 큰 분노가 일어났다. 사울은 한 쌍의 황소를 가져다가 토막을 내고 그 조각을 전령들에게 주어 이스라엘 전역에 보내며 선포했다.

"누구든 사울과 사무엘을 따라 나서지 않는 사람이 있으면 그 사람의 소들도 이렇게 될 것이다."

그러자 백성들에게 하나님을 두려워하는 마음이 생겨서 한마음으로 나아왔다.

사울이 베섹에서 군대를 소집하니 이스라엘 사람의 모병수는 30만 명이며 유다 사람의 모병은 3만 명이었다. 이스라엘이 야베스 길르앗 사람들에게 '내일 해가 한창 뜨거울 때 너희는 구원을 받을 것이다'라는 전령을 보냈다.

길르앗 야베스가 나하스에게 전령을 보내며 취한 것은 기만 작전이었다. 전령이 암몬에게 "내일 우리가 당신들에게 항복할 것이니 그때는 당신들이 하고 싶은 대로 우리에게 행하시오"라고 전한 것이다.

한편, 성령의 감동을 받은 사울은 다음날 새벽 이스라엘 군대를 세 대형으로 나눠 암몬 진영으로 쳐들어간다. 그리고 해가 가장 뜨거워질 때까지 그들을 쳐서 모두 죽였다.

2. 엘라 골짜기 전투

망령된 제사와 불순종으로 인해 하나님의 영이 사울에게서 떠나고, B.C. 1025년경 다윗이 기름부음을 받았다. 이 다윗을 통해 하나님의 '감동 성전The Impressed Holy Wars'은 꽃을 활짝 피우기 시작한다.

다윗이 기름 부음을 받은 지 5년이 지난 B.C. 1020년경, 블레셋이 군대를 이끌고 이스라엘을 공격을 위해 유다 지역 '소고'의 '에베스담밈'에 진지를 구축했다.

엘라 골짜기에 방어선과 진지를 구축한 이스라엘 앞에 블레셋 적진에서 큰 거인이 나타났다. 바로 가드 사람 '골리앗'으로 키는 약 1m 95㎝, 갑옷의 무게는 약 57.5㎏, 창날은 7㎏이며 머리에는 놋투구를 쓰고 있었다.

가히 어느 누구도 대적할 사람이 없을 정도의 위협적인 존재였다. 사람들을 압도해 버린 골리앗은 이스라엘 군대를 향하여 한껏 조롱과 모욕을 퍼부었다. "너희가 어찌하여 나와서 싸우지 않느냐? 너희는 한 사람을 택하여 내게로 내려보내라 그가 능히 싸워서 나를 죽이면 우리가 너희의 종이 되겠고 만일 내가 이기어 그를 죽이면 너희가 우리의 종이 되어 우리를 섬길 것이니라."

기가 막힌 상황이었지만, 골리앗을 대적할 수 없었던 이스라엘은 그저 당하고 있을 수밖에 없었다. 그때 우리의 작은 영웅 다윗이 등장한다. 자신보다 훨씬 크고 무기까지 갖춘 골리앗 앞에 의분을 품고 도전장을 내민 청년 다윗. 하나님의 영을 받은 다윗은 손에 막대기와 매끄러운 돌 다섯과 손에 물매를 가지고 블레셋 사람 골리앗 앞에 나선다.

블레셋 군인 골리앗의 눈에 다윗은 범 무서운 줄 모르는 하룻강아지였다. 그래서 "네가 나를 개로 여기고 막대기를 가지고 내게 나아왔느냐. 내게로 오라. 내가 네 고기를 공중의 새들과 들짐승들에게 주리라"고 하면서 엄포를 놓았다.

그러나 다윗은 전혀 밀리거나 위축되지 않고 "너는 칼과 창과 단창으로 내게 오거니와 나는 만군의 여호와의 이름 곧 네가 모욕하는 이스라엘 군대의 하나님의 이름으로 네게 가노라 오늘 여호와께서 너를 내 손에 붙이시리니 내가 너를 쳐서 네 머리를 베고 블레셋 군대의 시체로 오늘날 공중의 새와 땅의 들짐승에게 주어 온 땅으로 이스라엘에 하나님이 계신 줄 알게 하겠고 또 여호와의 구원하심이 칼과 창에 있지 아니함을 이 무리로 알게 하리라. 전쟁은 여호와께 속한 것인즉 그가 너희를 우리 손에 붙이시리라"고 담대하게 선포한다.

골리앗이 일어나 다윗에게로 마주 가까이 가자 다윗도 골리앗을 향해 빨리 달려나가며 손을 주머니에 넣어 돌을 꺼내 물매로 던졌다. 그 돌이 골리앗의 이마에 정확하게 박혔고, 그는 땅에 엎드러졌다. 다윗이 곧바로 골리앗의 칼을 빼어 내어 그 칼로 그의 머리를 베자 블레셋 군대가 도망가 버렸다.

다윗의 승리에 고무된 이스라엘 군대는 소리지르며 블레셋 군대를 '가이와 에그론' 성문까지 추격했고 이때 많은 블레셋 사람이 전사했다. 전쟁에서 승리한 다윗은 골리앗의 머리를 예루살렘으로 가져가고 갑옷은 자기 천막에 두었다.

3. 도단 전투

B.C. 845년경 아람 왕은 이스라엘을 공격하기 위해 참모들과 작전회의를 한다. 아람 왕이 "우리가 아무 데 아무 데 진을 치리라"는 작전을 하달하면, 신기하게도 이스라엘 군인들이 아람 군대의 침투 예상 지역에 방어선을 구축하고 경계에 만전을 기하고 있었다.

이런 식으로 작전이 계속적으로 막히고 노출되자 아람 왕은 참모들을 소집해서 "우리 중에 누가 이스라엘의 스파이가 있느냐"라고 추궁한다. 그때 정보 참모가 왕에게 엘리사에 대한 이야기를 꺼낸다. "우리 주 왕이여 아니로소이다. 오직 이스라엘 선지자 엘리사가 이스라엘 왕에게 기별하여 '왕은 삼가 아무 곳으로 지나가지 마소서. 아람 사람이 그곳으로 나오나이다.' 왕의 침실에서 하신 말씀을 엘리사가 이스라엘 왕에게 고하나이다." 이에 아람 왕은 참모장들과 군대에게 "너희는 가서 엘리사가 어디 있나 보라. 내가 보내어 잡으리라"고 명한다. 그 길로 아람 군대의 참모들과 정보 요원들은 이스라엘에 첩보 요원들을 급파해서 엘리사의 위치를 파악했다. 그리고 엘리사가 도단에 있다는 사실을 알

아내고는 왕에게 보고한다.

이에 아람 왕이 말과 전차와 많은 군사를 보내어 도단에 있는 엘리사를 잡을 것을 명령하자, 아람 군대가 밤에 이동해서 도단성 앞에 전투 지휘소를 세우고 성을 에워쌌다. 엘리사의 부관이 일찍 일어났다가 아람의 군사와 말과 전차가 성을 에워싸고 있는 것을 목격하고는 엘리사에게 보고했다. "아아 내 주여 우리가 어찌 하리이까"하고 말하자 하나님의 사람이 "두려워하지 말라 우리와 함께한 자가 저와 함께한 자보다 많으니라"하고 부관을 안심시켰다. 그리고 전쟁에 승리할 작전을 실시한다.

엘리사의 작전은 기도였다. 그는 "여호와여 원컨대 부관의 눈을 열어서 보게 하옵소서"라고 간구한다. 그러자 하나님께서 부관의 눈을 여셨고, 그는 '불말'과 '불병거'가 산에 가득하여 엘리사를 두른 것을 볼 수 있었다.

아람 군사와 말과 전차는 엘리사를 공격하여 잡기 위해 내려오고 엘리사는 하나님께 기도한다. "원컨대 저 무리의 눈을 어둡게 하옵소서"라는 엘리사의 간구를 들으신 하나님께서는 그 기도대로 아람 군사들의 눈을 어둡게 하셨다. 갑자기 눈이 보이지 않자 아람 군사들은 말과 전차에서 내려 어찌 할 바를 몰라 했다. 그때 엘리사가 저희에게 이르되 "이는 그 길이 아니요 이는 그 성도 아니니 나를 따라 오라 내가 너희를 인도하여 너희의 찾는 사람에게로 나아가리라"하면서 아람 군사들을 인도하여 사마리아로 향한다.

사마리아에 들어갈 때에 엘리사는 다음과 같이 하나님께 기도했다. "여호와여 아람 군사들의 눈을 열어서 보게 하옵소서." 그 기도가 끝나자 하나님께서 아람 군사들의 눈을 여시매 그들은 자기들이 적군의 수도인 사마리아 가운데 있는 것을 깨닫게 된다. 아람 군사들은 그야말로 멘붕에 빠졌다. 자신들이 잡혀 온 곳이 적군의 한가운데였고 무기도, 말도, 전차도, 아군의 아무런 지원도 없이 몰살을 당하는 위기에 처하게 되었기 때문이다.

이스라엘 군대와 백성들이 망연자실한 아람 군대를 바라보고 있었다. 이에 이스라엘 왕이 엘리사에게 "내 아버지여 내가 치리이까 내가 치리이까"라고 간청한다. 그러나 하나님의 사람은 왕의 기대와 다른 답을 말했다. "치지 마소서.

칼과 활로 사로잡은 자인들 어찌 치리이까. 떡과 물을 그 앞에 두어 먹고 마시게 하고 그 주인 아람 왕에게로 돌려 보내소서."

왕은 엘리사의 말대로 이스라엘 군대에 뜻밖의 명령을 내린다. "아람 군사들에게 식물을 많이 베풀고 저희로 먹고 마시게 하라. 그리고 아람의 포로된 모든 군사들을 놓아보내라"고 한 것이다.

아람 군사들은 몰살당할 위기에서 구사일생으로 살아나 고향으로 돌아갔다. 그리고 그 이후로 아람 군사의 부대가 다시는 이스라엘 땅에 들어오지 못했다.

제2부

중간시대 전쟁

The battle of
Inter-testamental Period

제2부 – 중간시대 전쟁
The battle of Inter-testamental Period

'신·구약 중간사[12]'는 성경에 기록되어 있지 않다. 그래서 '중간시대 전쟁사'를 이해하는 데 어려움을 겪는다.

구약의 마지막 부분은 B.C. 722년 앗수르에 의한 북왕국 이스라엘의 멸망, BC 586년 바벨론 느부갓네살 왕에 의한 남왕국 유대 멸망과 이스라엘의 포로 귀환으로 끝을 맺고 있다.

이스라엘은 이 시기에 두 가지 사건을 경험한다. 첫 번째는 '그리스 제국 B.C. 332~142년'이 등장한 것이다. 두 번째로는 21세의 젊은 나이로 왕에 등극한 알렉산더가 마케도니아를 정복하고 페르시아 제국을 멸망시킨 정복전쟁을 일으킨 것이다.

알렉산더의 정복전쟁에 관한 성경의 예언[13]은 B.C. 554년, 그가 태어나기 약 200년 전에 이미 다니엘서 8장에 기록되어 있다.

알렉산더는 유대인들로 하여금 유대교와 대사제장을 중심으로 한 신정정치 체제를 유지할 수 있도록 허용했다. 성경에서도 언급될 만큼 큰 영향력이 있던

---

12) 신·구약 중간사(Inter-testamental Period) : 바벨론 포로시대(구약성경의 끝)부터 신약성경이 완성된 시기까지 약 400년의 기간을 말한다. 즉 성경의 말라기와 신약성경이 기록된 시점 중간에 약 400여 년의 기간이 있는데, 이 기간을 중간기라고 부른다.

13) 다니엘서 8:5 한 숫염소(알렉산더)가 서쪽에서부터 와서 온 지면에 두루 다니되 땅에 닿지 않고, 두 눈 사이에는 현저한 뿔이 있더라. 8:8 숫염소가 스스로 심히 강대하여 가더니 강성할 때에 그 큰 뿔이 꺾이고 그 대신에 현저한 뿔 넷이 하늘 사방을 향하여 났더라.

알렉산더가 B.C. 323년 사망한 이후, 제국은 장군들 간의 권력다툼으로 갈라진다. 이들을 '계승자' 또는 '후계자'라는 뜻의 '디아도코이그리스어: Διάδοχοι, 라틴어: Diadochi'라고 불렀는데, 보통 알렉산드로스 대왕의 사후 알렉산드로스 제국의 계승자들을 가리킨다.

B.C. 301년 카산드로스, 프톨레마이오스 1세, 셀레우코스 1세, 리시마코스 등 4명의 장군은 각각 마케도니아, 이집트, 시리아, 트라키아를 차지한다. 이 중에서 프톨레마이오스가 이집트와 팔레스타인을 점령하고 유대를 통치했는데, 그도 대사제장을 중심으로 한 신정정치의 자치권을 인정했다.

셀레우코스 왕조의 안티오쿠스 3세는 이스라엘의 팔레스타인을 점령한 프톨레마이오스 왕조를 지속적으로 공격해서 B.C. 200년 '파네이온 전투'에서 프톨레마이오스 5세를 격파한다. 안티오쿠스 3세는 계속 정복전쟁을 벌이다가 결국 로마에게 대패했고 거액의 전쟁 배상금만 남긴 채 기원전 187년에 암살되고 말았다.

안티오쿠스 4세는 부친인 안티오쿠스 3세가 로마에 패했을 때 전쟁 볼모로 로마에 끌려간 인물이다. 그는 셀레우코스 4세의 장자이자 왕위 계승자인 데메트리우스Demetrius를 로마로 끌어들여서 자기 대신 로마에 볼모로 두는 간계를 부렸다.

안티오쿠스 4세는 셀레우코스 4세의 둘째 아들 안티오쿠스를 지킨다는 명목으로 자기 부하 안드로니쿠스를 보내 안티오쿠스를 암살해 버린다. 그리고 그 사실이 알려지는 것이 두려워 안드로니쿠스까지 살해하는 등 권력에 대해 집착했다.

한편 셀레우코스 4세는 왕위에 오른 후 전쟁 배상금을 마련하기 위해 예루살렘 성전의 금고를 탈취할 계획을 세웠다. 그러나 시리아의 총독 헬리오도루스는 그 계획은 미친 짓이라며 반기를 들고 나섰고, 결국 그는 셀레우코스 4세를 암살했다. 로마에 있던 안티오쿠스 4세는 셀레우코스 4세의 암살 소식을 듣자마자 급히 귀국했다. 그에게는 절호의 기회였기 때문이다. 그는 시리아의 헬리오도루스와 전투를 벌이고 여기서 승리함으로써 드디어 왕위에 올랐다단 11:21.

안티오쿠스 4세가 왕이 되자 이스라엘도 그 영향을 받았다. 그는 유대교와 전통을 지키는 유대인들에게 강제적인 그리스화 정책을 강행했고, 왕국 내 공통 신앙을 갖게 하기 위해 왕의 신격화를 시도했다. 그래서 자신을 "제우스신의 현현이며 안티오쿠스 '에피파네스_{신의 현현}'"로 자칭하며 경배하게 했다.

예루살렘에 제우스 신전을 세운 그는 유대인들에게 돼지고기를 먹게 했고, 유대 남자 아이들의 할례를 금지했으며, 안식일 등 유대교의 모든 예식과 절기들을 모두 금치시키면서 자신의 신상을 성전에 세워 숭배하게 했다.

안티오쿠스 4세의 이런 반유대주의에 유대인들은 강력하게 반발했다. 많은 사람들이 그의 칙령을 거부하다가 처형당했으나 일부 유대인 중에는 그리스_{헬레니즘} 문화에 유화적인 자세를 취하는 사람도 있었다.

전통 유대인과 일반 유대인들은 곳곳에서 안티오쿠스 4세의 반유대주의와 충돌했고 이는 '마카비 전쟁'을 촉발시키는 원인이 된다.

제1장. 마카비 전투

안티오쿠스 4세는 프톨레미 6세와 3번1차 전쟁은 단 11:22~24에, 2차 전쟁은 단 11:25~28에, 3차 전쟁은 단 11:29~30에 걸쳐 전쟁을 치렀다.

안티오쿠스 4세는 '제1차 애굽 원정프톨레미 6세와의 제2차 전쟁-단 11:28, 마카비상 1:20~28' 당시, 시리아로 귀환하는 길에 이스라엘로부터 많은 재물과 보화를 탈취했다. 그는 이방인들이 들어갈 수 없는 성전에 들어가 황금 제단과 촛대를 파괴했는데, 이때도 자신을 '안티오쿠스 에피파네스신의 현현'라고 하며 사람들로 하여금 경배하게 했다.

안티오쿠스 4세는 예루살렘에 제우스 신전 건축, 돼지고기 습식, 할례와 안식일 금지 정책을 펴며 유대인들을 핍박했다. 이스라엘 방방곡곡에 큰 슬픔이 넘치는 시기였다.

이렇게 이스라엘을 핍박하던 안티오쿠스 4세는 '제2차 애굽 원정프톨레미 6세와의 3차 전쟁'에 나서게 된다. 이때 유대에서는 보수적이던 대사제장 '오니아스 3세'가 죽고 그의 뒤를 이어 동생 야손이 대사제장이 되었다. 대제사장임에도 불구하고 형과는 달리 헬레니즘 문화를 좋아하던 야손은 자진해서 안티오쿠스 4세에게 유대의 헬레니즘화를 다짐한 인물이었다.

대제사장 야손이 헬레니즘화에 앞장서자, 예루살렘은 급격하게 헬레니즘 도시로 바뀌기 시작했다. 예루살렘에 '김나지움'이 세워졌고, 원로회도 일반 그리스 도시들 같은 시민의회로 바뀌었다.

이런 야손에 쿠데타를 일으킨 사람이 성전 수비대장 '메넬라오스라'였다. 그는 2년 만에 야손을 쫓아내 버렸다. 하지만 그 역시 하나님에 대한 신앙보다는 자신의 욕망에 사로잡힌 사람이었다. 그는 토비야 가문의 지지를 받아 안티오쿠스 4세에게 많은 뇌물을 바치고 대제사장의 직위에 올랐다. 대제사장이 된 후에는 그 지위를 유지하기 위해서 성전의 기물을 내다파는 일까지 서슴지 않았다.

B.C. 168년, 이집트를 섭정 중이던 로마가 대사를 보내 안티오쿠스 4세를 대면하게 했다. 그때 로마 대사는 황제가 명령한 대로 안티오쿠스 4세가 있는 곳에 원을 둘러 그린 후 물었다. "철군인가, 아니면 진군인가? 원 밖으로 나오기 전 선택하라." 진군을 택하면 로마에 선전포고를 하는 셈이었으니 안티오쿠스로서는 선택의 여지가 없었다. 철군을 할 수밖에. 결국 그는 이집트 원정에 실패하고 되돌아와야 했다.

안티오쿠스 4세의 이집트 원정 실패의 불똥이 엉뚱하게도 이스라엘에게 튀었다. 원정이 실패하자 화가 난 그는 분풀이로 예루살렘에 쳐들어 와서는 더 강경한 헬레니즘 정책을 발표하고 핍박을 강화했다. 유대교의 토라율법책를 모두 압수해 불태우고, 군대를 동원하여 "성소 곧 견고한 곳"을 더럽혔으며^{단 11:31} 급기야 주전 167년에는 성전에서 매일 드리는 제사를 폐지했다. 12월 8일기슬르월 15일에는 성전의 제단에 제우스 신상멸망케 하는 미운 물건을 세우고 사람들로 하여금 숭배하게 하기도 했다^{단 11:31, 마카비상 1:54, 마카비하 5:1, 6:2}.

그는 사신들을 예루살렘과 유대 여러 도시에 보내어 할례 예식과 안식일 규례를 금하는 칙령을 공포했는데^{마카비상 1:41~50}, 심지어 율법을 지키는 자는 누구든지 사형에 처한다는 협박까지 서슴지 않았다. 이로 인해 율법을 지키려는 수많은 경건한 유대인들이 학살을 당했다. 특히 안식일을 지키려는 유대인들은 안식일을 지킨다는 이유 하나만으로 죽임을 당해야 했다. 한마디로 유대교 말살 정책이었다. 안타깝게도 이런 사태로 인해 팔레스타인의 정세는 점점 험악해져만 갔다.

하시딤들은 안티오쿠스 4세의 헬레니즘 정책에 반대하지 않는 유대인들과 격한 갈등에 빠졌으며 결국 이는 '마카비 전쟁'으로 가는 결정적인 계기가 되었다.

1. 맛다디아 맛디아

B.C. 167년, 당시 예루살렘 북서쪽 마데인Modein 마을의 제사장은 요하난의 아들 '맛다디아맛디아'였다. 어느 날 안티오쿠스 4세의 사자가 와서 이방의 희생 제사인 헬라식 제의를 드리라는 명령을 내렸는데, 그는 이를 거부했다.

이때 일부 유대인들은 앞으로 나와서 헬라식 희생 제사를 드렸다. 이 모습을 본 맛다디아는 분노해서 왕의 관리를 죽이고 제사 드리는 자도 없애버렸다. 율법에 충실한 유대인들은 맛다디아와 그의 다섯 아들들에게 힘을 보탰고, 경건한 하시딤들도 합세했다.

맛다디아의 이런 행동은 사실상 반란의 선언이었다. 맛다디아는 자신의 다섯 아들들과 함께 유대 광야로 나가 반란군을 조직하고 헬레니즘적 유대인들에게 맞서 싸울 것을 결의했다. 여기에 하시딤들이 가세하면서 반란군의 기세가 오르게 된다.

2. 유다 마카비

B.C. 166년 맛다디아가 전사하고 난 뒤, 그의 셋째 아들인 유다가 반란군을 이끌게 된다. 유다는 매우 유능하고 과감했으며 저항 운동을 전면적인 독립전쟁으로 바꾸어 놓았다. '마카비', 즉 '망치'라는 별명을 가진 유다는 실제로 여러 전쟁을 성공적으로 이끌었고 뛰어난 군사적 재능으로 전쟁을 주도했다.

마카비 군대는 팔레스타인 각 도시들을 공격하여 헬레니즘파 유대인들을 색출하여 살해했다. 이는 마카비 전쟁이 헬레니즘파 유대인들과 헬라 왕조에게 맞서는 내전과 독립운동의 성격을 모두 가지고 있었음을 뜻한다.

안티오쿠스는 '파르디아의 반란'을 진압해야 했기 때문에 충분한 군대를 유대로 보낼 수가 없었다. 시리아의 셀류커스 왕조는 반란 초기에 그들을 과소평가했던 것으로 보인다. 그 결과 하급 장군들로 구성된 안티오쿠스의 군대는 유격전에 능한 마카비의 군대에게 계속 패배를 하고 말았다.

이에 격분한 헬레니즘파 유대인들은 시리아의 군대장관 리시아스에게 힘을 보태 마카비 군대를 토벌하려 했다. 그러나 유다 마카비는 벧호론, 엠마오, 벧주르 등에서 벌어진 전투에서 이들을 계속 격파하며 승리의 기세를 올렸다. 그제야 전쟁의 심각성을 인식한 시리아는 상당수의 시리아 군대를 유대에 파견했지만, 엠마오에서 유대의 마카비에게 대패하게 된다. 그리고 마카비는 그 여세를 몰아서 예루살렘으로 진격했고, 시리아 편에 섰던 대제사장 메네라우스와 그의 추종자들은 그들의 손에 죽을 것을 두려워해 모두 도망쳤다.

B.C. 164년 12월 군대를 이끌고 예루살렘에 입성한 마카비는 쥬피터의 제단을 허물고 새로운 제단을 쌓았다. 먼저 성전에 세워져 있던 제우스상을 파괴함으로써 성전을 정화했으며 유대교의 전통 의례를 다시 부활시켰다.

이때 공교롭게도 '야훼'를 위하여 켜는 성스러운 촛대의 성유가 하루치 밖에 남아 있지 않았다. 전례에 따라 성유를 만들려면 8일이 소요되기 때문에 곤란한 상황이었다. 그런데 딱 하루치만 남았던 성유가 8일 동안 타오르는 기적이 일어났다. 이 기적으로부터 유대교의 최대 절기인 '하누카수전절'이 유래되었다.

마카비가 시리아의 요새인 아크라를 공격하자, 안티오쿠스 4세의 사망 후 실질적인 권한을 가진 리시아스가 직접 많은 군대를 끌고 진격해 왔다. 지금까지 파죽지세로 연승 행진을 하던 마카비는 그들에게 패하고 만다. 그러나 시리아 군대가 권력 투쟁의 문제로 귀국하면서 종교적 자유를 허용한다는 조건으로 마카비에게 화해를 제의했다.

경건한 하시딤은 '종교의 자유'라는 조건에 만족하고 전쟁을 중단하기로 결정했다. 그러나 유다 마카비의 생각은 그들과 달랐다. 그래서 그의 추종자들과 함께 정치적인 자유를 얻기 위해서 계속 전쟁을 했다. 결국 유다 마카비는 예루살렘을 다시 포위했으며 '엘리아사 전투 B.C 160년'에서 시리아 군대에 의해 전사하고 말았다.

마카비가 죽고 나자 혁명의 주도권은 그의 형제 '요나단 Jonathan'에게 돌아갔다. 요나단은 혁명 운동을 재정비하여 셀류커스 군대와의 전쟁을 승리로 이끌면서 이스라엘의 북동지역과 트랜스요르단 지역들을 점령했다. B.C. 153년 그는 예루살렘 성전에서 대제사장으로 취임했다. 이 사건은 앞으로 있게 될 새로운 왕조 하스모니안 왕조 창설의 기초를 놓는 일이었다. 그러나 불행하게도 후에 그는 셀류커스 왕조의 정치적인 음모에 휘말려서 사형을 당하면서 역사의 뒤안길로 사라져 버리고 말았다.

요나단의 뒤를 이어 혁명의 지도자가 된 시몬 Simon은 오랜 투쟁 끝에 B.C. 141년 셀류커스 왕조로부터 완전히 정치적인 독립을 성취했다. 그는 '게셀'과 '욥바'를 점령하여 유대인들이 바다를 통하여 해외로 진출할 수 있는 길을 열어 주었다.

제2장. 마사다 전투

　전투에서는 죽으면 모든 것이 끝난다. 하지만 그 죽음마저 앗아갈 수 없는 것이 있다. '마사다 요새'는 세계 대제국 로마의 힘과 권력, 그리고 폭력과 죽음마저 넘어선 '이스라엘의 정신'을 상징한다.

　마사다는 '요새'라는 히브리어 뜻으로 지형은 예루살렘에서 남쪽으로 100㎞, 사해에서 서쪽으로 4㎞에 위치했고, 해발 434m로 사해가 보인다. 마사다 정상은 남북 길이가 600m, 동서의 길이가 300m인 긴 마름모꼴의 평평한 지형으로 사방이 절벽인 고지대에 우뚝 솟은 거대한 바위 절벽에 자리잡은 고대의 왕궁이자 요새이다.

　마사다는 B.C. 37년부터 31년 사이에 헤롯왕이 이스라엘의 반란과 로마의 배신이 두려워서 세운 피난 요새이자 왕궁이었다. 헤롯은 북쪽에 3층짜리 별궁을 지었고 언덕의 둘레에는 성벽과 두 겹으로 방들을 건축했으며 1천 명이 40년 동안 먹을 수 있는 4만t 규모의 물 저장 탱크를 만들었다.

　유대인들의 반란이 두려워서 지은 요새가 로마에 대한 유대인 반란군들의 최후 항전지가 되었으니 역사의 아이러니가 아닐 수 없다.

　현재 이곳은 'Masada National Park'으로 불리고 있으며 이스라엘과 요르단 국경 근처 90번 도로가 남북으로 연결되고, 유네스코가 지정한 세계문화유산 가운데 유명한 관광지로 손꼽힌다. 마사다에서 순례단과 관광객보다 더 많이 눈에 띄는 이들은 이스라엘 군인들과 학생들이다. 마사다는 유대의 승전지가 아니다. 오히려 최악의 패배지다. 그런데 왜 유대인들은 이곳을 최고의 순례지로 꼽는 것일까?

　정보장교 시절 미군 정보부대에서 이수교육을 받을 때였다. 당시 나는 "이스라엘 군대는 마사다를 신병들과 장교 후보생들의 훈련 선서식장으로 활용하거나 훈련의 대미를 장식하는 마지막 코스로 마사다를 정한다. 훈련병과 후보생들은 훈련소에서 행군을 시작해 밤에 마사다에 올라 '다시는 마사다가 함락되게 하지 않는다!'는 맹세를 한다"고 배웠다. 부끄러운 역사 속에서 다시는 똑같은 실패를 하지 않겠다는 교훈을 배우는 것이다.

▲ 마사다 유대인 생활 공간

▲ 마사다 전쟁 당시 로마 주둔지

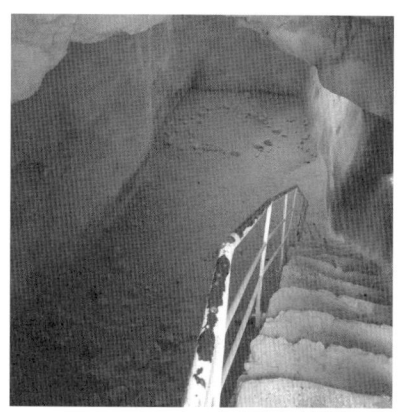
▲ 마사다 물 저장소

1. 유대-로마 전쟁

이 전쟁은 A.D. 66년 '카이사레아'에서 지역 회당시나고그 앞에서 제사를 드리는 그리스인들과의 다툼에서 시작되었다. 분노한 한 대제사장의 아들이 성전에서 로마 황제에게 기도하는 것과 희생을 바치는 것을 금지하고 예루살렘에 주둔하고 있는 로마군을 급습했다.

당시 유대를 다스리고 있는 장관 플로루스는 체납된 세금 대신 예루살렘 신전의 보물창고에서 17달란트의 금화를 몰수하고, 이에 항의하는 유대인들을 강경 진압하면서 폭동이 시작되었다. 이 폭동이 도화선이 되어 마침내 A.D. 66년 6월에 로마 세력을 완전히 유대에서 몰아냈다. 이에 로마는 '베스파시아누스'를 보내 유대의 반란을 진압하기 위해 베스파시아누스를 사령관으로 임명해 A.D. 67년 5월에 공격 작전을 실시했다.

베스파시아누스의 군대는 3개 군단에 6만여 명으로 제5군단, 제10군단, 15군단으로 구성되었다. A.D. 67년 7월 20일, 갈릴리의 '요타파타 요새'가 함락되었다. 그러나 네로 황제의 죽음으로 유대 전쟁은 1년 반 동안 중단된다.

베스파시아누스가 동방 군단에 의해 황제로 추대된 A.D. 69년 7월 이후, 예루살렘 공략은 재개되었다. 로마 장군 티투스에 의해 A.D. 70년 8월 10일, 예루살렘 성전이 성 안으로 돌입한 로마군에 의해 불탔고 9월 8일, 시내에서의 저항이 수그러들면서 9월 20일에 모두 끝나버렸다.

예루살렘은 철저히 파괴되고 불태워졌다[14]. 유대인들이 신성하게 여기는 예루살렘 성전도 철저히 약탈당했다. 예수 그리스도께서 "내가 진실로 너희에게 이르노니 돌 하나도 돌 위에 남지 않고 다 무너뜨리우리라"마 24:2 하신 말씀이 성취된 것이다.

---

14) 요세푸스에 따르면 예루살렘 공방전 당시 성 안에는 어림잡아 270만 명에 달하는 사람이 있었다고 하지만, 포로로 잡힌 유대인의 수는 유대 전쟁 모든 기간을 통틀어 97,000명이었고, 예루살렘 공방전 과정에서 사망한 사람은 무려 110만 명이었다고 한다.

2. 마사다 전투

예루살렘이 A.D. 70년 로마에 함락되면서 유대인들의 저항이 끝을 맺는 듯 싶었지만 오직 한 곳 마사다 요새만은 건재하고 있었다. '엘리아자르 벤 야이르'가 이끄는 젤롯파^{열심당원}들의 가족들 967명[15]이 소수의 로마 군인들이 지키고 있던 마사다를 점령하고 2년 동안 이곳을 저항의 근거지로 삼았다.

예루살렘과 유대 왕국을 무너뜨리고 '유대 정복 기념 동전'까지 만들어 쓰던 로마 제국의 황제 '베스파시안'에게는 무척이나 자존심이 상한 일이 아닐 수 없었다. 아라비아 광야의 거친 기후와 척박한 자연을 뚫고 그 너머까지 제국을 확대하고 싶었던 베스파시안에게, 마사다 요새는 로마군의 저력을 확인할 매우 좋은 상대였다. 따라서 베스파시안은 유대인 반란의 진압을 맡았던 로마의 총사령관 티투스Titus에게 그 일을 일임했다.

마사다의 저항군이 티투스가 이끄는 로마군을 상대한다는 것은 도저히 불가능해 보였다. 하지만 그들의 경건한 신앙심은 불가능을 가능하게 하는 기적을 만들기 시작했다.

A.D. 70년부터 로마군이 무려 2년 동안이나 여러 차례 요새를 공격했음에도 불구하고 성벽은 무너지지 않았고 요새는 전혀 점령될 기세를 보이지 않았다. 그러자 티투스는 로마 군단에서 최정예를 자랑하는 제10군단을 동원하기로 결정했고, 그의 명령에 따라 A.D. 72년 플라비우스 실바 장군이 이끄는 로마 제10군단이 마사다로 진격했다. 군세는 병사 9천 명과 노역에 부릴 유대인 전쟁 포로 6천 명으로 구성되었다. 비록 요새 안의 사정을 정확하게 파악할 수는 없었지만, 실바 장군은 포위지공작전으로는 별다른 효과를 거둘 수 없다는 점을 간파하였다.

실바 장군은 우선 마사다 요새의 지형적 특성을 파악한 다음, 마사다 서쪽 벼랑에 있는 희고 넓은 바위를 공격 포인트로 잡았다. 그리고 로마군은 서쪽의 고원과 같은 높이의 거대한 성채를 쌓아 올릴 '공성퇴Battening Ram'를 준비했다.

---

[15] 젤롯파들은 지형적인 이점을 가지고 있지만, 외부로부터의 지원도 전혀 기대할 수 없었고 또 천여 명의 젤롯파들중 절반 이상이 여성과 아이였다.

그들은 6천 명을 동원해 1년 동안 절벽 앞에 흙과 나무를 차근차근 쌓아 경사로를 만들었다. 그 다음 공성병기를 들이밀며 200m 높이의 언덕을 쌓아 걸어 올라가는 방식으로 6개월에 걸쳐서 거대한 경사로를 축조했다. 저항군은 역공격을 해야 했지만, 유대인 전쟁 포로 6천 명으로 구성된 동족들을 향해 돌을 던질 수는 없는 노릇이었다. 그들이 머뭇거리는 사이, 언덕은 완성되고 마사다가 함락되는 것은 시간 문제였다.

로마군이 공성탑을 만들어 비탈 위로 끌고 올라오자 상황은 젤롯파들에게 매우 나빠졌다. 공성탑의 높이가 마사다 성벽보다 조금 높았을 뿐 아니라, 철판으로 외부를 보호하고 있어 젤롯파가 보유하고 있는 활이나 창만으로는 겨우 요새 안 침입을 막아낼 뿐이었다.

이 탑에서 로마군 궁수들이 활을 쏴서 엄호하는 사이에 다른 병사들이 투석기를 끌어올렸다. 세계를 정복한 투석기의 위력은 대단했다. 사거리가 400m나 되는 투석기가 20~25kg짜리 돌들을 날려 보내자 성벽은 속절없이 무너져 버렸다. 더구나 로마군은 유대인 포로를 한명씩 돌 대포에 실어 날려 보내는 잔혹한 공격도 서슴지 않았다.

투석기로 인해 석벽이 계속 무너지자, 젤롯파는 나무기둥을 두 겹으로 박고 그 안에 흙을 넣어 돌이 날아와도 무너지지 않도록 했다. 그러나 "나무는 불에 탄다"라는 이 평범한 사실을 지나치지 않았다면 물을 충분히 적셔 화공에 대비했을 것이다. 하지만 로마군의 공격은 유대인들이 준비하기 전에 이루어졌다.

이제 967명의 유대인 젤롯파를 지켜줄 성벽은 더 이상 존재하지 않았다. 다만 어둠만이 그들의 운명을 하루 더 연장시켜 줄 뿐이었다. 실바 장군은 날이 밝는 대로 즉시 공성탑에서 구름다리를 놓고 요새 안으로 들어갈 준비를 했다. 로마 정규군 9천 명과 유대 반란군 수백 명의 대결. 마사다는 로마군의 손아귀에 들어간 것이나 다름없었다.

A.D. 73년 로마 군대가 요새로 진격해 들어갔다. 요새 안으로 들어갈 때까지 어떠한 저항도 받지 않았다. 그토록 극렬하던 그들이 저항이 전혀 없다는 것이 이상할 정도였다. "항복을 결정한 것일까?"

그러나 요새 안으로 들어온 로마군 눈앞에 펼쳐진 것은 식량창고를 제외하고 전부 불에 탄 건물과 960구의 시신이었다. 로마 군인들이 이곳저곳을 수색하여 하수도길 혹은 우물, 동굴 등에 숨어 있던 두 노인 여성과 아이 다섯을 발견했지만, 무서운 자살 광경에 겁을 먹고 그들을 살려 주었다.

사실 유대인 율법은 유대인의 자살을 엄격히 금지하고 있었다. 그런 상황에서 그들은 제비를 뽑아 960명 중 우선 성인 남자들이 자기 가족들을 죽이고 모여 10명의 지도자를 뽑아 나머지를 모두 죽이게 했고, 남은 10명은 제비뽑기를 통해 한 명씩 죽인 뒤, 마지막 1명은 자살을 했다고 한다. 이스라엘의 '계백 장군과 5천의 전사들'이었다.

실바는 두 여성에게서 지난밤에 일어난 이 사건에 대해 전해 들었다. 여인들의 증언에 의하면 '로마군이 성벽이 파괴된 곳으로 진격해 오는 바로 전날 밤, 열심당원들을 이끌던 유대인 지도자 '엘리에제르 벤 야이르'가 다음과 같은 최후의 연설을 했다고 한다.

"형제들이여, 우리는 로마와 맞서 싸운 마지막 용사들입니다. 만약 우리가 산 채로 로마의 수중에 들어가면 노예가 될 것이며, 모든 것이 끝날 것입니다. 하지만 우리는 다른 사람들과는 달리 명예롭게 자유인으로 죽을 수 있으며, 이 특권을 주신 분은 여호와 하나님이십니다.

우리의 아내들이 욕을 당하지 않은 채 죽게 하고, 우리의 자녀들이 노예의 기억 없이 세상을 떠나게 합시다. 먼저 우리의 재물과 요새를 불태웁시다. 그러나 우리의 곡식 창고만은 남겨둡시다. 그리하여 우리가 자결한 것은 식량이 부족해서가 아니라 우리가 처음 결의한 바와 같이 노예가 되느니 차라리 죽음을 택하겠다는 열망 때문이었다는 사실을 입증토록 합시다.

산채로 잡힌 청년들이 계속되는 고문에도 생명이 끊어지지 않고 고통받는 것을 생각해 보십시오. 어느 남편은 거칠게 다루어지는 자신의 아내를 볼 것입니다. 그는 또 두 손이 묶여서 '아빠'하고 소리치는 어린 자식들의 목소리를 들을 지도 모릅니다. 자! 우리의 손이 자유롭게 칼을 들 수 있을 때 사랑하는 아내와 자식들과 함께 자유인의 몸으로 세상을 하직합시다."

제3부

이스라엘 건국과 20세기 성전

제3부 – 이스라엘 건국과 20세기 성전

'하나님의 성전 The Holy War of God'은 이사야서 66장 8~9, 13절에 "나라가 어찌 하루에 생기겠으며 민족이 어찌 순식간에 나겠느냐 그러나 시온은 진통하는 즉시에 그 아들을 순산하였도다"라고 약속하신 것처럼 성전을 위해 한 나라를 순식간에 세우기도 하신다.

세상의 어느 누가 약 2,700년 전에 "한 나라가 하루 사이에 생겨난다"는 예언의 말씀을 믿고 받아들일 수 있겠는가? 하지만 로마에 의해 2천 년 전 역사 속에서 사라지고, 잊힌 나라 이스라엘은 20세기에 '순식간'에 나타났다. 그리고 1948년 5월 14일 전 세계에 독립을 선포했다.

1. 19세기 이스라엘의 건국 운동과 알리야[16]

이스라엘의 초기 건국 운동은 19세기 영국의 한 유대인 크리스천 단체에서 최초로 "이스라엘로 돌아가자"라는 주장하면서 시작되었다.

이 주장은 약 1,900년 동안 나라 없이 전 세계에 흩어져 살던 유대인들에게

---

16) 알리야 운동(Aliyah Movement) : 알리야란 '올라간다'라는 뜻이다. 유대인들의 '이스라엘 귀환 운동'을 뜻하는 말이다. 엄밀하게 아브라함과 이삭과 야곱의 후손인 유대인들이 하나님께서 약속하신 땅(팔레스타인)에 다시금 귀환하는 것 그 자체를 일컫는 말이다.
 - 〈라스트 타임(Last Time)〉, 21p, (알렉스 이, CLC출판사)

'돌아갈 나라'가 있다는 생각을 심어주는 계기가 되었다.

1860년 영국의 유대인 크리스천 단체가 예루살렘 성곽 밖의 땅을 구입해서 최초의 유대인 마을인 '미슈케노트 샤나님'을 건설했다. 유대인 마을이 건설되자 알리야한 유대인들은 매우 감격했다. 그 시대의 유대인들은 산업혁명Industrial Revolution 이전까지 어떤 나라에서든지 토지를 소유할 수 없었다. 당시 대부분 나라들의 도시 인구는 전체의 10%에 불과했고 농촌에서 90%가 생활했다. 토지를 소유할 수 없었던 유대인들은 어쩔수 없이 시골이 아닌 도시에 정착했고, 중세시대부터 산업혁명 이전까지 서양인들이 꺼려하는 금융업고리대금과 금, 은, 다이아몬드 산업에 진출해 돈을 벌었다. 그리고 1882년부터 1903년까지 러시아에서 유대인들의 대규모 이민이 시작되었는데, 이것이 제1차 알리야다. 이처럼 유대인의 "이스라엘로 돌아가자"는 알리야 운동이 싹틀 때에 유럽에서는 이와 반대로 '반유대 운동'이 서서히 일어났다.

러시아는 러시아에 유대인의 인구가 늘어나면서 경제적 지위와 힘이 커지자 두려움을 느꼈다. 마치 출애굽 당시 애굽 사람들이 이스라엘을 두려워했던 것처럼 러시아인들도 유대인을 위협적인 존재로 느꼈던 것이다. 그러던 중 1881년부터 1884년까지 '포그롬 대박해17)'이 러시아와 유럽에 서서히 일어났다.

많은 유대인 젊은이들이 중학교, 고등학교, 대학교 연구소에서 교육받을 기회를 박탈당했다. 또한 러시아 정부는 반유대주의 신문을 발행함으로써 반유대주의 정책을 통치 수단으로 사용했다.

위태위태하던 분위기 속에서 러시아 알렉산더 3세Alexander III가 통치하고 있던 1881년 4월 29일, 러시아의 남서지방에서 드디어 반유대 폭력 시위가 일어난다. 이것을 시작으로 러시아의 '엘리짜베가르트Elizavetgrad', 우크라이나 최대 도시인 '키에브Kiev', 5월에는 우크라이나 남부에 위치한 '오데사Odessa'에서 연속으로 반유대주의 운동이 일어났다. 러시아인들과 우크라이나인들이 유대인을 살

---

17) 포그롬(대박해-Pogrom) : 특정 민족 또는 종교 집단에 대하여 학살과 약탈이 수반되어 일어나는 폭력적인 폭동이다. 19세기에서 20세기 사이에 러시아 제국에서 발생한 반유대주의 폭동을 의미한다.

해하고, 유대인 건물과 집에 약탈과 방화, 강간, 살인이 도처에서 자행되었다.

오스트리아에서도 유대인들이 금융과 언론에 많이 진출해 있었다. 러시아에서 '포그롬'이 일어난 이후 반유대적 분위기는 오스트리아에도 영향을 미쳤고, 금융과 언론에 공헌한 유대인들을 몰아내고 추방하자는 여론이 형성되었다.

헝가리에서는 국회 부의장이었던 '이소크치 Isoczy'가 '유대인을 추방하자'는 선언을 공적으로 선포했다. 루마니아는 많은 '디아스포라[18]' 유대인들이 은행을 소유하는 것을 법으로 금지시켰을 뿐만 아니라 정부가 반유대주의 운동 단체들을 재정적으로 후원하기까지 했다.

유대인들은 반유대주의가 일어나기 전까지만 해도 유럽이 "안전하다"고 믿었다. 그러나 반유대주의가 확산되면서 핍박이 심해지자 독립국가를 갈망하게 된다. 이러한 갈망이 '시오니즘'이라는 열매를 맺게 되었다.

이러한 전全유럽적인 유대인 박해 운동은 유대인들로 하여금 생존의 차원에서 유대 국가 건설을 구체적으로 갈망하게 만들었다. 유대인 지도자들은 시오니즘으로 돌아가는 것만이 사회에 만연한 반유대주의로부터 해방될 수 있는 유일한 길이라고 믿기 시작했다.

19세기 후반 유럽에서 반유대주의자들의 핍박이라는 몽우리를 틀자 오스트리아 저널리스트이자 시온주의의 아버지라고 불리게 된 '테오도르 헤르츨 Theodor Herzl'이 1896년 <유대국가 The Jewish State>라는 책을 출간했다. 그는 이 책을 통해 "세계 각 나라에 살고 있는 모든 유대인은 고토 이스라엘로 돌아가자"고 주장했다. 이스라엘 독립을 약속하신 언약의 말씀이 유대인을 통해서 이루어가고 있는 것을 세상은 깨닫지 못했다.

드디어 1897년 8월29일, 헤르츨 Herzl의 주도로, 스위스 바젤에서 제1회 시온주의 총회가 개최되었다. 이슈는 '유대인들의 조국을 팔레스타인에 건설한다'는

---

18) 디아스포라(그리스어: διασπορά, Diaspora)는 '흩뿌리거나 퍼트리는 것'이라는 뜻으로 본토를 떠나 자의적이든지 타의적이든지 다른 지역으로 이동하는 현상을 일컫는다. 유대인을 가리킬 때에 자주 사용한다. - <라스트 타임(Last Time)>, 21p, (2012년, 알렉스 이, CLC출판사)

것이었다. 이른바 "조국 시온의 언덕으로 돌아가 새로운 국가를 세우자"는 '바젤 계획'을 채택하여 유대인 민족주의 운동을 확산시켜 나갔다. 이때 모인 197명은 '시오니즘 강령[19]'을 선포했다. 이후 헤르츨의 주도로 각 국가별로 유대인 조직들이 만들어졌고 시오니즘 운동이 확산되었다. 그리고 그들에게 현실적으로 가장 중요한 문제는 유대국가를 건설할 지역을 찾는 것이었다.

2. 20세기 이스라엘 건국과 알리야

이스라엘을 향한 유대인의 '제1차 알리야'는 유럽을 중심으로 일어났다. 반유대주의가 조성되기 시작한 1882년에서 1903년까지 약21년 동안 약 3만 5천 명의 유대인이 팔레스타인으로 알리야했다.

그러나 1903년 영국이 유대인 국가 건설 후보지로 우간다를 제안한 것을 시작으로 시온주의자들은 심하게 분열되기 시작했다. 하나님이 약속한 땅, 회복되어야 할 고토는 팔레스타인뿐이라는 주장과 우간다를 전초 기지로 삼아 시온으로 가자는 과정론이 팽팽히 맞선 것이다. 이런 상황 가운데 제6차 시온주의 총회1903년에서 노르다우가 제안한 우간다 과정론이 받아들여지자, 얼마 후 동유럽의 한 젊은 유대인이 노르다우를 암살하려다 미수로 그치는 사건까지 발생했다. 이 사건 이후 건강이 급속히 악화된 헤르첼은 1904년에 44세를 일기로 세상을 떠나고 말았고, 1907년 제7차 시온주의 총회에서 우간다 안은 공식적으로 부결되었다. 그리고 "우리가 돌아갈 곳은 오직 팔레스타인 밖에 없다"는 안건이 결국 통과되었다.

이러한 내부 분열에도 불구하고 20세기에 들어서 유럽이 각종 전쟁에 휩싸이면서 시온주의는 유럽 전체로 확산되었다. 1905년 러시아의 '피의 일요일' 혁명

---

19) 시오니즘 강령 : "유대민족의 고향인 팔레스타인에 국제법상 공인된 합법적인 유대인 유대국가를 건설하여 모든 유대인에게 생활의 터전과 보호를 제공하고 유대인의 전통적 가치관에 바탕을 둔 이념 사회를 건설하려는 노력이 시오니즘이다"

이 실패한 뒤 러시아에서는 유대인 학살이 심해졌다. 이는 유대계 러시아인들이 팔레스타인 이주를 서두르는 계기가 되었다.

1909년에 최초의 '키부츠[20]'인 '드가니야'와 최초의 근대적인 유대인 도시 '텔아비브Tel Aviv'가 건설되었다. 이렇게 유대인의 2차 알리야가 마무리 될 시점에 유럽 전역은 제1차 세계대전1914년 7월 28일~1918년 11월 11일으로 들어서게 된다.

제1차 세계대전은 시온주의 러시아와 동유럽에서 오스트리아와 독일까지 확산시켰다. 러시아와 동유럽의 반유대주의는 오히려 유대인으로 하여금 '시오니즘 운동'을 더욱 빨리 추진하는 원동력이 되었다. 그 이후 오스트리아와 독일에서도 서서히 일어난 반유대주의는 유대인들이 "팔레스타인으로 알리야하자"는 결심을 하게 되는 계기가 된다. 그 결과 1914년에는 팔레스타인에 이주한 유대인들의 숫자가 약 9만 명에 달했다.

오스만 제국이 지배하고 있던 아랍도 제1차 세계대전의 광풍을 피해갈 수는 없었다. 팔레스타인에서도 오스만 제국의 터키군과 영국군의 전투가 벌어졌다. 이집트 원정군 사령관으로 팔레스타인 전투를 지휘한 영국의 알렌비 장군은 수차례 교전 끝에 1917년 12월 9일 예루살렘에서 터키군을 몰아냈다. 팔레스타인을 점령한 영국은 1917년 11월, '벨푸어 선언'을 통해 팔레스타인 지역에서의 유대 민족국가 수립을 지지한다고 천명했다. 오늘날까지 비극이 끊이지 않는 팔레스타인 분쟁의 시발점이었다.

'벨푸어 선언[21]'은 영국이 미국내 유대인들의 환심을 사서 미국으로 하여금 제1차 세계대전에 참전토록 하는데 목적이 있었다. 그런 의미에서 영국은 유대인들에게 유대 국가를 팔레스타인에 세우는 데 지원하겠다는 선언을 한 셈이다. 제1차 세계대전 당시 곤경에 빠진 영국은 유대인들에게 2가지를 지원받아

---

20) 키부츠(Kibbutz) : 이스라엘의 집단 농업 공동체이다. 구성원들은 사유재산을 가지지 않고 토지는 국유로, 생산 및 생활용품은 공동소유로 하며, 구성원의 전체 수입은 키부츠에 귀속된다. 주거는 부부 단위로 할당되고, 식사는 공동 식당에서 제공된다. 한 키부츠의 구성원은 60~2,000명으로 일정하지 않으며, 가입과 탈퇴는 자유롭다. 회원가입은 전체 회의에서 2/3 찬성으로 가입을 결정한다.

전쟁에서 승리했다.

첫째는 프리메이슨 유대인 로스차일드 은행에서 엄청난 재정 지원을 받아 전비로 사용했다.

둘째는 이스라엘의 초대 대통령이 된 '하임 와이즈만 Chaim Weizmann' 박사가 제1차 세계대전 당시 폭발물 제조의 주요 원료인 인조 아세톤을 대량으로 생산하는 방법을 발견해 줌으로써 TNT를 생산했다. 이것은 영국을 승전 국가로 이끄는데 결정적인 역할을 했다.

다른 한편, 영국은 독일과 동맹 관계였던 오스만투르크의 후방에 있는 아랍인들의 반란을 지원 요청하면서, 또 아랍인들에게도 팔레스타인에 독립 국가를 세워줄 것을 약속하면서 1915년 '맥마흔 선언'을 했다. 영국은 이스라엘과 아랍 양측에 팔레스타인 지역을 넘겨주겠다고 약속한 것이다. 즉 유대인들에게는 1917년 '밸푸어 선언'을, 아랍 측에는 1915년 '맥마흔 선언[22]'을, 또한 1916년에는 영국, 프랑스, 러시아 3국이 '사이크스 피코 협정[23]'을 통해 중동 지역 영토 할당과 지역을 분할하기로 합의하는 모순된 외교 정책을 펼친 셈이다. 결국 이런 행보는 이스라엘-팔레스타인 분쟁을 초래했으며, 그 분쟁은 지금까지도 계속되고 있다.

1917년 12월 8일부터 12월 26일까지 19일 동안 벌어진 '예루살렘 전투'는 터키군이 점령하고 있던 예루살렘을 영국군이 재점령한 전투다. 영국의 에드먼드 알렌비 장군은 '예루살렘 탈환'을 작전의 가장 큰 목표로 삼았다. '예루살렘 전

---

21) 벨푸어 선언(Barfour Declaration) : 1917년 11월 2일 영국 외상 아서 밸푸어(Arthur James Balfour)가 유대인을 대표하는 것으로 보였던 베이몬 로스 차일드(Baron Rothschild)에게 팔레스타인 지역에 유대인 국가 건설을 지원 하겠다는 내용의 편지를 보낸다. 밸푸어는 편지에서 유대인들 이 영국의 전쟁 수행을 지원하면 "팔레스타인에 유대인들의 모국을 세우는 데 호의를 베풀 것이며 그 목적을 달성하기 위해 최선을 다할 것"이라고 밝혔다.

22) 맥마흔(Macmahon) 선언 : 영국의 이집트 주재 고등 판무관 헨리 맥마흔(Henry Macmahon)이 아랍의 정치 지도자 알리 빈 후세인에게 1915년 1월부터 1916년 3월까지 10차례에 걸쳐서 전달한 전시외교에 관련한 것이다.

투'에서 영국군 1만 8천 명, 터키군 2만 5천 명의 사상자가 속출했다.

영국군이 예루살렘을 처음 탈환할 때 '감동 성전'이 일어났다. '예루살렘 전투' 개전일인 12월 8일 영국군의 비행기가 예루살렘 상공에 날아들자 난생 처음 비행기를 본 터키 군인들이 혼비백산하면서 줄행랑을 친 것이다.

"새가 날개치며 그 새끼를 보호함 같이 나 만군의 여호와가 예루살렘을 보호할 것이라 그것을 호위하며 건지며 뛰어넘어 구원하리라 하셨나니 사 31:5" 하신 말씀처럼 총 한방 쏘지 않고 예루살렘을 탈환한 예언의 성취였다.

제1차 세계대전이 1918년 11월 11일 영국의 승리로 끝나자 영국은 오스만 터키를 팔레스타인에서 추방했고 팔레스타인은 1918년부터 1948년까지 약 30년 간 영국의 통치를 받게 된다. 영국과 연합군의 승리로 '벨푸어 선언'이 국제적으로 인정받게 되자 유대인들이 즉시 팔레스타인으로 알리야를 시작했다. 또한 영국, 프랑스, 러시아 3국의 '사이크스 피코 협정'도 실행되었다.

영국은 1920년 4월 '상레모 San Remo'회의를 통해 팔레스타인으로 이주해 오는 유대인에게 유리한 정책을 취해 1929년까지 약 16만 명의 유대인들이 이스라엘로 이주했다.

'제3차 알리야' 때에는 1919년부터 1923년까지 러시아에서 약 4만 명의 유대인들이 팔레스타인 땅으로 이주한다. 이 기간 이스라엘에서는 '하가나 유대 방어조직체'가 창설되었고, 유대인 공동체에 의해 '국가 평의회'가 구성되었다. 또한 첫 번째 '모샤브24)'가 1921년 이스라엘 계곡의 북부에 있는 '나할랄'과 동부에 '크파르예헤즈겔'가 세워진다.

---

23) 사이크스 피코 협정(Sykes-Picot Agreement) : 1916년 5월 16일 영국과 프랑스가 러시아의 동의하에 영국, 프랑스간에 맺어진 비밀 합의로 제1차 세계대전 이후 영국, 프랑스, 러시아 세 나라의 중동 지역 할당 계획이다. 영국은 바다와 요르단강 해안지역, 요르단, 이라크 남부, 하이파, 아코 등과 지중해에 점유권을, 프랑스는 터키 남동부, 이라크 북부, 시리아, 레바논 지역을, 러시아는 이스탄불, 터키 해협, 아르메니아 빌라예트를 할당받았다.

24) 모샤브(Moshave) : 이스라엘의 협동농장, 협동부락. 키브츠보다 10년 먼저 설립되었다. 모샤브는 사회주의를 배경으로 공동생산·공동분배의 이념으로 결성된 키부츠와 비슷하지만 좀 더 자유롭다. 1.토지의 개척, 농사는 가족단위 협동조합에서 책임진다. 2. 토지 개척자와 이용자는 상호협동 3. 상호 부조 4.물건 의 구입, 판매는 협동조합에서 관장한다.

'제4차 알리야'는 1924년부터 1932년까지 폴란드, 헝가리에서 8만 2천 명이 팔레스타인으로 들어 왔다. 1925년에는 이스라엘의 IT 산업과 기초 학문의 요람인 '히브리 대학'이 예루살렘 북동쪽, 지금의 스코푸스 캠퍼스에 설립된다.

이처럼 알리야 운동을 통해 팔레스타인으로 이주한 유대인의 숫자가 점점 늘어났다. 그만큼 유대인들과 아랍인들 간의 갈등의 골이 깊어졌고, 결국 1929년 아랍인들에 의한 폭동이 헤브론에서 일어났다. 이 폭동 때 유대인 67명이 아랍인들에게 학살당하는 사건이 발생하면서 많은 유대인들이 헤브론을 떠났다.

팔레스타인에서 많은 문제가 일어남에도 불구하고 유대인들의 알리야를 막을 수는 없었다. 1929년부터 1939년까지 주로 독일과 동유럽에 거주하는 유대인 25만 명이 나치즘을 피해 팔레스타인으로 이주하는 제5차 알리야가 일어났다.

1936년에서 1939년까지 플레스타인에 수많은 폭동이 일어났다. 1936년 4월 19일 유대인을 반대하는 아랍인의 '반유대 폭동'이 일어났을 때, 유대인들은 아랍 게릴라들에게 공격을 당했고 아랍인들은 이스라엘로 알리야하는 유대인들을 막기 위해 5월 15일부터 '유대인 이민 허용' 중지를 요구했다.

이처럼 반유대 폭동이 심해지자, 1939년에 영국은 유대인 이민 정책을 제한하는 정책을 시행하기에 이른다. 이것이 바로 영국이 1939년 '세인트 제임스 회의St. James Conference에서 나온 백서로 일명 '맥도날드 백서'로 팔레스타인 아랍인과 유대인에 의해 공동으로 통치하는 독립적인 팔레스타인을 만든다는 것과 1940년부터 1944년까지 5년간 알리야하는 유대인의 쿼터를 7만 5천 명으로 줄인 것이다. 이로 인해 많은 유대인들이 이스라엘로 돌아가지 못했고, 세계 2차 대전의 희생양이 되고 말았다.

1939년 9월 1일 새벽 4시 45분 '아돌프 히틀러'의 독일군이 폴란드의 서쪽 국경을 침공, '제2차 세계대전'이 발발했다. 이를 계기로 히틀러와 나치, 그리고 독일군의 계획적이고도 잔인한 '유대인 대학살'이 1939년부터 1945년까지 이어졌다. 그리고 유럽 전역에 살고 있던 많은 유대인들이 팔레스타인으로 알리야했다.

독일의 유대인 대학살, '홀로코스트Holocaust[25])'가 정점을 찍은 제2차 세계대

▲ 히브리대 정문 앞

▲ 히브리대 서점

▲ 히브리대 휴식공간

전은 1945년 9월 2일 종식되었다. 이때에 팔레스타인의 상황은 인구 중에서 31%가 유대인이었고, 팔레스타인 영토의 5%를 유대인이 소유하고 있었다.

---

25) 홀로코스트(Holocaust) : 제2차 세계대전 중 아돌프 히틀러가 이끈 나치당이 독일군 점령지 전반에 걸쳐 계획적으로 유태인과 슬라브족, 집시, 동성애자, 장애인, 정치범 등 약 1,100만 명의 민간인과 전쟁포로를 학살한 사건을 의 미한다. 사망자 중 유태인은 약 600만여 명으로, 그 당시 유럽에 거주하던 900만 명의 유태인 중 약 2/3에 해당한다. 유태인 어린이 약 100만 명이 죽었으며, 여자 약 200만 명과 남자 약 300만 명이 죽은 것으로 파악된다.

유대인과 아랍인의 팔레스타인 대립으로 UN은 1947년 11월 29일 '제181결의안'에서 영국이 팔레스타인 식민지를 아랍인과 유대인으로 분리하여 독립시키는 안건을 제시하고 표결에 부쳤다. 표결 결과는 찬성 33, 반대13. 이로써 팔레스타인을 아랍인 구역과 유대인 구역으로 분할하는 '독립안'이 가결되었다. 가결 결과는 팔레스타인 땅을 팔레스타인 7, 이스라엘 3의 비율로 분할하는 것이었지만 양쪽 모두 반대했다. 당시 인구가 130만 명으로 아랍 입장에서는 도저히 받아들일 수 없는 결정이었고 유대인 또한 자신들이 생각한 땅보다 훨씬 작았다. 이때 '유대인의 협상론'이 빛을 발한다. 유대인의 협상론은 "목표치를 한번에 얻으려 하지 마라. 100이 정해졌으면 한 단계씩 목표를 이루어가라"는 것이다. 이스라엘은 땅 분할을 놓고 UN과 교섭을 시작했다. 그러나 팔레스타인 사람들은 대부분 농부였기에 '모'아니면 '도'였다. 결국 팔레스타인은 '분할안'을 거부했지만 그 뒤에 반전이 일어났다. 초기 7:3에서 4:6으로 전환된 것이다. 물론 6:4는 이스라엘의 목표치는 아니지만 무조건 반대하기보다 어떻게 100%에 갈 것인지를 작전을 짜는 쪽으로 전술을 바꾸었다.

전 세계에 흩어져 살던 유대인들은 '분할 독립안'이 가결되었다는 소식을 접하고 이스라엘로 이주를 시작했다. 1947년까지 이스라엘로 알리야한 유대인들은 무려 60~63만 명이었다.

1947년 당시 63만 여명은 팔레스타인 내 인구의 33%였고, 그들은 UN 결의안으로 56%의 땅을 할당받았다. 국제적으로 민감한 사안인 예루살렘과 베들레헴은 국제기구에서 관리 감독했다.

'제2차 UN안보리총회' 결의안은 유대인에게 56%의 땅을 할당했다. 그러나 이스라엘에 배정된 지역 절반 정도는 당시로서는 불모지와 다름없는 네게브 사막광야이었다. 반대로 아랍 측은 사람이 거주하기에 적합한 야파와 요르단을 배정받았다. 이러한 UN의 '분할 독립안' 중재를 유대인들은 수용한 반면 아랍권은 이를 거부하고 팔레스타인을 찾기 위한 '대 이스라엘 영토수복 투쟁'을 시작했다.

이스라엘을 건국하기 전, 수없이 나온 팔레스타인 분할안에 대해 이스라엘은 미리 전략, 전술을 세웠다. 분명히 한번에 얻을 수 없다는 판단하에 순차적으로 20, 30, 40%씩 영토를 넓힐 계획을 세운 것이다.

이스라엘은 건국 선언 전 점유율을 높이는 계획을 세운다. 그러나 토지 점유율을 높이자고 마구잡이로 압박할 수는 없는 노릇이었다. 그래서 팔레스타인이 스스로 떠나가게 하기 위해 충격과 공포, 회유 작전을 사용하기 시작했다. 이스라엘은 바둑판을 짜듯이 지역을 나누어 구역별로 디테일하게 전술와 계획을 수립했다. 사실 그들은 영국의 통치 위임을 받을 때부터 비밀조직을 만들어 팔레스타인 지도, 지형, 주민구성까지 파악해 팔레스타인 사람들을 밀어내기 위한 계획을 세워두었다. 사전 준비로 항공 사진 분석과 현장 답사까지 마친 상태였고 마을 사람들이 친이스라엘파인지, 반이스라엘파인지 성향까지 파악해 정리한 리스트를 이미 1930년부터 만들었다. 이스라엘은 첩보 조직의 정보로 1차 필터링을 거친다.

팔레스타인에 소수 부족들도 살았는데 특히 이슬람 교도들과 부딪힌 '드루드족'은 옛날 이스마엘 파키스탄 부족이다. 첩보 조직은 영국 식민지 시절 한국의 '영어마을' 같은 '스파이 마을'을 설립하는데 바로 '아랍 마을'을 만들어 아랍말 사용하는 유대인들을 깔아놓고 스파이 요원들이 '아랍 마을'에 가서 아랍어 연습과 훈련을 하고 나왔다.

이스라엘은 하나나, 이르군, 슈테른 같은 무장 조직을 만들어 팔레스타인을 공격했다. 하나가는 영국군 테러 공격, 이르군과 슈테른은 아랍인 공격을 담당했다. 그 가운데 '이르군'과 '슈테른'이 참여한 '데일 야신 사건'이 일어난다. 당시 유대인들은 소수 민족이지만 초강대국 미국과 유대인 아메리칸들의 지원을 받았고, 또한 제2차 세계대전 당시 유대인의 '홀로코스트'로 인해 부채 의식이 있는 유럽 강대국들의 지원까지 받게 되었다.

역사상 가장 대규모의 알리야는 1948년 이스라엘 독립 이후, 1948년부터 1950년 사이, 50만 명이 넘는 유대인들이 한꺼번에 팔레스타인 땅으로 이주한 것이었다. 그들은 대개 동유럽에 거주하는 유대인들로서 반유대인 운동을 피해 팔레스타인으로 귀환한 알리야들이었다.

1948년 5월 12일 영국의 팔레스타인 위임 통치가 종결되면서 영국군이 철수했다. 이때 이스라엘은 철수하는 영국군을 공격해 무기를 탈취하고, 5월 14일에도 철수하는 영국 수송선을 습격해 크롬웰 전차 2대를 빼앗았다. 그리고 셔먼전차를 고쳐 총 3대의 전차로 기갑부대를 만들었다.

1948년 5월 14일 역사적으로 이스라엘은 건국을 선포하고 독립을 선언했다. 이로써 약 2천 년 전 성경의 예언마24:32~34이 성취되는 동시에 중동 지역에는 제1, 2, 3, 4차 중동전쟁과 미래에 일어날 제5, 6, 7차 중동전쟁의 서막이 열렸다.

2016년 현재 이스라엘에 거주하는 인구는 약 820만 명, 그 가운데 유대인은 약 600만 명 정도이다. 정통파 유대인들은 '황금돔' 오마르 사원을 헐고, 예루살렘 성전을 다시 지어야 한다고 주장했다. 사실 그들은 오래 전부터 성전을 짓기 위해 모든 건축 자재와 물자를 모두 준비해 놓고 오매불망 때만 기다리고 있었다.

이스라엘의 독립과 중동전쟁은 다가올 미래가 마지막 때임을 알게 하고 약 3,500년 경부터 예언된 성경 말씀들이 성취됨을 나타낸다. 무엇보다 이스라엘을 중심으로 한 강대국들의 파워 게임과 이 어두움의 세상 주관자들이 더욱 활개를 치게 될 것이다. 이러한 시대에 하나님의 사람들에게 필요한 것은 하나님의 전신갑주를 입고, 슬기로운 다섯 처녀와 같이 기름과 등을 준비하는 태도다.

제1장. 제1차 중동전쟁

1. 역사적 배경

　세계 전쟁사는 '1948년 5월 15일' 팔레스타인에서 일어난 전쟁을 '제1차 중동전쟁'이라 명한다. 같은 전쟁을 놓고 이스라엘은 '독립전쟁', 팔레스타인은 '알 나크바' 즉 '대재앙'이라고 부른다. 역사적 관점에서 제1차 중동전쟁은 중동분쟁의 시발점이자 '세계의 화약고'라는 별칭을 얻었다.

　1948년 5월 14일 이스라엘, 해안 도시 '텔아비브Tel Aviv'에서 임시 정부를 수립한 12명의 각료가 '다비드 벤구리온'을 초대 수상으로 임명하고 초대 수상이 독립 선언문을 낭독함과 동시에 이스라엘의 독립을 선포했다. 이로써 이스라엘은 세계에 독립을 선포함으로 명실공히 팔레스타인 지역에 유대인 거점을 확보하게 된다. 즉 이스라엘의 건국은 전통적 이슬람 세력이 모인 레반트Levant 지역에 비이슬람국가를 건설하게 된 것이다.

　영국군의 철수로 팔레스타인에 공백이 발생한 상황에서 이스라엘이 독립을 선포하자 아랍 제국들은 즉각적으로 반발했다. 이집트, 트란스 요르단, 이라크, 사우디아라비아, 시리아, 레바논, 예멘를 비롯한 아랍 국가들이 이스라엘에 선전포고를 한다. 이스라엘이 독립을 선포한 다음 날인 1948년 5월 15일 '아랍 연합국'은 이스라엘을 선제 공격함으로써 전쟁이 시작되었다.

2. 이스라엘과 아랍 연합국 인구

'제1차 중동전쟁' 당시 성경의 예언대로 세계에서 이스라엘로 '알리야' 한 유대인은 약 65만 명이었으며, 이에 반해 아랍 연합국의 총 인구는 1억 2천만 명이었다. 약 185대 1의 인구 비율이다. 이스라엘과 블레셋 전투에서 마주친 골리앗과 다윗의 싸움보다 더한 '18명의 골리앗과 1명의 다윗'의 싸움이었다.

이스라엘 초대 수상 '다비드 벤구리온'의 국방보좌관조차 이 전쟁에 대해서 비관적이었다. 그는 아랍과의 전쟁에서 아랍의 군인의 수, 군사력, 군수 물자의 측면에서 "이스라엘이 이길 수 없다"라고 판단했다.

3. 이스라엘·아랍 연합국 군사력

1) 이스라엘 군사력

초기 이스라엘 군대는 세계 각국에서 몰려온 알리야들로 구성된 민병대 수준이었다. 이 가운데 35,000명 정도가 '하가나[26]' 출신들이다. 하가나는 훈련이 어느 정도 되어 있기는 했지만 정규군이 아닌 지하조직에 불과한 수준이었다.

벤구리온은 "유대인이 아랍인들에 대항하여 방어할 수 있는 능력을 갖추라"고 주장하며 서방 진영의 무기들로 무장하기 시작했다. 이스라엘군은 10,000정의 소총, 702정의 경기관총, 2,666정의 기관단총, 186정의 중기관총, 2인치 박격포 672문, 3인치 박격포 92문을 보유한 상태였다. 그러나 중기관총, 대포, 장갑차, 전차, 지대공, 공대공 무기는 보유할 수 없었다. 당시 이스라엘 군인 3명 당 1~2정의 개인 화기가 지급될 정도로 군수물자가 부족한 상황이었다.

이스라엘군은 건국 초기, 소련의 지원 하에 체코슬로바키아에서 무기를 수입

---

[26] 하가나 : 알리야한 유대인들이 1920년에 아랍인들의 공격을 방어할 목적으로 창설된 유대인 민병대 군사 조직이다. 1948년까지 활동하다가 이스라엘 건국과 동시에 정규군(IDF)으로 편입된다. - 〈무화과 꽃이 피었습니다〉, p74.

했다. 미미한 수준이지만 무기 생산 능력을 1947년 10월부터 제1차 중동전쟁 개전 초기인 1948년 7월에 갖추게 되어 300만 발의 9㎜ 권총탄, 수류탄 15만 개, 기관단총 16,000정, 3인치 박격포 210문을 생산했다.

2) 아랍 연합군 군사력

당시 아랍 연합국요르단, 레바논, 시리아, 이라크, 사우디아라비아, 이집트들은 2차 세계대전을 통해 영국 군대의 최신식 무기로 훈련을 받은 정예화된 군대였다. 그 중에서도 트란스요르단군은 아랍 연합국 가운데 최정예군이었다. 6천 명~1만 2천 명의 군인들은 영국 장교들에 의해 잘 훈련되었으며, 4개의 보병 및 기계화 연대로 조직되었다. 40문의 야포, 75대의 장갑차를 보유하고 있었다.

시리아 군대는 12,000명의 3개 보병연대 병력과 대대 규모의 전차대대를 파견했고, 레바논군은 약 3,500명을 파병했다.

이집트군은 전쟁초기, 병력 1만~2만여 명으로 구성해 25파운드 포 6문, 6파운드 포 8문, 1정의 중기관총을 갖고 있었으며, 공군은 30기의 슈퍼마린 스피트파이어와 4기의 호커 허리케인, C47 20기 등으로 공격 준비를 마친 상황이었다. 전쟁 초기 5천 여 명을 파견한 이라크군은 전쟁 중·후반부에는 4개 보병여단 15,000~18,000명까지 증파했다. 사우디아라비아는 800명의 군인으로 파견하여 이집트군에 소속시켰다. 예멘도 소규모의 병력을 파견했다.

이처럼 팔레스타인 해방 기구 무장 조직은 약 11,000~12,000명 병력을 갖추었고, 전쟁 발발 이후에 '팔레스타인 국가 방위군'이 새로 조직되었다.

아랍 연합군은 이슬람 국가들이 지원한 6,000여 명의 자원자로 구성된 '야시 알 이쿼드 알 아라비'을 조직해 '파위 알 콰오지'의 지휘 하에 '사마리아'와 '북부 팔레스타인' 지역에 파견했다.

4. 전쟁의 양상

제1차 중동전쟁 초기, 상황은 엄청난 무기와 병력으로 무장한 아랍 연합국에게 유리하게 전개되었다. 세계도 이스라엘의 패전을 예측했다. 그러나 하나님의 성전은 이스라엘군이 당시 영국식 교육을 받은 아랍 연합국 5개국과 정규 교육을 받은 3개국 등 총 8개국의 군대에 맞서 싸우는 전설을 만들기 시작했다.

제1차 중동전쟁을 3섹션으로 나누어 보면, 제1섹션는 1948년 5월 14일에서 6월 10일까지이며, 제2섹션은 1948년 7월 8일에서 7월 18일까지, 제3섹션 1948년 10월 15일에서 1949년 3월 10일까지다.

1) 제1차 중동전쟁 1섹션

제1섹션는 1948년 5월 14일에서 6월 10일로 이때 제1차 중동전쟁 직후 이스라엘로 대거 들어오는 각종 무기들과 전 세계 유대인 청년들의 자원입대, 그리고 전 세계에서 9만 명의 유대인이 몰려왔다. 대부분의 사람들이 2차 대전 전투 경험자들이었다. 이처럼 놀라운 인적 자원들은 2섹션부터 이스라엘군의 전투능력이 수직 상승하는 요인이 된다.

이스라엘은 본격적으로 전쟁이 시작되자 여러 테러 단체들을 통합했다. '자할'을 탄생시키고, 최정예부대 '팔마'가 나온다. 이때 웨스트 포인트 출신의 '이가엘 야딘'이 총사령관이 되어 이스라엘군 9만 명의 자원자들 가운데 2차 대전 참전 용사들로 기갑부대 창설한다. 이들은 영국군 출신인 '잉글리시 대대'와 러시아군 출신들로 '소련대대'를 만들고 중반에는 공군 부대도 창설했다.

현대전에서도 기계화 보병과 기갑 부대가 협동 전술을 하기 위해서는 약 3개월에서 6개월 또는 1년 이상 훈련을 해야 한다. 그러나 이스라엘군은 1주일이면 가능했다. 이미 제1, 2차 세계대전 경험자들로 구성이 되어 조직 경영 능력이 뛰어났기 때문이다.

전쟁 초기 세계 전쟁사는 이스라엘군이 절대 불리했고 무기없이 화염병을 사용했다고만 기록되었다. 이것은 사실이긴 하지만 유형의 전력만 본 것이고 실제

전장에서 중요한 것은 무형의 능력이었다. 이스라엘군에게 무형의 능력이란 하나님이 함께하신다는 사실이었다.

● **기적의 '니림' 전투**

제1차 중동전쟁 첫 개전은 이스라엘 건국 선언 당일 몇 시간 뒤에 일어났다. 이집트군이 이집트와 팔레스타인 접경지역인 '니림'에 4대의 전차, 장갑차, 보병부대 500~800명을 이끌고 공격해 옴으로써 시작되었다. 당시 이스라엘은 건국을 선언했으나 제대로 된 병력을 갖춘 상태가 아니었다.

'니림'은 '키부츠' 지역이다. 이스라엘 병사는 39~45명 정도로 이 가운데 여자가 12명이며 12명 가운데 할머니도 포함되었다. 당시 이스라엘 군인이 가진 무기라고는 소총 21개, 기관총 1정, 박격포가 전부였다. 그들은 하나님께 기도드렸고 하나님은 택하신 백성이 가장 약할 때에 일하기 시작하셨다.

약 7시간의 전투에서 이스라엘군은 단 1대 있는 박격포로 이집트 전차를 파괴하고 화염병으로 마을에 들어온 전차를 파괴했다. 이때 이스라엘군 사망자는 7명, 이집트군은 35명이었다. 이집트군 사상자의 절반이 자기 총이나 자기편의 총에 공격을 받았다. 또한 이집트 병사들은 두려움에 사로잡혀서 전차가 파괴되어 불타는 모습을 보고는 모두 도망쳤다. 신기한 것은 지휘관이 먼저 겁을 먹고 도망을 갔다는 사실이다. 놀라운 하나님의 섭리였다.

팔레스타인 지역의 이스라엘군이 위치한 다른 마을들에서도 '니림'과 비슷한 양상이 펼쳐졌다. 이스라엘 군인들은 탄약이 떨어질 때까지 싸웠다. 그리고 야간이 되면 철수하는 작전을 펼쳤다. 이집트군은 이러한 좋은 기회를 다 놓치고 만다. 1960년대 말까지 레반트 지역의 아랍국들은 "야간에는 잠을 자야지 싸우는 것이 아니다"라고 생각했기 때문에 야간 전투를 상상조차 못한 탓이었다.

● **제1차 중동전쟁의 하이라이트 예루살렘 공방전**

예루살렘은 이스라엘의 처음이요 실재요 마지막이다. 즉 예루살렘은 영적, 정신적, 육체적으로 꼭 차지하고 지켜야 할 곳이다. 또한 군사적으로 예루살렘을 차지하면 웨스트뱅크를 장악할 수 있는 천연의 방어선이 생긴다. 당시 요르단군은 아랍 내에서 최정예 군대요, 영국군의 훈련 아래 사관학교를 가장 먼저 만들었다. 그래서 중동전 내내 이스라엘이 가장 싫어한 것이 요르단 군대였다.

전쟁이 일어남과 동시에 요르단군이 이스라엘을 공격했다. 최정예군으로 무장된 트란스요르단군은 약 1만 2천 명의 군인과 4개의 보병 및 기계화 연대와 40문의 야포, 75대의 장갑차로 공격해 예루살렘안 10만 명에 달하는 유대인들을 죽음 직전까지 몰고갔고 유대인들은 바람의 앞에 등불이 되었다. 그러나 하나님은 유대인들을 버리지 않으시고 요르단군을 향해 방어 작전을 전개하셨다. 그들이 바로 이스라엘의 저항 조직인 '슈테른'이다. 그들은 군수지원과 물자보급이 부족했으나 완강한 저항으로 약 20여 일을 방어한다. 예루살렘은 당시만 해도 이스라엘군이 접근하기에 험한 지형이었다. 이스라엘군은 10만 명의 유대인을 구출하기 위해 눈물겨운 일을 감행한다. 당시는 도로 사정이 엉망이어서 팔레스타인 땅에서 예루살렘으로 가는 길은 아예 없었다. 이스라엘군이 이동하려면 산길 5㎞를 도로로 만들어야 했다. 바위산을 뚫는다는 것은 불가능한 일이었다. 그러나 남녀노소 구분 없이 약 20여일 동안 이 공사에 투입되었다. 이스라엘군은 길이 뚫리면 기갑 장비를 분해해 노새로 실어 날라 조립하는 일을 했다.

이러한 작전은 2차 세계대전 독일군이 그리스 침공 당시 쓰던 방법이었다. 예루살렘은 성지로 포격이나 공군 사격를 할 수 없었기 때문이다. 도로 개척 당시 요르단군이 포 공격을 시작할 때 극적으로 체코에서 독일산 비행기 29대가 투입되었고 이스라엘 공군이 출격을 해 요르단의 포병 진지를 제압했다. 24일 만인 6월 11일, 이스라엘 공병대는 5㎞의 적진을 뚫고 예루살렘까지 도로를 내는데 이 도로가 바로 예루살렘 10만 여명의 유대인 생명을 구한 '버마 도로^{2차 대전 당시 미국이 전멸 직전 중국군 구출 위해 미얀마 산악지대에 건설한 도로 이름에서 따옴}'이다.

2) 2차 섹션

제2섹션는 1948년 7월 8일에서 7월 18일까지다. 이때 이스라엘군은 나사렛 점령 후 북쪽으로 팔레스타인 난민을 이동시킨다.

이집트는 '니림' 전투에서 패했으나 해안쪽을 이용해 북쪽으로 계속 진격했다. 사실 텔아비브까지만 가면 전쟁은 끝나는 상황이었지만 이집트군은 유리한 위치에 있었음에도 불구하고 키브츠 단위로 싸우는 이스라엘을 한 번도 점령하지 못한다. 당시 이집트 기갑병들은 전차에서 포탄을 제대로 쏘지 못할 정도로 공황 사태에 빠져버렸다. 훈련이 되어 있지 않아서 포탄을 재장전하는 방법도 잘 몰랐을 뿐더러 그나마 훈련받은 병사도 포탄 굉음과 연기에 패닉 상태가 된 것이다.

당시 전차 지휘관은 해치를 열고 적의 지형과 상황을 파악하는 것이 일반적이었다. 그러나 이집트 지휘관들은 총에 맞을까봐 해치를 열지 않은 채 전차 안에서 적의 지역을 파악했다. 이집트 기갑병들은 전진, 후진만 할 줄 알았기 때문에 좌, 우로 움직이려면 엄청난 시간이 소요되었다. 전차는 기동과 기갑이 생명인데 전혀 활용을 못한 것이다. 이집트군의 '유형 전력'은 막강했으나 포병의 형편없는 포격률로 탄막 사격을 하지 못했고 돌격하는 보병에게 전혀 도움이 안 되는 '따로국밥' 전투를 치렀다.

무엇보다 이집트군의 가장 큰 문제는 전투 의지 자체가 없다는 점이었다. 그들은 "우리가 왜 싸워야 되는 거야?"라는 생각으로 가득차서 목적이나 목표없이 전투에 임하고 있었다. 사정이 이렇다 보니 장교들도 대부분 무능하고 부패했다. 이집트 장교들은 귀족 집안 출신들로 정규 훈련을 받지 않았다. 전시상황이 불리하면 장교들은 부하들에게 "여기 머무르라"하고는 전차를 버리고 먼저 도망가 버렸다. 나중에 이 사실을 알게 된 병사들은 대혼란 상태가 되었고, 이때 이스라엘군이 전차에 화염병을 투척했다.

이집트 공군 역시 지상 공격 훈련을 받지 못했다. 이스라엘 기지로 돌진하는 이집트 전투기가 하강공격을 감행할 때 이스라엘군이 대공사격을 준비했다. 그 때 2차 대전 당시 남아공 파일럿 출신의 장교가 "대공사격을 하지 말라"고 명령을 내렸다. 잠시 후 이집트 전투기가 하강 공격을 하다 그대로 땅에 추락했다.

3) 3섹션

1948년 10월 15일에서 1949년 3월 10일까지가 3섹션이다. 전쟁 초기 3만 명으로 시작한 이스라엘 군대는 10월에 9만 명, 12월에는 10만 명에 이른다. 그들은 모두 조직화된 베테랑 전투요원들이었다. 그리고 12월부터 방어 작전에서 반격 작전으로 전환된다.

3차 섹션에서 이스라엘의 목표는 2가지였다. 첫째는 갈릴리 북부, 요단강 서안, 네게브 사막이었고, 둘째는 전략적 요충지인 브엘세바였다. 당시 목표지역에는 60~70만 명의 팔레스타인들이 살고 있었다.

남부 이집트군이 사소한 유전 협정을 위반하자 이스라엘은 전차부대를 네게브 사막에 총집결시킨다. 무기도, 병력도 이집트 못지않게 많아진 이스라엘은 전차 부대와 공군 병력을 이끌고 공격해 브엘세바를 점령하게 된다.

북부와 남부 전선 역시 전투를 하기에는 열악한 환경이었지만 이스라엘은 농장에서 화염병을 만들고, 박물관에 전시된 대포까지 끌고 와서 전쟁을 치르며 아랍 연합국을 막아냈다. 또한 이스라엘군은 레바논군 1천여 명의 병력과 북부 갈릴리에서 교전했다.

이스라엘군과 시리아군의 교전에서는 개전 4일째 되는 날에 이스라엘군이 시리아군을 선제 공격함으로써 '르노 전차', '호스키스 전차'까지 얻게 되었다. 또한 프랑스에서 '르노 R-35'를 10대를 지원받아서, 유명한 '82 장갑대대'를 창설하기도 했다.

이스라엘군의 공세에 밀린 시리아군은 6월 10일 이후 방어 작전으로 태세를 바꾸었고 이스라엘의 정착촌에 소규모의 공격을 가했다.

제1차 중동전쟁의 양상은 미국과 소련의 지원이 시작되면서 뒤바뀌게 된다. 미국의 해리 트루먼 대통령은 이스라엘에 탱크, 전투기 등 기갑 전력을 원조해주었다. 소련의 스탈린은 체코슬로바키아에 압력을 넣어 이스라엘에 신무기를 공급하게 했다. 이는 모두 미국 내 유대인들이 활약한 결과였다. 소련은 공산주의의 틀을 제공한 칼 마르크스와 소비에트 혁명 때 유대인들로부터 받은 도움에 대한 보답 차원에서 지원하기도 했다. 또한 소련은 당시 중동 지역에 자신들의 기반이 없어 이스라엘을 파트너로 생각해 도와주었다. 그러면서 이스라엘을 반 서방국가로 오해한다. 이스라엘 무장조직 '하가나'가 영국군을 공격해 무기를 빼앗고, 무기를 사기 위해 무역, 밀수, 암거래 등 할 수 있는 건 다 하면서 자신들의 우방인 유고슬라비아를 통해 무기를 밀수한 것을 알았기 때문이다. 무엇보다 소련은 이스라엘 정치가들이 대부분 동유럽, 소련에서 온 사회주의자들이라 생각했다.

더욱 놀라운 점은 '전쟁의 주관자'이신 하나님께서 유대인들에게 성령의 감동을 주셔서 전투에 참여케 하고 지혜와 용기와 힘을 주셔서 '감동 성전'을 치르게 하셨다는 점이다. 이스라엘군은 이집트와 요르단, 시리아 군대들과의 전투에서 모든 사람들의 예상을 깨고 전쟁에서 승리했다. 이런 일들은 이스라엘 군인들 조차도 예상치 못한 결과였다.

전쟁의 성패는 조직 운영력에 달려 있다. 이스라엘은 모든 정보를 완벽하게 수집했다. 반면 이집트군은 마을을 정찰할 시간도 없었고 정찰 지도조차도 받지 못했다. 기동간에 지나가는 팔레스타인에게 "우리가 어디로 가면 됩니까?"라고 물을 정도였다. 당연히 이집트군 지휘관, 병사들 모두 우왕좌왕 할 수 밖에 없었다. 하급 부대원들이 화가 나서 지휘소를 찾아가자 자신들이 후퇴한 작전 지역의 항공 사진이 가득 있었다. 즉 지도, 식량, 탄약 등 군수품이 있는데도 보급이 안 되고 있었던 것이다. 또한 소대장, 중대장은 정찰할 시간도 없이 보고서를 작성하는 데 시간을 허비하고 있었다. 반면 이스라엘은 달랐다. '골다 메이어' 이스라엘 총리는 "우리는 아랍을 상대로 한 최종 병기를 지니고 있다. 그것은 바로 지면 끝장이라는 절박함이다"라는 명언을 남겼다.

전쟁이 지속되면서 이스라엘은 점점 강해진 반면, 아랍 진영 내에서는 캐코퍼니불협화음이 발생했다. 팔레스타인 내 '이스라엘 독립'에 대한 반발로 이루어진 아랍 제국은 전쟁 수행에서 이해관계가 서로 상충되자 균열이 생긴 것이다.

트란스요르단의 '압둘라' 국왕이 아랍 군단을 전쟁 발발과 동시에 서안에 진주시켜 예루살렘의 성지신 예루살렘를 점령하는데 성공했다. 그러나 압둘라 국왕에 의한 서안의 점령은 다른 아랍 제국의 지도자들에게 '서안의 병합 가능성'이라는 의구심을 품게 하였다. 이러한 불협화음은 아랍 국가들간에 상호 불신감을 조성하여 결과적으로 상황을 꼬이게 만들었다. 결국 아랍 연합국은 이스라엘과의 전쟁에서 공격 목표를 망각하고, 트란스요르단 군대의 활동 견제와 더불어 분열이 시작되어 제1차 중동전쟁의 패전 국가가 되고 말았다.

1948년 11월 6일 'UN 안전보장이사회'가 휴전 결의를 채택하면서 전쟁이 일시 중지되고, 1949년 1월 이스라엘 대표와 이집트 대표가 휴전 회담을 시작했다.

이스라엘과 아랍 연합국은 1949년 2월 14일은 이집트, 3월 22일은 레바논, 4월 3일에는 요르단, 7월 20일은 시리아와 휴전 협정에 서명함으로 제1차 중동전쟁은 종결됐다. 이라크는 국경을 맞대고 있지 않았기 때문에 자연적으로 종결되었다.

제1차 중동전쟁 후 국제 연합은 UN '휴전감시기구'를 만들었으며, 이스라엘-아랍 연합국 쌍방에 '혼합 휴전위원회'를 설치하는데 합의했다.

제1차 중동전쟁에서 아랍 연합국의 패전 원인은 내면적으로는 아랍 연합국들의 응집력 결여와 제2차 세계대전 이후 영국, 프랑스의 쇠퇴, 그리고 미국, 소련의 급성장이라는 국제정치의 미묘한 변화를 읽고 있지 못한 것이었다.

5. 전쟁의 결과

제1차 중동전쟁 이후 이스라엘의 영토는 많이 확장되었다. 1947년 11월 29일 제2차 UN 안보리 총회 분할안에 의해 결정된 이스라엘의 영토 크기는 팔레스타인 지역의 56%이었다. 그러나 휴전 후 이스라엘-아랍간 국경을 재조정할 때에는 전쟁에서 승리한 이스라엘에게 유리하게 적용되었다. 신예루살렘 지역이 포함된 팔레스타인 영토의 80% 2만 662㎢를 확보하게 된 것이다. 이 국경선은 오늘날 '그린 라인 Green Line'으로 불리고 있다.

반면 아랍 측에게 남은 팔레스타인 영토는 20%에 불과했다. 트란스요르단이 점령한 곳은 예루살렘의 구시가를 비롯한 요르단강 서안지역 West Bank과 이집트 정부가 점령한 가자지구뿐이었다. 서안지역 West Bank 은 1967년 제3차 중동전쟁에서 아랍이 패배함으로써 이스라엘에게 넘어갔다.

아랍 연합국의 패배는 90만의 팔레스타인 난민을 양산했다. 이는 일부 아랍 국민들에게 정치적 각성을 일으키게 하는 계기가 되었다. 이집트의 경우 '나세르'를 중심으로 '자유장교단'이 부패한 파루크 국왕 체제를 붕괴시켰다. 그리고 공화국의 시대를 열었고, 나세르는 이집트 대통령으로 취임했다.

중동 역사에서 '제1차 중동전쟁'은 중요한 전환점이 되었다. 우선 그간 중동지역을 식민지화하며 주도권을 장악했던 영국과 프랑스가 뒤로 물러나고, 대신 미국과 소련이 이스라엘을 지원하며 중동의 신흥세력으로 떠올랐다. 또한 전쟁에서 패배한 아랍국 내에 일어난 반유대주의로 수십만 명에 이르는 유대인들이 본토 이스라엘로 귀환하는 이민이 시작되었다.

제1차 중동전쟁을 통해서 각 국가들은 한 가지 중요한 교훈을 배웠다. 국가 간의 이익 앞에서는 영원한 친구도, 적도 없다는 사실이었다. 이스라엘은 제2차 세계대전이 끝나면서 암시장에 엄청나게 흘러나온 독일제 무기로 싸웠고, 아랍 연합군은 영국군이 남기고 간 대량의 영국제 무기로 싸우는 아이러니한 상황이 펼쳐졌다.

특히 이스라엘이 사용한 독일제 무기는 상당 부분이 체코슬로바키아에서 생산한 물량이었다. 독립 초기 소련은 이스라엘을 중동의 반서방 거점 당시 중동국가가 친영·미 계열 으로 만들 수 있다고 생각해서 체코에 이스라엘에 무기를 공급하도록 지시했다. 그래서 프라하 공항에서 한동안 이스라엘행 무기 수송기만 이륙하던 때도 있었다. 이러한 모든 일은 여호와께서 이스라엘을 '하루' 사이에 나라를 세우셨기에 가능했다.

제2장. 제2차 중동전쟁
수에즈 전쟁

제2차 중동전쟁은 '수에즈 운하'를 둘러싸고 이집트와 이스라엘, 영국, 프랑스 사이에 일어난 전쟁이다. 세계사는 제2차 중동전쟁을 '시나이 전쟁', 또는 '수에즈 전쟁'이라 칭하고 이집트는 '삼국 침략'이라 부른다.

제1차 중동전쟁이 끝난 뒤, 유럽 및 아랍 각국에 거주하던 유대인들이 1949년부터 1952년까지 팔레스타인으로 '알리야' 했다. 이스라엘로 몰려드는 '알리야'들을 보면서 이집트를 비롯, 아랍 국가들이 경계를 할 수밖에 없었다.

1. 전쟁 배경

1950년대는 전 세계가 냉전기로 들어가는 시기였다. 민주주의와 공산주의가 대립하면서 정치적으로는 미국과 소련이 상승하는 반면 영국과 프랑스는 중심에서 밀려났다. 제2차 중동전쟁은 세계 열강들의 세력이 교체되는 배경 속에 시작된다.

1) 이집트

이집트의 쿠데타 세력인 '나세르'는 1956년 6월 6일 대통령에 취임했다. 그 뒤에 나세르는 미국과 서유럽 그리고 소련, 즉 민주주의와 공산주의 '양쪽 외교 전략'을 취했다. 나세르는 미국과 서유럽으로부터 막대한 자금을 지원받아 '아스완 댐'을 짓고, 소련과 무기 협정을 맺어 체코슬로바키아에서 무기를 도입하려

했다. 그러나 미국과 영국, 프랑스는 '무기 제한 협정'을 통해 중동의 군대 증설과 확장을 막아왔다. 또한 서방 측은 이집트가 동유럽산 무기 도입으로 소련의 영향력이 커지는 것에 불편함을 느꼈다. 그래서 '아스완댐' 건설을 위해 국제통화기금의 2억 불 차관을 취소해 버렸다. 이에 나세르는 아스완댐 건설자금 사용을 목적으로 1956년 7월 6일 수에즈 운하[27]의 국유화를 선언했다.

2) 영국

영국 '앤서니 이든' 정권은 이라크로부터 값싸게 석유를 들여오고 있었다. 그러나 이집트의 나세르가 민족주의와 반식민주의, 범아랍주의를 주창하며 이라크에서 영국의 입김을 제거하려 들자, 영국의 긴장이 고조되었다.

3) 프랑스

나세르 때문에 정치적으로 어려움에 처하게 된 건 프랑스도 마찬가지였다. 나세르는 당시 한창 진행 중이던 '알제리 전쟁'에 개입하여 반프랑스 게릴라들을 지원하고 있었다. 이에 프랑스는 이집트를 타격할 준비를 하는 한편 이스라엘에 프랑스제 최신 병기를 지원했다.

4) 이스라엘

1949년부터 1956년 기간에 이스라엘과 이집트 간에 지속적인 소규모 국지전이 일어났다. 당시 이스라엘 UN 대사였던 '아바 에단'는 "두 나라 간에 제1차 중동전쟁 종전 협정 이후 6년간 1,843회의 무장 강탈과 1,339회의 무장 충돌과 이집트군의 435회 이스라엘 영토 침범, 172회 소규모 충돌이 있었다"라고 밝힌

---

27) 수에즈 운하 : 수에즈 운하는 1869년 프랑스, 이집트의 지원하에 개통된다. 수에즈 운하 건설 당시 관심없던 영국이 1875년 '수에즈 해운 운하 회사'의 지분을 구매하기로 결정한다. 1882년 이집트의 분쟁에 개입한 영국은 운하에 대한 소유권을 행사하게 된다. 수에즈 운하는 지중해, 홍해, 인도양을 연결하는 국제 수로로서 유럽, 아시아, 아프리카 3대륙을 잇는 세계 최대의 해양 운하이다. 이 운하는 아랍만의 석유를 유럽에 수송하는 에너지 수송로이며, 아시아 및 태평양을 유럽과 연결시키면서 이어지는 국제경제로인 비단길 역할을 하는 곳이다. 그것은 또 유럽 안보문제와 강대국들의 정치적 이익을 위한 각축장이 되어 왔다.

바 있다.

1950년 초부터 아랍권은 이스라엘에 대한 경제 제재 조치를 시작했다. 항구에서는 이스라엘 국적이거나 이스라엘을 향하는 모든 선박의 입항을 금지해서 이스라엘의 해상 무역은 거의 봉쇄 수준에 이르렀다. 항공 역시 이스라엘을 경유했거나 착륙한 항공기는 어떠한 경우에도 아랍의 영공을 통과할 수 없으며, 이스라엘 비자를 여권에 받은 적이 있는 사람은 무조건 아랍 국가의 입국이 불허되거나 금지되었다. 또한 아랍 정부는 사업가들이 이스라엘과 연관된 사업을 하는 것을 금지했으며, 다른 국가에도 금수조치에 참가하도록 압력을 행사했다.

이집트는 이미 1950년 7월에 "모든 선박의 선장은 모든 운송물의 최종 목적지를 밝혀야 한다"는 법안을 통과시켜 이스라엘로 반입하려는 물자를 차단시키는 제제를 하고 있었다. 또한 '수에즈 운하'의 국유화로 수에즈 운하의 통과권을 금지하고 홍해에서 이스라엘의 최남단 도시 '에일라트'에 이르는 아카바만의 티란 해협의 통과권도 금지시켜 버렸다.

당시 이스라엘에는 호전적인 나세르가 선제공격을 해올 것이라는 불안감이 팽배했다. 이집트 정보부는 아랍 게릴라들과 팔레스타인 게릴라들에게 군사훈련과 무기를 제공해 이스라엘에 대한 적대적인 행동에 들어갔는데, 이들은 이스라엘 영토 내에서 '사보타지'와 살인을 자행했다.

이스라엘 측은 "게릴라들의 공격은 1949년 휴전협정을 위반하는 행위이다"라며 반격을 시도했지만, UN 안보리의 비난을 받아야 했다. 이런 상황에서 양측의 적대감은 고조되었고 이스라엘은 아랍 게릴라들과 주변 아랍국들, 특히 이집트에 보복할 방법을 찾기 시작했다.

5) 세브르 회담

이집트의 수에즈 운하를 국유화 한지 3개월 후인 10월에 이스라엘, 영국, 프랑스 3국은 파리의 근교 '세브르'에서 회담을 가졌다. 그리고 그 자리에서 이집트를 공격하기로 결의했다. 이스라엘이 선봉에서 선제 공격을 하면, 영국과 프랑스가 후방지원을 한다는 내용이었다.

2. 병력 규모

이스라엘, 영국, 프랑스 3국 연합국의 총병력은 254,000명으로 영국군 45,000명, 프랑스군 34,000명, 이스라엘군 175,000명이며 이집트는 약 30만 명으로 구성되었다.

3. 전쟁 전개

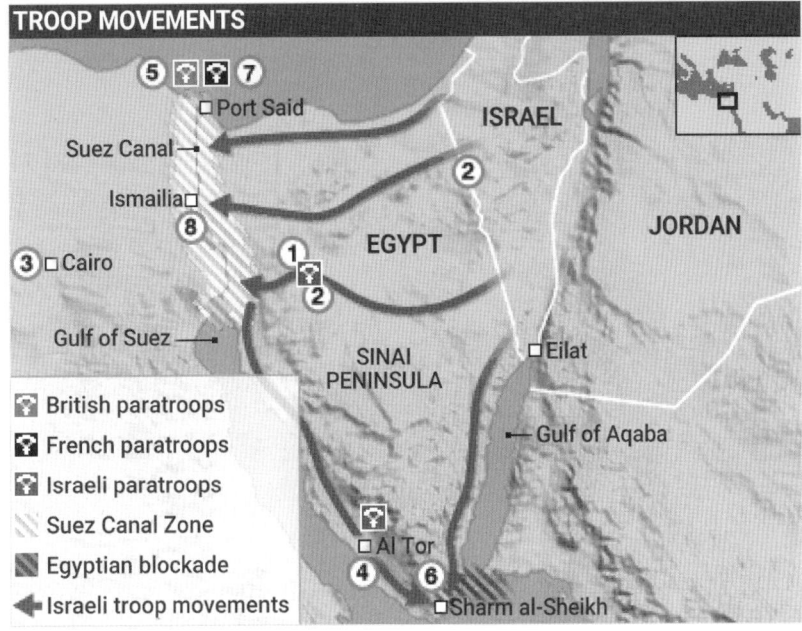

▲ 영국과 프랑스, 이스라엘의 작전 계획도

1) 이스라엘

1956년 10월 29일 오후 3시 30분, 이스라엘의 '라파 엘 에이단' 중령 Lieutenant Colonel Rafael Eitan이 지휘하는 202 공수여단 1대대 공수부대, "자할의 꽃"

을 태운 16대의 다코다 CH-47 수송기가 텔아비브 공항을 이륙하여 시나이반도 요충지인 미트라 언덕에 공수부대를 강하함으로, 이스라엘 장군 모세 다이얀 참모장의 '카데쉬 작전'은 시작되었다.

● 카데쉬 전투

'카데쉬 작전'은 '이스라엘의 시나이반도 작전'이라고도 부른다. 이는 신명기에 언급되는 시나이 북부 고대도시의 이름에서 따온 것으로, 이스라엘의 군사적 목표는 가자 지구 Gaza Strip, '샬름 엘 세이크 Sharm el-Sheikh', '알 아리쉬 Al-Arish', '아부 우와율라 Abu Uwayulah', 즉 4곳의 점령을 뜻한다.

특수 임무를 부여 받은 202 공수여단 1대대 공수부대는 요충지인 '제벨 하이탄 Jebel Haitan' 근처 파커 기념비 Parker's Memorial에 투입, 정찰 임무를 명령받았다. 그러나 공수 1대대의 작전은 예정대로 진행되지 않아 당초 목표 지점에서 몇 km 정도 떨어진 지역에 투입되었다. 시간이 조금 지연되었지만 결국 그들은 목표 지점까지 이동하는데 성공해 항공기에서 투하된 중장비를 수령하여 참호를 구축하고 경계태세에 들어갔다.

경계선과 임시 지휘소를 구축한 1대대는 '아리엘 샤론'의 202 공수여단과 합류해 목표한 점령지를 탈환하고 10월 30일에는 '나클라 Nakla' 근교의 '이탄 Eytan'까지 진출했다.

'요시프 하르파 대령'이 지휘하는 제4보병 여단은 '알 쿼세이마'를 점령했다. 이곳은 측면 공격의 위험을 제거할 수 있는 '아부 우와율라'를 공격하기 위한 거점 지역이었다.

이스라엘 7기갑 여단은 이집트군 T-34를 부수고 시나이반도를 25마일이나 진군한다. 제9보병 여단은 '샬름 엘 세이크'를 공격하기 위해 주요한 거점이 될 '라스 알 나크브'를 포위한 다음, 통로를 찾아냈다. 그리고 이집트군이 방어태세를 갖추기 전에 기습하는데 성공한다. 그들은 작전을 수행하면서 큰 피해가 따를 것이라고 예상한 것과는 달리 단 한 명의 사상자도 없이 이집트군의 항복을 받아냈다.

● **이스라엘 공군**

이스라엘 공군의 능력은 상상 이상이었다. F-51무스탕 2대가 시나이반도의 전봇대 사이로 설치된 전화선을 끊는 작전을 할 때였다. 비행기 뒤에 갈고리를 설치해 전화선을 절단하는 임무를 수행할 때 2대 전투기의 갈고리가 모두 고장 나고 말았다. 그러자 지면에 30~40m로 떠서 비행기 날개로 전화선을 절단하는 거의 곡예 비행 수준의 엄청난 조종 능력을 보여주었다.

3국의 연합국이 이집트 구축함을 공격할 때에도 이스라엘 공군이 투입되었다. 당시는 미사일이 없었던 상황이었기 때문에 이스라엘 공군 조종사는 초저공비행을 하며 전투기에 장착된 무유도 로켓탄을 바다 위로 어뢰처럼 발사했다. 이 상황을 본 서방 관계자들과 소련 군사 고문단은 경악을 금치 못했다. "어떻게 훈련을 했기에 저렇게 비행할 수 있단 말인가?"라고 혀를 내두를 정도였다.

● **라파 전투**

11월 1일, 새벽 3시 이스라엘군은 제1보병 여단과 제 27기갑 여단을 급파하여 가자지구의 전략적 요충지인 '라파'를 공격했다. 라파는 시나이반도의 핵심인 가자지구 점령을 위한 최고의 요충지며 전후 협상 테이블의 카드로 사용하기 위해 중요한 지역이었다. 그만큼 제2차 중동전쟁을 통틀어 양측 모두 가장 많은 희생자가 발생한 전투 지역이기도 하다.

이때 이집트군도 최정예 병력을 파견했다. 6개 보병대대, 1개 포병 연대, 많은 전차 중대, 그리고 공병대는 라파 일대를 지뢰밭으로 만들어 방어진지를 구축했다. 그러나 이스라엘군이 새벽에 공격을 시작하자 이집트군은 1차 중동전 때처럼 야간 전투가 되지 않았다. 이스라엘 공병은 맨몸으로 지뢰를 제거하면서 지뢰지대에 통로를 개척했다. 만약 이집트군이 영국군에게 제대로 배웠다면 이중, 삼중으로 지뢰를 설치했을 텐데 설치 과정에서 자꾸 폭발이 일어나니 하나씩만 매설한 것이 패착이었다.

여담으로 제2차 세계대전 당시 영국군이 독일의 롬멜과 싸울 때 이집트군과 인도군을 지뢰제거 작업에 투입했다. 그런데 이집트군은 지뢰 설치, 제거 기술이 전무한 상태였다. 이것이 바로 국가의 수준과 교육의 수준이다.

아무튼 이스라엘군은 공격을 개시, 지뢰지대를 개척하고 참호에 돌진해 백병전을 시작했다. 보통 전시에는 아군과 적군을 식별하기 위해 식별띠를 착용한다. 그러나 피아간 구분조차 쉽지 않은 상황에서 제1 보병여단 1대대 중대장 '요나단 대위'는 악전고투 끝에 점령목표인 25진지를 점령했다.

인접한 진지를 할당받은 '나할 중대'와 합류한 이스라엘군은 26진지와 이어진 좁다란 교통호를 발견하고 이스라엘의 공격으로 대혼란에 빠진 적을 기습하는데 성공했다. 이스라엘 제27여단 기갑부대는 공병들이 간신히 개척한 통로를 통해 몇개의 거점을 확보한다. 이때 잠시 방심해 마음을 놓은 이스라엘군이 지뢰지대로 전차부대를 투입했다가 전차 2대가 지뢰에 걸리는 바람에 주저앉아 버린다. 이집트군의 대전차포의 타깃이 된 이스라엘 전차들이 심각하게 피해를 입고 후퇴하자 이집트군이 자만하게 된다. 이집트군이 승리에 취해 대추야자술로 파티타임을 가질 때 후퇴한 이스라엘군의 전차부대 지휘관이 보병부대 여단장을 소환해 "모든 보병 총동원해 지뢰를 제거하라" 명령을 내린다. 단 2시간 만에 또 다른 진격로를 개척한 이스라엘 전차부대는 이집트군 진지를 종횡무진하며 깔아버린다. 이때 이집트군은 나름대로 대응하려 했지만 자기네끼리 오인 사격을 하면서 라파를 방어하던 이집트군은 전멸에 가까운 피해를 당한다.

이집트군이 후퇴 당시 수술하고 있던 아군 병사도 놔두고 도망쳤다. 전차부대는 피난민으로 길이 막히자 전차로 민간인 차와 사람들을 깔아뭉게고 도주했다.

● 셀름 알 세이크 전투

이스라엘군은 '아카바만'을 장악해야 했다. 그러나 이집트 천연의 요새, '셀름 알 세이크'는 바위산으로 요새에 주둔한 이집트 병사들은 호락호락하지 않았다. 이에 이스라엘군은 1차 중동전에서 예루살렘으로 가는 '버마도로' 길을 개척을 하듯이 장갑차를 분해, 바위산을 깨면서 진격해 공격한다. 이 작전에 202 공수여단도 참여했다. 이스라엘군은 전차포로 이집트 요새를 저격하듯이 공격해 '아카바만'을 점령한다.

● **시나이반도의 공중전**

제2차 중동전에서 이스라엘 공군과 이집트 공군이 시나이반도 상공에서 최대의 공중전을 치르게 된다. 이집트 공군은 소련제 최신예 전투기 미스 17과 영국제 뱀파이어제투 전투기를 출격시켰다. 이스라엘 공군도 프랑스제 '미스텔' 전투기와 영국제 '글로스토 미티어제트'로 대응했다. 최대의 공중전이 벌어진 후 이스라엘 전투기 3대 격추, 이집트 전투기 168대 격추라는 엄청난 결과가 나왔다.

사실 이집트 대통령 '나세르'는 이집트 공군의 최신예 전투기로 승리할 것으로 믿고 자신만만했다. 당시 나세르가 궁에서 외교사절을 접견하고 있을 때 폭격 소리가 났다. 타국 대사가 "이것이 무슨 소리입니까?"라고 묻자 나세르는 "적도 반격을 하겠죠"라고 답했다. 눈치 빠른 대사는 잔뜩 긴장하고 있는데 나세르는 허세를 100% 장전하고 "우리는 올라가서 구경이나 합시다"라고 제안했다. 나세르는 이스라엘과 연합국의 전투기가 떨어진 것이라 예상하고 있었던 것이다. 그러나 사방에서 이집트 전투기와 수송기가 파괴되어 시커먼 연기가 올라오자 나세르는 충격에 빠지고 아랍 연맹의 최고의 전력과 맹주를 자부하던 이집트는 추락했다.

2) 영국

영국군은 '말타섬'에 항공모함 HMS Eagle, Albion, Bulwark를 파견했고, 공군의 루카 폭격 비행대를 주둔시켰으며, 해군의 HMS Ocean, Theseus를 헬리콥터 공수부대의 작전을 위해 준비했다.

10월 30일, 영국은 이집트에 최후통첩을 보내고, 10월 31일에 '삼총사 작전'을 발동하여 대규모 폭격을 시작했다. 11월 4일에는 영국과 프랑스의 공수부대가 이집트의 '부르 사이드'에 투하되었다.

다음날 영국의 제3공수대대는 '엘가밀 비행장'에 공수되어 항공지원 기지를 점령함으로써 항공지원 및 수송로를 확보했다. 11월 6일 미명에 영국의 42, 40 코만도 왕립 해병대도 제2차 세계대전 시절의 상륙정을 이용해서 해변에 상륙했다. 영국과 프랑스의 전함전대는 해변에 포화를 퍼부으면서 지원했고, 그 결과 해안의 이집트 포대를 철저히 파괴했다. 이때 포트사이드 시가지도 심각한 피해를 입었다.

3) 프랑스

'키프로스'를 주둔지로 사용한 프랑스 공군은 키프로스 두 곳의 공군 비행장과 증설된 세 번째 비행장에 수많은 프랑스 군용기들을 출격시킬 준비를 마친 상황이었다. 해군도 항공모함 Arromanches, Lafayette를 파견했다.

전쟁 6일째인 11월 3일, 제 14, 15 비행대 소속의 F4U-7 콜세어 20기가 프랑스 항모 '아로망쉬'와 '라파예트'에서 이륙, 카이로 공항을 폭격했다.

알제리에서는 제2식민 공수 여단 2eme RPC 소속의 중무장 공수부대원 500여 명은 '노라틀라스 노르드 2501 항공기'로 알 라스와 다리 Al-Raswa Bridge 쪽에 투입하였으며 연속으로 공병단과 방어병력을 투입했다.

프랑스 F-84 부대는 '포트 사이드'의 대규모 유류저장탱크를 목표로 공격을 감행했다. 그 결과 시가지 대부분이 수일 동안 불길에 휩싸였다.

4. 정전과 휴전

작전상 휴전은 전쟁에서 적대 행위를 중단하는 행위요, 정전은 일시적 제한된 장소에서 군사 행동을 중단하는 것이다. 보통 전투에서 휴전 협상을 하기 위해 먼저 정전을 선언한다.

미국 '아이젠하워' 행정부는 영국과 프랑스, 이스라엘에게 휴전을 권고하였으나 연합군은 이에 응하지 않았다. 그러자 미국은 영국과 프랑스의 원조 요청을 거부했고 특단의 조치를 취했다. 영국에 재정적인 압박을 가하면서 미 정부가 영국의 파운드화 보유분을 매각해서 영국 경제를 붕괴시키겠다고 위협한 것이다. NATO의 다른 회원 국가들도 아랍으로부터 수입한 석유를 영국과 프랑스에 제공하지 않겠다고 선언하고 나섰다.

캐나다 수상 '루이스 로렌트'와 오스트레일리아 수상 '멘지스'는 비난 성명을 발표했다. 포르투갈과 아이슬란드도 "영국과 프랑스가 이집트에서 철군하지 않는다면 NATO에서 제명하자"고 제안했고, 사우디아라비아는 영국과 프랑스에 대한 석유 수출 금지를 선언했다.

소련 역시 전쟁에 개입하려는 단호한 입장을 발표한다. 소련의 정치가 '불가닌'이 "모든 유형의 근대적 대량 파괴 무기^{핵폭탄}를 보유한 더 강력한 나라로부터 공격받게 될 경우, 영국과 프랑스의 입장은 과연 무엇인가? 우리는 침략자를 분쇄하고 동방에서 평화를 재수립하기 위해 무력을 사용할 결의를 굳혔다"라고 공언하자 영국과 프랑스는 주춤한다. 왜냐하면 소련의 주장은 공식적으로 핵전쟁을 선포한 유일무이한 사례였기 때문이다. 당시 영국은 핵폭탄을 보유했지만 프랑스는 보유하지 못했고, 수소 폭탄은 두 나라 모두 보유하지 못한 상황이었다.

영국은 일찍부터 작은 나라와 큰 나라가 핵전쟁을 할 때 작은 나라가 전멸한다고 깨닫고 핵폭탄의 1,600배 위력이 있는 수소 폭탄 개발을 원했다. 또한 영국은 핵폭탄은 보유했으나 핵 개발 시설이 없었다. 당시 소련은 이미 미사일을 개발한 상태였다. 이때에 나온 것이 '상호확증파괴^{MAD} 전략'으로 "적이 핵 공격을 가할 경우 남아 있는 핵 전력으로 상대편을 전멸시킨다는 '보복전략'"이었다. 수에즈 전쟁 이후 영국과 프랑스는 핵개발에 들어갔다.

결국 11월 23일 정전이 이루어졌다. 그리고 바로 다음날인 24일에 UN총회에서 영-프-이 3개 점령군의 즉각 철수가 결의되었다. 포트 사이드의 부대는 런던의 사령부에서 추가 지시가 오기를 기다리고 있었지만 결국 1956년 12월 22일, 영국-프랑스 작전부대는 'UNEF^{UN 긴급대응군}'의 덴마크, 콜롬비아군에게 임무를 인수인계하고 철수했다. 이스라엘군은 1957년 3월에 시나이반도에서 철수했다.

5. 전쟁 결과

영국, 프랑스, 이스라엘 3국은 군사적으로, '수에즈 운하 작전'에서 대단한 성공을 거두었으나 정치적으로는 외부적인 요인들로 인해 참담한 실패로 끝나고 말았다.

외교 정책에 있어서 "더 이상 연합군, 특히 미국에 의존해서는 안 된다"는 교훈을 얻은 프랑스는, 1957년 '사하라 사막'에서 핵 실험을 강행하고, 대응군 Force de frappe을 창설하는 등 독자적인 행보를 시작했다.

그리고 1966년에는 NATO의 군사 지휘 체계에서 탈퇴하고, '세브르 협약'에 따라 비밀리에 기폭기술을 비롯한 자국의 핵기술을 이스라엘에 넘겨주었다.

이집트의 나세르는 패배에도 불구하고 아랍 세계에서 자신의 위치를 확고히 다졌다. 그는 범아랍 민족주의를 전진시키고 이스라엘과 서방에 대한 강경론을 부각시키는 역할을 했다. 나세르의 강경론은 식민시대에 경종을 울렸고, 영국과 프랑스의 식민지 대부분이 이후 몇 년 안에 독립을 선언하는 계기가 되었다.

'제2차 중동전쟁'은 미국과 소련에게 중동진출의 경쟁에 새로운 전환점을 마련해 주었다. 미국은 이스라엘과 왕정을 유지하고 있는 아랍의 보수 세력, 그리고 산유국과의 접근을 통해 중동지역에 진출하고자 했다. 결국 미국은 바라던 대로 현대 무기를 서독을 통해 이스라엘에 공급하게 되었다.

소련은 아랍의 혁신세력에 손을 뻗쳤다. 그 결과 소련의 대규모 군사, 경제적 원조가 이집트, 시리아, 이라크 등에 제공되었다.

제3장. 제3차 중동전쟁
6일 전쟁

세계 전쟁사는 1967년 6월 5일에 발생한 '제3차 중동전쟁'을 '6일 전쟁'이라 부른다. 어느 역사가는 '6일 전쟁'을 군사적, 정치적, 객관적, 논리적 판단의 기준으로는 도저히 설명할 수 없는 사건 즉, '익스트림 미스터리 Extreme Mystery'라고 말했다. 21세기 현대전의 무기 체계와 기술 수준, 군사적 작전과 정보의 개념으로 봤을 때, 설명할 수 없는 부분이 있기 때문이다. 이스라엘이 3개 국가와 동시에 전쟁을 하는데 적의 수는 2배나 많았다. 최악의 조건에서 이스라엘은 단 6일 만에 승리를 거두었다. 그 과정은 '기적'이라고 밖에는 설명할 방법이 없다.

나도 군에 있을 때 정보과장 직책을 수행하면서 '팀 스피릿 Team Spirit' 훈련에 직접 참가해 미군들과 연합으로 '워 게임 War Game'을 한 적이 있다. 그래서 3개 국과의 동시 전쟁에서 승리하는 작전이나 시나리오는 나올 수 없다는 것을 누구보다 잘 알고 있다.

이스라엘의 '6일 전쟁'은 하나님께서 사람에게 성령의 감동을 주신 전투이자 이스라엘 군인들에게 지혜, 용기, 힘을 주셔서 승리하게 하신 '감동 성전'이다. 나는 '6일 전쟁'을 '132시간 30분의 성전', 또는 '안식일을 지키기 위한 성전'이라 칭하고자 한다.

1. 전쟁 배경

중동전쟁은 항상 국제전과 국지전 성격을 가지고 있다. 국제전도 2가지 양상이 있는데 세계대전을 뜻하는 '전 지구전'과 아랍 나라들끼리 전쟁하는 '아랍 세계전'이 있다. 1960년대 중반 세계는 냉전의 절정기였다. 미국은 베트남전에 빠져 있었고 소련은 동유럽 민주화 진압에 가담함으로 미국과 소련의 권위가 흔들리는 시기였다. 사실 1, 2차 중동전은 아랍 세계의 생존권 다툼과 강대국의 구식무기 재고 처분의 장이었고 3차 중동전은 신형무기의 시험장이 된다.

1) 이스라엘

제3차 중동전쟁은 이스라엘의 외적 요인부터 먼저 살펴봐야 한다.

이스라엘은 제1차, 제2차 중동전쟁에서 승리했다. 그런데 1964년 5월 팔레스타인 해방기구PLO[28]가 조직되면서 이스라엘에 대한 무차별 테러가 행해졌다. 그리고 이어진 소규모 국지전과 이슬람 국가들의 반이스라엘 정책으로 이스라엘은 국내외적으로 압박을 받고 있었다.

당시 이스라엘은 독립을 선포한 지 20년이 지난 시점이었기 때문에 초기와 같은 단결된 정신이 조금씩 쇠퇴하고 있었다. 독립국가에 대한 절실함이 많지 않은 젊은이들과 이민, 실업, 계층 간의 갈등이 일어나는 등 사회문제가 불거진 탓이었다.

무엇보다 세계 각국에서 몰려오는 '알리야'로 인해 정착촌 건립과 부지가 시급했다. 전쟁 시 적에게 조금만 밀려도 나라가 양분될 정도로 국토가 좁기 때문에 영토 확장이 절실했다. 이스라엘 정부는 국내외적 문제와 경제적 위기를 외부 환경을 변화시킴으로써 돌파구를 찾아 국민을 단결시키기 원했다.

이스라엘은 '예방전쟁' 개념을 도입해 공세적 방어 개념과 강력한 선제공격으로 "가장 강한 적을 순서대로 격파해야 한다"는 전술을 만들었다. 모세 다얀은 이스라엘군에게 "비록 낙오됐다 해도 당황하지 말고 계속 전진하라. 전진하면 앞에 반드시 전우가 있을 것이다"라고 연설하며 멈추지 말고 전진할 것을 독려했다. 당시 웨스트뱅크에서 이스라엘 수도 '텔아비브'까지의 거리는 약 20㎞였

---

[28] 팔레스타인 해방기구(PLO):이집트·시리아 등 아랍 국가의 지원하에 1950년대부터 활동해 왔던 알파타(Al-Fatah)와 팔레스타인 해방군(PLA) 등의 무장조직을 동원하여 결성된다.

다. 조금만 실수해도 풍전등화에 처하게 되니 반드시 북쪽 골란고원, 웨스트뱅크, 남쪽의 시나이반도를 이스라엘의 전략적 요충지로 꼭 확보해야만 두터운 방어선 확보가 가능했다. 당시 이스라엘의 유명한 사업은 무기를 커스터마이징하는 것으로 이 분야에서는 세계 최강국이었다. 즉 외국의 무기를 수입해 개조한 뒤 역수출하는 사업을 했는데 한국의 전차, 전투기 팬텀도 이스라엘이 개조했다.

2) 시리아

사실 '제3차 중동전쟁'의 불씨가 된 것은 이스라엘과 시리아와의 빈번한 충돌이었다. 시리아는 2차 중동전쟁 이후 아랍 게릴라, 팔레스타인 해방기구PLO의 활동 본거지였으며 그들의 활동을 돕고 경제적으로 지원하고 있었다. 시리아 '바아스당'의 실권을 장악한 '아민 하페즈'는 반이스라엘 강경정책을 취했다. 그 결과 시리아는 이집트와 1966년 10월 군사동맹을 맺고 반이스라엘 강경책을 더욱 촉진시켰다.

당시 이스라엘과 시리아간에는 골란고원을 둘러싸고 긴장이 고조되고 있는 상황이었다. 골란고원은 '제1차 중동전쟁'의 정전협정에서 비무장지대로 설정된 곳이었다. 그런데 1967년 4월 이스라엘이 골란고원 일대에 농작물을 경작한다는 일방적인 조치를 발표하자 시리아의 감정은 격해졌다. 그리고 이것이 이스라엘과 시리아간의 무력충돌을 유발시킨 원인이 된다. 1967년 4월 7일 시리아 골란고원에서 시리아의 포가 계속 날아오자 이스라엘 전투기가 출격해 골란고원을 폭격한다. 이후 시리아 전투기도 출격하는 등 약 50여대의 양측 공군기가 공중 전투를 했다. 이러한 크고 작은 테러들이 비일비재하게 일어났다.

3) 요르단

요르단은 '예루살렘'과 '서안지구'를 두고 이스라엘과 계속된 충돌로 이스라엘 대한 불안과 불만이 팽배했다. 이러한 상황에서 시리아와 요르단은 이집트의 개입을 요청했고, 이집트의 나세르는 "이스라엘이 시리아를 공격한다면 이집트는 이스라엘을 공격할 것이다"라고 천명했다.

그때 요르단 엣사모에서 사건이 발생한다. 요르단 지역에 있던 PLO가 이스라엘에 들어와 강력한 테러를 하고 도망가는 일이 발생한 것이다. 이스라엘군은 요르단 국경을 5㎞ 침범해 엣사모 마을을 공격했고 요르단도 전쟁에 돌입했다.

4) 이집트

이집트의 '가말 압델 나세르'는 '2차 중동전쟁'에서 패전했으나 정치적인 승리를 거둔다. 나세르는 개인의 야망을 위해 군사대국 정책을 택했고, 아랍 세계의 주도권과 영향력 그리고 이스라엘에 대한 복수의 칼날을 갈았다. 그리고 실제 야심차게 전쟁 준비에 몰두했다.

전쟁 준비의 첫 단계로, 이집트는 소련의 '군사 고문단'과 최신 군사장비를 들여오면서, 다른 한편으로는 팔레스타인 해방기구 PLO의 게릴라들을 지원했다. 나세르는 당시 형편없는 국가 경제상황과 저하된 국민의 복지로 인해 국민들의 불만이 쌓여 있다는 사실을 감지했다. 독일의 히틀러가 '국면 전환용'으로 유대인에 대한 적개심을 독일 국민에게 불어넣었던 것처럼, 그도 이집트 국민들에게 이스라엘과 유대인에 대한 적개심을 부추겼다. 다른 각도로 보면 국민들을 마치 죠지 오웰의 〈동물농장〉에 등장하는 동물들처럼 취급한 것이다.

나세르는 1956년 제2차 중동전쟁 후에 시나이반도에 평화유지를 위해 완충지대를 형성한 국제연합긴급대응군 United Nations Emergency Force, UNEF에게 1967년 5월 16일 "다음 날 안에 시나이에서 떠나라"고 지시했다. 시나이반도에서 '국제연합긴급대응군 UNEF'이 떠나자 이집트군의 큰 병력이 수에즈 운하를 건너 시나이로 향했다. 약 1천 대의 전차와 병력 10만 명을 국경지대에 배치하면서 나세르는 이렇게 호언장담했다. "만일 전쟁이 일어난다면 이스라엘을 간단히 홍해로 처넣을 수 있다."

이집트는 국제연합긴급대응군 UNEF을 축출하고 나서 한 주 후인 5월 23일경에 '아카바만'을 봉쇄했다. 그 다음 해양에서 이스라엘기를 게양하거나 이스라엘로 향하는 물자 수송을 원천 봉쇄하고 아랍 나라들에게 반이스라엘의 기치 아래 통합할 것을 요구했다. 이스라엘은 전쟁이 임박했다는 사실을 감지했다.

밤새 이스라엘의 항구 도시인 '엘라스'는 유령도시가 되었다. 동아프리카, 아시아, 페르시아만 원유 보급로가 막혀 국가 존망의 위협에 직면했다. 결국 이것이 '6일 전쟁'의 도화선이 된다. 한 가지 재미있는 사실은 이집트가 전쟁 준비 태세에 들어간 이유가 이스라엘이 시리아 국경에 군대를 집결했다고 오판했다는 것이다. 그런데 아이러니하게도 이러한 정보를 흘린 것은 '소련'이었다. 왜 그랬을까?

2. 이스라엘의 정보 능력

"우리는 싸운다. 그것이 우리의 존재 이유다"라는 문구는 이스라엘의 정치 지도자와 군사 전문가들이 즐겨 사용하는 말이다. 이스라엘군은 '제2차 중동전쟁'을 치르면서 '정보 능력'이 얼마나 중요한지 다시 한 번 깨달았다. 이스라엘군은 미래 전쟁에서는 정보를 많이 가진 나라가 승리한다고 판단했다. 그래서 정보력을 총동원해 주변 아랍국의 상황을 면밀히 조사, 분석하면서 전쟁을 준비했다. 이스라엘의 정보 기관은 해외 정보를 담당하는 모사드 Mossad, המוסד와 국내 정보를 담당하는 샤바크 히브리어 : ב"שב, 또는 신베트, 그리고 군사 정보를 담당하는 아만 Aman 으로 구성된다. 모사드는 전 세계에 잘 알려져 있으나 샤바크 신베트와 아만에 대해 아는 사람은 별로 없다.

1) 모사드

모사드의 마크를 읽어 보면 "지략이 없으면 백성이 망하고, 지략이 많으면 평안을 누리느니라"는 잠언 11장 14절의 말씀이 새겨져 있다.

해외 정보기관인 '모사드'의 정식 명칭은 '중앙공안정보기관 Central Institute for Intelligence and Security, המוסד למודיעין ולתפקידים מיוחדים'으로 1948년 6월 초대 책임자를 '레우벤 실로아흐'로 선출하여 외무부 산하 정치국으로 출범했다.

1949년 12월 13일에 정치국을 확대 개편하여 '정보조정연구소 The Institude for Coordination, '모사드'는 Institude에 해당하는 히브리어'로 재출범했고, 1951년에는 총리 직속기구로 재편되었다.

　1953년에 취임한 2대 의장 '이세르 하렐Isser Harel'은 모사드를 전문가 조직으로 발전시켜 외국에서의 첩보활동, 정보수집 및 분석, 비밀정치공작 등의 업무를 담당하게 했다.

　모사드는 여러 부서와 팀으로 움직이는데 정보원의 현장투입 및 요인 암살을 담당하는 '키돈' 부서와 적과 적국 그리고 세계 모든 나라들의 통신감청 전문기술팀 '야호로민' 부서로 나뉜다. 또한 해당 정보, 작전 지역에서 모사드를 도와주는 유대인들인 '캇차'와 '사얀'/'사야님' 부서, 그리고 세계 도처에서 운용하고 있는 각국 국적의 모사드 정보원(현지인들 포함) 등으로 이루어져 있다. 물론 모두 비밀리에 움직이므로 지휘부와 담당자들 외에는 이들의 존재에 대해 잘 모른다.

　모사드의 협조자, 이른바 '사야님'은 전 세계에 3만 5천 명 정도이며, 이 중 2만 명은 현재 활동 중인 협조자이고, 나머지 1만 5천 명은 잠재적 협조자인 '슬리퍼'이다. 특히 아랍인 협조자는 '블랙', 비아랍인 협조자는 '화이트'로 불린다.

　영국의 정보기관 전문 추적기자 '고든 토머스'가 모사드 공작을 파헤친 책 <기드온의 스파이>에 따르면 "1998년 영국에만 약 4천 명의 사야님이 존재하고, 미국에는 그 4배가 존재한다"고 한다.

　모사드는 미국의 CIA, FBI와 영국의 MI5, MI6와 러시아의 FSB, SVR를 능가하는 정보력을 가지고 있다. 정보전에 능한 각국의 정보요원들 사이에서 "이스라엘의 정보기관의 놀라운 정보수집 능력과 정보원들의 수단을 가리지 않

▲ 히브리어와 유대교의 상징물로 이루어진 모사드의 마크

는 정보 공작 능력은 세계적으로 악명이 높다"라는 평가를 받는다. 그만큼 모사드 요원들의 정보 능력이 강하다는 것을 알 수 있다.

모사드 특징 가운데 하나가 "이스라엘 정보 요원들은 가족에게도 일하는 곳을 숨긴다"라는 철저한 프로 정신으로 무장되어 있다. 모사드 2대 국장 '이세르 하렐'이 요원들에게 내린 '우리는 자신 외에는 누구와도 이야기하지 않는다'는 지침은 그대로 모사드의 법이 됐다. 모사드 3대 국장 '메이어 아미트'는 "방아쇠를 당기기 직전까지 스스로 타깃이 되어서 생각해야 한다"라고 강조했다. 그가 퇴임 이후에도 직계가족 말고는 그가 모사드 책임자였다는 사실을 아는 사람이 없었다고 한다.

이스라엘 국민은 모사드 사무실이 어디에 있는지도 모른다. 알려고도 하지 않는다. 믿기 때문이다. 이스라엘 국회는 외교 국방위 소위에서 정보기관의 예산안과 주요 현안들을 다루며, 정보기관을 견제, 감시하지만 심의 내용은 철저히 비밀에 부친다.

이스라엘 정보기구 수장은 예외 없이 현장 경험이 풍부한 전문가들이었다. 일단 임명하면 총리도 간섭을 자제했다. 이스라엘은 내각제인데도 모사드 국장의 평균 임기는 7년 안팎이다. 재직 기간이 10년 이상 되는 사람도 있다. 특이한 사항은 낙하산 인사가 없다는 사실이다.

모사드 요원들은 국장을 '동등한 사람들 가운데 첫째'라는 뜻의 히브리어 '메뮨Memune'이라고 부른다. 대부분의 모사드 국장이 '공작원 선배'이고, 일부 국장은 공작 현장에 나서기도 한다.

(1) 모사드 에이전트 엘리 코헨

'엘리 코헨'은 1924년 이집트에서 태어난 세파르딤계 유대인으로 특수 정보 훈련인 '사보타주 훈련'을 마치고 정식 정보요원이 되었다. 특히 국제적인 스파이들이 활동하는 장소인 아르헨티나에서 구미 각국, 공산권, 나치, 아랍 정보원들과의 교류 경험은 그가 유명 정보요원으로 명성을 날리는 계기가 되었다.

그는 전선의 진지를 시찰하고 뛰어난 기억력으로 모두 암기해 정리, 종합한

다음 텔아비브로 송신했다. 이스라엘군은 시리아군의 장비에 대해 상세한 정보를 갖고 있었는데, 바로 엘리 코헨이 제공한 정보였다. 엘리 코헨이 입수한 정보에는 소련 고문단이 작성한 이스라엘 공격 계획, 소련이 시리아에 제공한 무기 사진, 골란고원의 시리아군 배치도 등이 포함되어 있었다.

특히 골란고원 시리아군 배치도는 '6일 전쟁' 때 이스라엘군이 승리하는데 결정적으로 기여했다. 엘리 코헨은 적국에 뛰어들어가 목숨을 걸고 정보원으로 활동해 고급 정보를 조국에 안겨 주었다. 그러나 정작 자신은 적에게 잡혀서 교수형으로 세상을 떠났다. "기만을 하더라도 전쟁에서는 반드시 승리하라"는 세계적 정보 기관 모사드의 정신과 엘리 코헨의 희생이 없었다면 '6일 전쟁'의 승리는 없었을 것이다.

(2) 모사드 에이젼트 볼프강 로츠

독일에서 출생한 이스라엘 모사드의 비밀 첩보원 '볼프강 로츠'. 그가 모사드에 발탁된 것은 금발과 푸른 눈과 독일인의 신체 특성, 그리고 보통의 유대인과 달리 할례^{포경} 수술을 받지 않은 점이 고려됐다는 재미있는 일화가 있다.

볼프강 로츠는 1961년 이집트에 침투한 뒤 돈많은 바람둥이로 위장해서 군 간부들에 접근했다. 로츠는 이집트인 군 간부 친구들에게 값비싼 선물을 제공하며 이집트 군대의 1급 군사기밀과 군사정보를 빼냈다. 특히 볼프강 로츠가 이집트 경찰 총장 딸의 코 성형수술 비용을 지불해 그들의 마음을 얻고, 정보와 각종 기밀을 빼낸 일화는 유명하다.

볼프강 로츠는 이스라엘 공군의 제공권 장악을 위해 이집트 공군 비행장의 항공기들 가운데 가짜와 진짜를 철저히 파악하고 정보를 모사드에 알렸다. 이 정보 덕분에 이스라엘은 '6일 전쟁' 개전 첫날, 정밀한 폭격으로 상대편의 제공권을 무력화시킬 수 있었다.

이집트의 군사기밀 정보를 획득해 제3차 중동전쟁에서 이스라엘이 승리를 거두는데 결정적인 기여를 한 전설적인 스파이 볼프강 로츠는 1965년에 아내와 함께 이집트 당국에 체포돼 종신형을 선고받았다. 이스라엘 정부는 '6일 전쟁'

을 마친 다음해인 1968년에 이스라엘과 이집트 양국의 포로 교환으로 그를 구해냈다.

모사드는 이집트 나세르가 시리아, 요르단 및 이라크와 동맹관계를 맺고 이스라엘과 전쟁을 위한 전투 준비를 서두른다는 사실을 미리 포착했다. 그 뒤로 모사드 에이전트들은 적국 조종사들의 가족 사항, 레이더 요원들의 근무 습관까지 모든 정보를 수집했다.

2) 샤바크 신베트

'샤바크히브리어 : שב״כ'는 이스라엘의 첩보 기관으로 신베트 Shin bet로 부르기도 한다. 원래 샤바크는 이스라엘이 독립을 선언한 1948년에 이스라엘 방위군의 일부로 창설되었다. 해외 정보를 담당하는 '모사드'와 군사정보를 담당하는 '아만'과 함께 이스라엘 3대 정보 기관의 하나로, 대략 5천 명이 활동했다.

샤바크의 첩보 활동은 이스라엘의 총리가 지휘했다. 제1차 중동전쟁 때에는 주로 국내 정보를 담당했는데, 전쟁이 끝난 후에는 아랍계 이스라엘인들과 소련을 지지하는 정치인들을 감시했다. 1956년에 니키타 흐루시초프의 비밀 연설을 입수했고, 1961년에는 소련 간첩 '이스라엘 바'를 검거했다. 1967년 제3차 중동전쟁 때에는 팔레스타인 해방기구의 기지를 요르단으로 몰아낸 후 테러리스트 활동을 예방하기 위해 서안 지구와 가자 지구를 감시하기 시작했다.

3. 이스라엘의 전쟁 대처 방법

보통 전쟁을 할 때는 지형과 기후와 여러 형편을 고려해 전략과 전술을 세우고, 그에 따라 작전도 세운다. 이스라엘도 좁은 영토와 인적 자원을 활용하는 전략을 세웠다. 적을 먼저 공격하는 '선제 공격론', '선제 타격론'으로 불리는 '예방 전쟁'이 이스라엘군의 주요 전략이었다.

이집트, 시리아, 요르단, 이라크는 전면전을 하기 앞서서 '심리전'이라는 작전을 구사했다. 이스라엘 국민을 압박하기 위해 "4개국이 군사 동맹을 하고 쳐들어올 것이다"라는 소문을 계속 흘린 것이다. 소문은 꼬리에 꼬리를 물고 이어져서 이스라엘 국경 주변까지 퍼졌고, 도심 지역까지 여과 없이 흘러들어갔다. 그 결과 이스라엘의 사회 전체와 각 가정에는 전쟁에 대한 공포심이 증폭되었다. 세계 언론들도 "이스라엘이 전쟁에서 참패하고 큰 피를 흘리게 될 것 같다"는 식으로 전쟁 예측 토론을 내보내는가 하면, '두 번째 홀로코스트'란 제목으로 압박하기도 했다.

그러자 수많은 이스라엘 사람들은 공황 상태에 빠져버렸다. 이스라엘이 멸망하고 유대인이 학살당할 날이 임박했다고 믿었다. 많은 사람들이 죽을 것을 대비해 미리 국립공원에 땅을 파는 랍비들도 있었다. 전쟁 직전에는 "마지막으로 떠나는 사람은 불을 끄고 나가라"는 농담이 유행하기도 했다.

이스라엘은 1967년 5월 셋째 주에 의무적으로 군 보충병을 소집하고, 5월 27일에는 시민들에게 스스로 전쟁에 대비할 것을 지시했다. 자기방어 수칙을 배포했고, 학생들은 곳곳에 참호를 파기 시작했다. 그리고 이스라엘군은 1967년 5월 29일에 전시 체제에 돌입했다.

이 이야기를 들으면서 고등학교 때 교련 선생님께 들은 말이 생각났다. 3차 중동전쟁 소식이 외국에서 유학하는 이스라엘과 아랍 학생들에게 전해졌다고 한다. 어떤 기자가 두 나라 학생들의 반응을 보도했는데, 반응이 극과 극이었다. 이스라엘 유학생들은 조국에 일어난 전쟁 소식을 접하자마자 즉시 가방과 짐을 싸서 이스라엘로 돌아간 반면, 아랍 유학생들은 돌아가지 않았다고 한다. 그 모습을 본 기자는 "이미 전쟁은 이스라엘이 이겼다"라고 기사에 썼다고 한다.

4. 전쟁 스토리

1) 군사 규모

개인이 개인과 싸울 때에도 상대방보다 내가 강하다고 판단되었을 때 싸운다. 나라도 마찬가지다. 전쟁을 선포하는 나라는 상대편 나라보다 7배 이상 강하다고 판단될 때에 전쟁을 한다. 아랍 연합국은 북쪽으로 시리아, 동쪽으로 요르단, 남쪽으로 이집트가 공격 준비를 완료했다.

군사 규모는 아랍 연합군이 54만 명, 이스라엘군이 26만 명이었다. 공군력에서 이스라엘의 미라지3 전투기와 폭격기 Sud Aviation Vautour를 합쳐 300대, 아랍 연합군은 미그21 전투기와 일류신28, 그리고 Tu-16의 폭격기를 합쳐 약 900대였다. 탱크는 이스라엘군이 M48A3, AMX-13로 구성된 800대, 아랍 연합국은 T-34, T-55, PT-76 구성된 2,500대로 편성되었다.

이스라엘의 군사력에 비하면 아랍 연합국의 군사력은 압도적인 숫자를 지니고 있었다. 규모만 따지면 자그마치 1:3의 전쟁이었다. 사막전쟁에서 가장 중요한 공군력을 계산하면 아랍 연합국 뒤에 있는 아랍 전체 국가와 이스라엘의 공군력 규모가 약 60:1의 싸움이나 마찬가지였다. 60:1이면 누가 봐도 상대가 되지 않는 싸움이었다.

2) 작전 개시

이스라엘은 1967년 6월 5일을 D-day, 즉 공격 날짜로 정했다. 모사드는 이집트 레이더 기지의 교대 시간을 확보했다. 이스라엘 공군은 아랍 국가의 맹주를 자처하고 최대 전력을 자랑하던 이집트 공군을 주공격 목표로 정하고 기습공격을 준비했다.

이스라엘 공군 사령관 '호스' 소장은 전쟁 직전 이라크 조종사가 미그 21과 함께 이스라엘로 귀순하자 미그 21을 철저히 조사, 분석, 연구했다. 그리고 이미 정보부를 통해 이집트의 레이더망을 모두 조사해 적의 빈 레이더망을 찾아 비행하는 훈련을 실시한다. 이스라엘 공군의 작전 메뉴얼은 비장하고 단호했다. "비행기가 고장나면 바다로 떨어져라", "살려주세요 하지 마라. 이륙할 때 비행기가 고장나도 멈추지 마라." 즉 "죽으라"는 명령이었다.

이집트 공군 기지와 전투기를 폭파시킨 이스라엘 조종사들은 전투기의 폭탄을 모두 사용한 후 남은 이집트의 전투기를 향해 초저공비행을 하며 기관포를 이용해 격파했다. 당시 전투기로 사용한 미라지3는 날개가 삼각형으로 저공이나 저속으로 비행하면 추락할 위험이 높았다. 이스라엘 조종사는 이러한 악조건을 훈련으로 극복하고 임무를 완수했다. 개전 2일째부터 이스라엘 공군의 작전이 '공중 작전'에서 '지상 공격 작전'으로 전환된다.

3) 작전 전개

(1) 이스라엘 대 이집트

1967년 6월 5일 7시30분, 이스라엘 공군의 200여대의 전투기와 폭격기는 이집트군의 레이더망을 피하기 위해 지중해로 멀리 우회했다. 나일강 안개가 막 걷히는 시간, 이스라엘 전투기는 23개의 레이더 기지의 교대 시간을 맞추어 전혀 노출되지 않은 채 이집트 상공에 출현했다.

당시 이집트군은 긴장을 풀고 있었다. 설마 아침 출근 시간에 비행장을 공격할 것이라고는 생각하지 못해서 방심했던 것이다. 조기 경보장치 작동을 잠깐 멈췄고 조종사들도 긴장을 풀고 있었다.

이스라엘 공군은 이집트의 11개 비행기지 활주로를 비롯해 각종 전투기, 전폭기와 기타 시설물을 정확히 폭격했다. 사람들은 이스라엘이 레이더망을 무력화하는 특수무기를 개발한 것이라고 생각했다.

이스라엘 공군은 전쟁 개시와 동시에 제공권을 완전히 장악해 버렸다. 약 3시간에 걸친 기습공격과 폭격으로, 아랍 연합국의 비행기 400여 대를 폭파시킨 것이다. 선제공격의 묘미가 꽃을 피우는 순간이었다.

이때 폭격당한 400여 개의 전투기 중 286대가 이집트 전투기였다. 이집트는 초기에 공군 기지와 레이더 기지 등이 모조리 파괴당하는 바람에 이집트 공군력의 80%를 잃어버렸다. 반면 이스라엘 공군이 입은 피해는 불과 비행기 19대뿐이었다.

이스라엘 육군의 6일 전쟁 원칙은 절대적인 선제공격과 속전속결 작전이었다. 이러한 원칙의 배경은 첫째, 한 번만 밀려도 수도가 함락될 만큼 영토가 작기 때문에 한쪽을 빨리 끝내고 남은 병력으로 다른 적을 치는 전술, 즉 독일의 전격전을 3차 중동전에서 확대시키기 위함이었다. 이스라엘은 '6일 전쟁' 2주전 3만 5천의 병력과 659대 전차를 배치해 244㎞인 시나이반도에 일제 공격이 가능했다.

둘째, 이스라엘 육군의 희생을 최소화하기 위함이다. 이스라엘 육군은 '선제공격'으로 주도권을 잡아야 상대방의 실수를 유도할 수 있다고 판단했다. 보통 급하게 방어하면서 "나도 결정적인 수를 생각하자"할 때에 실수를 하게 되기 때문이다. 실제로 이스라엘군은 적으로 하여금 실수할 수 있는 모든 조건을 만들어 놓았다. 나세르의 오른팔이었던 국방장관 '아메르'를 마중하기 위해 당시 모든 지휘관들이 '빌티마드'라는 곳으로 이동했다. 이집트의 최전선에는 이스라엘의 중요 지휘관들이 없었던 셈이다. 또한 국방장관이 온다고 해서 대공포 금지명령이 내려졌다. 이스라엘군의 전투기를 감지해도 대공포를 쏠 수가 없는 상황이었다.

셋째, UN이 제동을 걸기 전에 끝내야 했다. 지금도 그러하지만 당시의 분위기도 아랍 국가가 전쟁에서 유리하면 UN이 개입하지 않지만 이스라엘에 전세가 유리하면 UN은 제동을 걸었다. 다행히 이집트 군대와 국민, 아랍 주변국들은 이집트 국영방송의 가짜 승전소식에 모두 속았다. 카이로 시내에 시민들은 이집트군이 승리한 것으로 믿고 기뻐했다. 그런데 이스라엘군은 이집트군의 거짓 보도까지 완벽하게 예상했다. 이스라엘 지휘부는 할 수만 있으면 이스라엘군의 승전 소식이 늦게 보도 되기를 원했다.

6일 전쟁에서 활약한 이스라엘 육군 지휘관은 샤론, 요페, 탈이 있었다. 이들은 이집트 방어선을 뚫기 위해 작전을 세운다. 뚫기 힘든 이집트의 '종심방어선'의 중간에 들어가 '양동공격작전'을 구사했다. 동시에 공격하기 위해 전차부대와 공수부대를 같이 투입해서 선봉 부대가 전투하고 있으면 후속 부대는 앞으로 진격하는 작전을 구사했다. 이것이 바로 독일군의 '전격전 교리'로 이스라엘의 3개 공수 여단 전원이 시나이반도에 투입되었다. 그들은 "첫 전투에서 막히면 모든 게 끝나고 우리는 바다에 수장된다"라는 이스라엘 교본에 따라 훈련된 군인이었다.

이스라엘군은 야간 전투시 피아식별이 잘 되지 않는 상황에서 불도저 작전을 감행했다. 이집트군은 이스라엘군이 밀고 들어오자 어찌할 줄 몰라 우왕좌왕했고 심지어 이집트군의 전차는 정비가 허술해 고장이 많았다.

'탈의 부대'는 5일 9시 가자지구와 해안길을 따라 진군해 '가자'와 '칸 유니스'를 공격한다. 탈 장군은 이스라엘 기갑전 교리의 창시자이다. 이스라엘군은 부대 단위로 자율성을 부여해 맞춤형 전략과 훈련을 시켰다. 당시 전차 교본에는 800m이내 전차포 사격이다. 그런데 탈은 사격 교범에 없는 1㎞밖에서 사격을 하도록 했다. 그는 "사막전에서는 무조건 장거리 사격을 해야한다"라고 독려하며 훈련병이 자대에 배치되면 1.5㎞ 사격 훈련을 시켰다. 독일군도 2차 세계대전 당시 동부전선에서 소련군과 싸울 때 교본대로 하면 800m이지만 2㎞ 밖에서 전차포사격을 했다. 이러한 전술로 '탈의 부대'는 65㎞에 위치한 '엘 아리쉬'에 진격하는데 그때 시각이 17시였다.

'요폐 부대'는 '유사 지대'를 통과해 공격하기로 작전을 수립한다. 이집트군의 방어전략은 1선에서 공격하면 후퇴한 후 2선에서 모아 다시 친다는 '종심 방어 전술'이다. 전쟁 초기 1선 방어선이 무너진 이집트군은 2차 집결지에 모여 방어선을 구축한다. 이때 전차가 기동할 수 없다고 판단된 '유사 지대'를 통고한 요폐 사단이 '비트 라판' 교차로를 5일 17시에 장악했다. 이집트군은 이스라엘 요폐부대의 차단작전으로 작전퇴로가 막혀 후퇴도 안되고 지원부대의 지원이 차단되어 위기의 순간에 놓인다. '샤론 부대'는 5일 밤까지 '아브 알게리아'를 점령했다.

샤론 부대가 '아브 알레리아'를 공격할 때 국방장관 라빈은 "이집트군 요새를 충분히 포격하고 다음날 공격하자"라고 했다. 이때 샤론은 "이집트군은 육탄전과 야간 전투를 싫어한다. 우린 프로다. 밀어붙이자" 하면서 측면으로 우회해 야간 공격을 개시했다. '샤론 부대'는 좌측 기지를 함락시킨 후 우측 기지는 그냥 두고 진격했다. 2선에 있는 이집트 전차부대가 이스라엘 기갑부대에 막혀 기동하지 못하고 있을 때 이스라엘 2개 여단이 나타났다. 놀란 이집트군은 줄행랑을 쳤다. 이때 이스라엘 기갑부대는 도망가는 이집트군보다 더 빨리 진격해 수에즈에 먼저 도착했고 그곳에서 모든 통로를 차단하는 '차단 작전'을 펼쳤다. 중간에 포위된 이집트군은 뒤에서 오는 이스라엘 육군과 공군 전투기에 의해 엄청난 손실을 입는다. '샤론' 장군이 걸어가던 이집트군을 앞질러가는 헤프닝도 벌어진다. 그런데 이때까지도 이집트 국영 방송은 이집트군의 전과를 방송했다. 이 방송이 오히려 최전선에 있는 이집트 병사들을 오판하게 만들었다. "우리가 이기고 있으니 조금만 더 버텨보자"해서 탈출할 수 있는 기회를 놓쳐버린 것이다.

이스라엘 기갑부대의 기동이 너무 빠르다 보니 가장 문제가 군수 보급이었다. 이스라엘 지휘부는 긴급처방으로 헬기로 수송을 했다. 연료와 탄약 순으로 보급했는데 보급품 지연으로 이스라엘군의 여단장 조차도 3일간 쥬스 몇 모금만으로 버티며 전투를 했다. 당시 일반 보급품은 트럭으로, 병사들은 버스로 수송했다.

● 미트라 언덕에 매복 작전

샤론의 부대가 '미트라 언덕'에 매복 작전을 실시한다. 얼마후 대규모의 이집트군이 후퇴를 하다가 매복에 걸리게 되자 전투를 시작한다. 불과 2시간 전투에서 이집트군 전차 50대, 차량 300대가 파괴되고 보병 1,000명이 전사했다.

● 비르 기프가파 전투

비르 기프가파는 이집트군의 마지막 방어선으로 이집트군은 참호를 파고 전차를 집어 넣어 고정포대로 사용했다. 사실 전차의 생명은 기동성인데 이집트군은 이해하기 힘든 작전을 펼쳤다. 이스라엘군은 "이집트군은 400m 이전에는 발포하지 않는다"는 정보를 미리 알고, 이스라엘 전차를 3,000m 밖에서 일렬로 세운 뒤 느린 속도로 전진하며 적의 전차를 하나하나 저격하듯이 포를 발사했다. 그 결과 이집트 전차부대는 전멸했다.

이스라엘군은 시나이반도를 지나 수에즈 운하까지 진격했다. 이스라엘의 기습공격으로 군 장비가 거의 파괴되자, 이집트는 전쟁을 시작한 지 4일 만에 UN의 '정전 권고'를 수락하는 상황이 되었다. 이스라엘과 이집트와의 전쟁은 10월 5일 아침에 실시하여 7일 아침 이스라엘군이 수에즈에 진격, 3일 만에 전쟁이 종료된다.

(2) 이스라엘 대 시리아

시리아군은 손상된 전투기가 없었다. 공중전이 시작되면 도망갔기 때문이다. 그랬던 시리아군도 이집트의 국영방송에 속아서 이스라엘군을 침공한다. 시리아군은 6일 아침 10대 전차 2개 대대 규모로 슬쩍 도발했지만 200여 명의 전사자를 내고 도망간다. 이때 모세 다얀는 '북쪽의 안전지대를 확보할 것이냐, 아니면 시리아와 다시 원수를 맺을 것이냐'에 대해 고민했었다.

시리아군은 골란고원 지대에 전차 30대와 상당히 많은 2~4대대 병력이 주둔했다. 이스라엘과 시리아군의 교전이 시작되자 골란고원은 '피의 등산로'가 된다. 이스라엘군은 장갑차를 밀고 올라갔지만 골란고원 전투에서 '골라니 여단'의 병력 절반이 전사했다. 여단의 한 중대가 철조망 지대에 이르렀을 때 폭약을 다 사용해 버린 상태였다. 그러자 이스라엘군 병사들은 자신들의 몸으로 철조망에 덮어 다른 부대원이 철조망 지대를 통과해 진격할 수 있도록 했다. '골라니 여단'이 골란고원을 공격할 때에 전사자가 너무 많아서 중대원이 20명, 10여 명, 3명 남은 중대도 있었다. 골라니 여단장 '요나'는 망원경으로 골란고원의 전투상황을 살피다가 "작전이 실패했다"라고 생각한다. '골라니 여단'의 한 중대가 골란고원 요새에 도착했을 때에는 단 8명만 생존한 상황이었다. 그들은 요새에 침투해 총격전을 치렀고 시리아군은 그들의 공격을 견디지를 못했다. 그리고 잠시 후 골란고원 요새에서 이스라엘 깃발이 올라왔다. 이때 '요나' 여단장은 이스라엘 깃발을 보고 통곡하기 시작한다. 수많은 이스라엘군의 희생이 있었기에 가능한 승리였기 때문이다. 하나님은 이러한 소수의 부대원을 통해서 기적을 이루셨다.

'골라니 여단'은 이 일로 이스라엘군의 무적신화의 부대가 되고, 20세기 최대 인질구출작전인 '엔테베 작전'에도 투입된다.

골라니 여단의 희생으로 골란고원에 전차 기동로가 확보되었다. 단 하루만에 이집트를 격파한 시나이반도의 후속 전차부대들이 열차를 타고 골란고원으로 집결한다. 모든 이스라엘군이 골란고원 요새에 도착했을 때, 시리아군은 모두 도망쳤다. 이스라엘군은 골란고원 점령 후 골란고원에 군사적 요충지인 '쿠네이트라'를 제2 격전지로 판단하고 전투 준비를 했다. 그런데 막상 진격해 '쿠네이트라'에 입성하니 이곳도 텅 비어 있었다. '쿠네이트라'를 점령한 이스라엘군이 '다마스커스'로 진격하려 하자 '모세 다얀'이 "다마스커스로 한 발자국도 내밀지 말라"는 명령을 내린다. 그러나 현지 지휘관은 "길바닥에 전차가 널려 있는데 어떻게 그냥 가느냐"면서 명령을 거부했다. 다른 부대들도 "다마스커스로 공격하자"며 전차 시동을 걸고 출전 준비를 했다. 이러한 일촉즉발의 순간, 소련에서 "단 한 발자국이라도 다마스커스로 오면 가만 있지 않겠다"라는 경고의 메세지가 왔다. 이때 시리아 정부는 방송을 통해 다소 뻔뻔한 성명을 발표한다. "막강한 시리아군에 진영을 보고 이스라엘군이 다마스커스에 한 발자국도 들어서지 못했다."

(3) 이스라엘 대 요르단

요르단이 전쟁에 개입하기 전 이스라엘군은 요르단을 침공하지 않겠다고 했다. 그리고 이스라엘군에 "요르단의 사소한 도발에 민감하게 대응하지 말라"는 명령이 하달된다. 그러나 이스라엘군은 혹시 모를 침략에 대비해 비밀리에 3개 기갑여단, 6개 보병여단, 2개 독립 기갑대대를 집결시키고 약 400대의 전차를 배치한다. 전쟁을 주저하고 있던 요르단은 이집트의 국영방송의 거짓 보도에 속아서 이스라엘을 침공한다. 요르단 국왕이 나세르에게 전화로 물어보니 나세르는 "우리가 이기고 있으니 조금만 도와달라"고 했다고 한다. 소련도 나세르도 요르단도 모두 거짓보도에 속아 오판한 것이다. 결국 요르단은 "이기는 쪽에 붙자"라고 판단하고 개전 후 정오가 되자 요르단에서 포격을 시작했다. 이스라엘 모세 다얀이 "드디어 그들이 우리에게 기회를 줬다"라고하며 도리어 반가워했다. 요르단군은 이스라엘 국도 40번, 60번을 통해 이집트군과 합류해 예루살렘으로 가는 도로를 진격로로 확보할 계획으로 전쟁에 참가했다. 결국 웨스트뱅크에서 가장 강력한 요르단군이 빠지자 이스라엘군에게 기회가 찾아왔다. 그들은 최정예 요르단군이 빠진 빈 곳을 찾아 진격하기 시작했다.

이스라엘은 이집트에 투입 예정되었던 55공수여단을 예루살렘 전투에 투입시킨다. 이스라엘 55공수여단의 임무는 예루살렘에 포를 사용할수 없기에 시가전을 해서 차례로 점령하는 임무였다. 그들은 최선봉에 서서 예루살렘 시가지로 돌입한다. 이때 요르단군은 왕의 '제1근위연대'로 최정예 부대였다. 그들은 곳곳에 지뢰, 철조망을 설치하고 박격포를 교묘하게 배치해 이스라엘군이 십자포화를 받을 수 있도록 작전을 세웠다. 이에 이스라엘 55공수여단은 철조망 지대에 걸려 집중포화를 받았고, 2시간 만에 병력이 절반으로 감소하는 등 중동전 사상 가장 큰 피해를 입는다. 그러나 절반의 병력이 철조망 지대를 돌파했다. "전쟁은 무기가 성패를 가른다"라는 말이 있다. 예루살렘 시가전에서 요르단군은 M-1소총을, 이스라엘군은 '우지' 기관단총을 사용했는데 '우지' 기관단총이 시가전과 참호 공격에 유리했다. 6월 5, 6, 7일 3일간, 예루살렘 구도시 동쪽에서 많은 희생자가 속출했다. 전투가 워낙 치열해 역사학자들은 '각 교통호마다 피가 넘쳐 흘렀다'라고 기록할 정도였다.

참호전이 시작되자 요르단군이 도망가기 시작한다. 이스라엘군이 참호전 후에 "요르단군 장교는 다 어디 가고 사병만 있는 걸까?"라고 의아해 했는데 요르단 장교들은 참호전 이전에 이미 도망쳤다고 한다. 그래서 요르단군의 시체나 포로를 보면 거의 다 사병이었던 것이다. 요르단의 장교들이 도망가자 사병인 병장, 상병이 지휘를 했다. 공수부대의 지원을 위해 이스라엘 전차부대가 구시가지에 도착한다. 이스라엘 기갑부대 역시 예루살렘 시내에서 포를 발사할 수 없었기 때문에 전차를 몰고 도로로 나갔다. 그러나 전차장이 밖으로 몸을 내민 순간 요르단군의 저격병에게 저격을 당했다.

이스라엘 전차부대는 예루살렘 시내에 진입하는 부대와 외각 부대로 나누었다. 이스라엘의 '벤 아리 기갑여단'이 예루살렘 주변을 점령하기 위해 시도하다가 '텔 하자라' 마을에서 요르단 기갑부대와 조우한다. 당시 '벤 아리 기갑여단'은 M51 아이 셔먼을 개조한 전차를, 요르단은 최신예 M-48패튼 전차를 사용했다. 이 전투에서 잘 훈련된 이스라엘 부대가 요르단의 최신형 전차를 파괴하는데 요르단 전차 20대 중 12대가 격파되고, 절반의 병력을 잃은 요르단군이 퇴각을 결정한다. 이때 이스라엘이 입은 피해는 전차 3개 뿐이었다.

예루살렘 주변을 완벽하게 장악한 벤 아리 기갑 여단은 악전고투한 55공수

여단과 조우해 웨스트뱅크를 장악한다. 이스라엘군은 웨스트뱅크를 점령한 후 요르단 수도 암만 40㎞까지 진격했으나 철수한다. 잠시 후 퇴각한 요르단 지원 부대가 예루살렘에 M-48패튼 전차 40여대가 급파해 공격했지만 이스라엘 공군의 폭격에 거의 궤멸 상태가 되어 두 번 다시는 예루살렘 근처에 접근을 하지 못했다. 요르단은 이스라엘 공군이 제공권을 완전히 장악하자 6월 7일 정전을 수락했다.

5. 전쟁 결과

이스라엘은 최종적으로 4개국 아랍 연합국을 물리치고 자국 영토의 3.5배에 달하는 영토를 점령했다.

이스라엘은 이집트에 승리해 시나이반도를 점령했고, 요르단에 승리함으로써 약 2천 년 만에 처음으로 성지 예루살렘을 탈환하는 감격을 맛보았다. 그리고 시리아에 이기면서 전쟁에 필수조건인 전략 요충지 '골란고원'을 점령했고, 그 결과 갈릴리 호수를 얻어 수자원을 해결할 수 있게 되었다.

각국의 인명 손실은 이스라엘 전사자가 약 900명, 아랍 연합국 전사자는 약 2만 3천 5백 명이었다. 전투기 및 군용기 손실은 이스라엘은 46대, 이집트는 338대와 1백여 명의 파일럿을 잃었다. 아랍 연합군인 시리아·요르단·이라크의 전투기는 452기가 파괴되었다.

경제적인 측면에서는 이스라엘은 아랍 연합국의 파괴되지 않은 약 900대의 T-34, T-55 전차를 개조해 Ti-67이라고 개명하여 Ti-67 전차여단을 만들었다. 그래도 남는 것은 다른 나라로 수출해서 실속을 챙기기까지 했다. 이때 노획한 무기가 25억 달러 상당에 해당한다.

제3차 중동전쟁은 요르단과 3일 전쟁, 이집트와는 4일 전쟁, 시리아와는 5일 전쟁이었으며, 6일 만에 전쟁에 참가한 아랍국들은 모두 UN의 정전 권고를 수락했다. 이로써 이스라엘은 현대 전쟁사의 전설을 만들었다. 그러나 '6일 전쟁'

은 전설이 아닌 사실이다. 하나님께서 역사하시고 도와주신 '감동 성전'이었다.

6. 성전에 나타나신 하나님의 기적

1) 이스라엘 공군의 이집트 공군기지를 공격

1967년 6월 5일 아침, 이집트 공군기지를 공격하던 이스라엘 공군은 믿을 수 없는 광경을 목격한다. 이륙 준비 중인 전투기들이 활주로에 나란히 정렬되어 마치 폭격을 기다리고 있는 모습이었기 때문에 이스라엘 공군은 마음껏 이집트 전투기와 폭격기를 파괴할 수 있었다.

2) 이스라엘 공군 기지를 지켜주심

이스라엘 공군이 이집트를 공습 할 때 텔아비브 공군기지에 남은 전투기는 불과 12대로 방어력이 매우 취약했다. 시나이반도의 이집트 공군기지에서 소련제 미그 21기가 텔아비브에 다다르는 시간은 7분이면 족한 상황이었다. 만약 이집트 공군이나 아랍 연합국이 반격을 했다면 전쟁이 아랍 연합국의 승리로 끝날 수도 있는 상황이었다. 그런데 어쩐 일인지 반격이 없었다.

이스라엘 랍비 '슬로모 리스킨'는 이에 대해 "이집트는 이스라엘 공군의 공격과 공습을 아랍 동맹국에 알리지 않았다"라고 회술했다. 이집트는 왜 공격을 받은 후에 경보를 발령하지 않았을까?

3) 이집트 장군들의 판단을 흐리게 하심

이집트 장군들은 이집트 정보국의 보고와 부관 및 참모들의 이스라엘의 선제 공격에 대한 판단을 무시했다. 그러고는 전쟁 전날 이집트 총사령관은 장교들을 불러서 파티를 했다. 또한 이집트군은 전쟁 2주 전에 시리아 전선에서 그 지역을 잘 모르는 장교들로 배치했다.

4) 암호체계를 혼도케 하심

이집트와 요르단은 군사동맹의 일환으로 암호를 특정 날짜와 시간으로 바꾸기로 했다. 요르단은 지중해로 발진하는 이스라엘 전투기를 파악한 뒤 이집트에 적색경보의 암호를 보냈다. 전쟁 개시 신호인 'Inab'은 암만의 요르단 군 지휘부에 즉시 전송되었다. 같은 메시지가 똑같은 암호코드로 이집트 카이로 국방장관에게도 보내졌다. 그런데 이때 기적이 일어났다. 하루 전날, 이집트 암호 해독부가 암호를 바꾸었는데 요르단이 업데이트를 하지 않은 것이다. 그래서 요르단이 이스라엘 공군의 출격을 알렸을 때, 암호 해독이 안 된 이집트 공군은 암호를 해독하지 못했고 이스라엘 공군의 공격을 고스란히 받을 수 밖에 없었다.

5) 예루살렘 전투

예루살렘은 이스라엘이 도시의 서쪽 반을, 요르단은 구도시인 동쪽 반을 장악하고 있었다. 이스라엘 육군은 요르단과의 전투에서 3일째 되는 7일 아침, 요르단의 총공격이 있을 것으로 판단했는데 총소리가 멈추고 조용했다. 이스라엘 '우지 나르키스' 장군에게 정찰병의 보고가 들어왔다. 예루살렘 도시가 비어 있다는 소식이었다. 처음에는 함정으로 생각하고 의심했으나 진짜 아무도 없었다. 전날 밤에 요르단 군인들이 군수품을 둔 채 모두 떠나갔던 것이다.

유대인들은 1948년 이후 아랍인들이 예루살렘 구도시를 막아서 유대인들이 가장 중요하게 생각하는 성전에 갈 수가 없었다. 그러나 그날 이스라엘 군인들은 예루살렘을 탈환하고, 역사 속에서 유일하게 남은 두 번째 성전의 서쪽 벽에 서 있었다.

6) 이집트 전차 부대, 미사일 기지 버려짐

이스라엘 전차부대가 사막의 모래 바람을 뚫고 시나이반도로 진격했다. 신기하게도 이스라엘 전차부대가 이집트 전차부대를 공격하기 전에 믿을 수 없는 일들이 벌어졌다. 이집트군이 후퇴했던 것이다. 그들은 지대공 미사일을 비롯해 수십억 달러의 소련제 군사장비들도 버린 채 도망갔다. 심지어 레이더 유도 장

치들이 작동되는 상태에서 버려졌다. 무엇이 이집트 군대로 하여금 그토록 허겁지겁 후퇴하게 만들었던 것일까?

7) 여성 병사와 불기둥

이스라엘의 한 여성 상병은 기갑 부대 여단장과 지프를 타고 작전 지역으로 이동하던 길에 갑자기 엄청난 불길이 치솟는 걸 목격했다. 물론 불기둥은 여성 상병의 눈에만 보였다. 상병은 사령관 차가 계속 직진하자 사령관과 병사들의 안경에 먼지가 꼈다고 판단하고 운전병에게 "옆으로 벗어나라"고 소리쳤다.

여단장과 병사들의 눈에는 아무것도 안 보였지만 여단장은 상병을 잘 알기에 그녀의 판단을 믿었다. 여단장은 작전에 기록된 도로는 아니지만 모래 언덕 사이로 나타난 또 다른 길로 '바이패스by pass, 우회'했고 뒤를 따르는 차들과 전차들도 바이 패스했다.

오직 한 대만 바이 패스하지 않고 작전상의 길로 갔는데 갑자기 폭발과 함께 불길이 솟았다. 이집트군의 지뢰밭으로 들어간 것이다. 상병은 다가올 위험을 경고한 환상을 보았던 것이다. 왜 이스라엘에게 유리한 일들이 전쟁 중에 수없이 일어난 것일까?

8) 천사와 이스라엘 병사

이스라엘 한 병사가 전투 중에 낙오되었다. 그는 부대 복귀를 위해 이리 저리 헤매다가, 약 1,000명으로 이뤄진 이집트 부대와 조우하게 된다. 이스라엘 낙오병은 "이제 죽었구나"하고 생각하는데 어떻게 된 일인지 이집트 군인들이 이스라엘 낙오병을 보자 갑자기 손을 들고 다가와서 항복을 하는 것이었다.

람보나 터미네이터도 아닌데 수많은 군인들이 한 명에게 항복하다니! 있을 수 없는 일이었다. 낙오병도 자신의 눈을 믿을 수 없었지만 1,000여 명의 이집트 포로들을 자신의 부대로 데리고 갔다. 그가 복귀하자 부대 전체가 발칵 뒤집혔다. 어떻게 한 명의 낙오병이 그 많은 이집트 군인들을 포로로 데리고 왔는지 믿을 수가 없었기 때문이다.

이스라엘 장교들은 이집트 장교들을 불러 심문하기 시작했다. 이스라엘 정보 장교가 "왜 한 명의 낙오병에게 투항을 해서 포로가 되었는가?"라고 물었다. 심문을 받던 이집트 장교들은 두려움에 떨며 말했다. "낙오병은 혼자가 아니었습니다. 그의 뒤엔 수 천 명의 천사들이 손에 총을 들고 우리를 쏠 준비를 하고 있었습니다. 우리는 이스라엘 군대와 싸울 준비는 되어 있지만 하나님의 천사들과 싸울 준비는 되어 있지 않았습니다."

9) 여리고의 나팔

이스라엘 육군은 '여리고'에서 요르단과 치열한 전투를 하고 있었다. '라밀라'에서 어느 병사가 상점에서 노획한 나팔을 꺼내어 불었다. 치열한 전투가 예상되는 순간에 나팔 소리를 들은 요르단 병사의 사격이 갑자기 뚝 그쳐 버렸고, 잠시 후에는 여리고시 중앙 광장에 백기가 올라왔다. 구약성서에 '여호수아'의 나팔 사건이 현재에 재현된 것이다.

10) 양치기 소년과 이집트

6일 전쟁 초기, 이스라엘 공군의 기습공격과 폭격으로 초토화된 이집트 공군은 이집트 방송을 통해 "이집트 공군이 이스라엘 공군과의 전투에서 빛나는 전과를 올리고 시나이 전쟁에서 연일 승전하고 있다"는 거짓 승전보를 방송했다. 그러나 통신이 두절된 이집트군은 방송만 믿고, 이스라엘군을 공격하다가 참패를 당했다. 또한 요르단군도 이집트 군대의 거짓 정보에 속아 전쟁을 수행하다가 GNP의 1/2를 생산하는 웨스트뱅크를 잃어버렸다.

11) 갑작스런 공포

'골란고원'을 7만 5천명의 시리아 군대가 지키고 있었다. 당시 시리아군은 화력이 좋은 무기를 깊은 벙커에 매설해 이스라엘 공군의 폭격에도 안전했다. 이스라엘 장군은 "골란고원에서 전투가 시작되면 아마도 이스라엘군 3만 명을 잃게 된다"라고 판단했다. 그런데 놀라운 일이 일어났다. 6월 9일 이스라엘군은 시리아군과 7시간의 격전 끝에 골란고원의 북쪽과 중앙 지역에 견고한 이스라엘 진지를 세우게 된 것이다.

'무사 클라인' 소대장은 소대 병력이 단 25명만 생존해 있는 상황에서 적진을 향해 돌진했다. 소대장은 '텔 파키'에 도착한 뒤, 소대원들에게 위치를 사수하라고 명령했다. 그때 그는 자신의 소대가 시리아 요새 중 가장 중무장한 곳과 대치하고 있다는 사실을 알지 못했다. '텔 파키' 진지는 벙커, 참호, 이중 철선들로 이루어져 있고 탱크 요격용 중화기와 기관총들, 82밀리 박격포를 갖추고 있었다.

시리아군의 '아흐마드 이브라힘 카하릴리' 대위는 그의 부하들에 "이스라엘 군이 철선에 붙기 전에는 발사하지 말라"는 명령을 내렸다. 그런데 기적 같은 일이 벌어진다. 방어선에서 경계 임무를 담당하는 시리아 군인들에게 갑작스러운 공포가 찾아왔다. "이스라엘 군인들이 벌써 다른 고지들을 점령했다. 시리아군이 엄청나게 죽었다." 이런 원인을 알 수 없는 두려움에 방어선을 지키던 군인들은 혼비백산해서 도망쳤다. 훗날 시리아 군인들은 "이해할 수는 없으나 어쨌든 그 덕분에 겁먹고 도망간 시리아군들은 목숨을 구했다"라는 웃지 못할 이야기를 했다고 한다.

12) 눈 먼 이집트 전차부대

이스라엘 전자 부대가 이집트로 너무 빨리 진격한 탓에 연료를 보급 받지 못하는 상황이 발생했다. 샤드미 전차 여단, 바르암 전차 대대의 지휘관은 9대 남은 전차에 연료가 부족하자 전차 두 대의 연료를 한 전차로 몰아넣어 5대에 채우고 나머지 4대를 케이블로 끌고 갔다. 시간이 흘러 밤이 되었을 때 뒤쪽에서 후퇴하는 이집트의 대규모 전차 부대와 휩쓸려 버리고 말았다. 그런데 이집트 전차부대는 이스라엘 전차를 자신들처럼 후퇴하는 이집트 기갑부대로 여겼다. 이스라엘의 전차라고는 전혀 생각하지 못한 것이다.

한편 이스라엘 전차부대도 이스라엘 기갑부대가 도착해 합류하는 줄 알고 태연하게 따라갔다. 그런데 중간에 어찌된 일인지 이집트 전차가 불을 켜고 도망가는 것이 아닌가. 이때 이스라엘 전투기가 그들을 발견하고 이집트 전차부대를 공격하기 시작했다. 그때서야 이스라엘 전차부대는 이집트 전차부대의 대열에서 이탈했고, 이집트 전차 부대를 파괴하는데 혁혁한 공을 세웠다. 다음날 아침 20여대의 이집트 전차가 파괴되어 있었다. 이스라엘군은 전혀 피해가 없었다.

13) 야밤의 탈출

'샤론'이 이끄는 이스라엘 전차 사단은 이집트의 대규모 전차부대와 교전하게 되었다. 양국 군대가 서로 대치하고 있던 중에 이스라엘군은 야간 투시 장비의 부족으로 불리한 상황이었다. 게다가 수색대의 보고에 의하면 아군의 공격 지대 앞에 지뢰밭이 형성된 상황이었다.

이스라엘 지휘관과 참모들은 야간에 공격하면 아군의 피해가 심각할 것이라고 판단했다. 그래서 날이 밝으면 공격 루트의 지뢰를 제거한 뒤에 공격하는 것으로 작전을 변경했다.

긴장감 속에 날이 밝자 공격 준비를 하던 이스라엘 전차부대 앞에 놀라운 광경이 펼쳐졌다. 무슨 이유인지 겁먹은 이집트 기갑부대가 방어전선에서 방어작전을 포기하고 사라져 버린 것이다. 수많은 전차와 장비들을 버려둔 채였고, 어떤 전차는 시동이 걸려 있는 상태였다. 밤사이 어떤 일이 벌어졌기에 이집트 전차부대의 지휘관과 군인들이 한 사람도 남지 않고 사라진 것일까?

14) 샤름앗샤이흐 작전

이스라엘의 육군, 해군, 공군은 친밀하게 계획을 짜고 '샤름앗샤이흐 작전'을 수행하기 위해 움직였다. 가장 먼저 작전 지역에 도착한 것은 해군이었다. 그런데 기지에 적막만이 흐르고 텅텅 비워져 있었다. 이스라엘 공수부대는 비행기에서 점프를 하지도 못한 채 되돌아갔다. 이 미스테리한 사건은 후에 이집트 군인들의 증언에 의해 밝혀졌다.

"제2차 중동전쟁에서 끝까지 이스라엘군과 전쟁하다가 엄청난 희생자만 내고 패한 것이 갑자기 생각났다. 다시 점령당해 죽을 것 같은 두려움이 엄습해서 기지를 버리고 도망갔다."

누가 과연 이러한 두려움을 이집트 군인들에게 주었을까?

15) 요르단 국민의 이스라엘 군대 환영

요르단과의 전쟁에서 승리를 거둔 이스라엘은 요르단 지역으로 진격했다. 이스라엘의 마지막 '롬' 기갑여단이 웨스트뱅크 '나블루스'에 들어간다. 그런데 민간인들이 이스라엘 군대를 열렬히 환영하는 이상한 상황이 펼쳐졌다. 이스라엘 군대는 어리둥절한 채로 얼떨결에 요르단 국민들에게 손을 흔들었다. 점령지에 도착한 이스라엘 군인들은 무장한 민간인들의 무장 해제시키기 위해 총을 빼앗고 공포탄을 한발 쏘았는데, 그러자 요르단 사람들은 혼비백산하여 흩어졌다.

나중에 알고 보니 그들은 이스라엘 기갑부대를 자신들을 도우러 온 이라크 군대로 착각했었다고 한다. 이스라엘군이 너무 빨리 진격하는 바람에 일어난 해프닝이었다. 마지막 '나블루스'가 함락되었다는 소식을 접한 요르단은 마지막으로 전차를 진격시킨다. 이때 롬 전차 여단은 마을 주변에 매복하고 있었다. 요르단군은 20분 만에 16대 전차를 잃고 후퇴했다.

16) 세계 3차 대전을 막으심

래리 프리쉬 UPI TV 특파원은 "'6일 전쟁'이 발발하자 미, 소 관계는 일촉즉발의 상황이었다"고 회고한다. 1962년 쿠바 미사일 위기 이후 처음으로 워싱턴과 모스코바의 핫라인이 분주하게 가동되었다. 이때 소련은 미국에게 군사행동을 취해 이스라엘의 승리를 막겠다고 했다.

1967년 6월 소련 장교 유리 프리푼코프는 "소련 당국에서 30명을 선발해 이스라엘 연안에 상륙시키라는 명령을 내렸다"고 했다. 제3차 세계대전을 염두에 둔 군사행동이었다. 이에 미국의 존슨 대통령은 지중해로 제6함대를 파견했고 러시아도 흑해의 전함 10척을 지중해에 급파했다. 그런데 이스라엘을 공격하려 했던 소련이 갑자기 공격을 멈추었다. 그들은 왜 갑자기 공격을 멈추었을까?

17) 하늘에 나타난 손

이집트 군대가 이스라엘 남쪽 국경에 접근할 때에 이집트 군인들은 믿을 수 없는 광경을 목격했다. 하늘에서 손이 나타난 것이다. 그것을 본 이집트 군인들은 무서워서 도망갔다. 이러한 초자연적인 현상은 어떻게 설명이 가능할까?

<6일 전쟁 회고>의 저자 리처드 파커 Richard Parker 는 이렇게 기록했다. "이집트군이 반격하지 못한 것은 전쟁 초기에 지상에서 많은 이집트의 전투기가 파괴되었기 때문이다. 또한 이집트군이 선제공격을 하지 못한 것도 미국과 소련으로부터 선제공격을 하지 못하도록 제지당하고 있었기 때문이다."

미국은 이해가 가지만 소련은 왜 갑자기 계획을 철회한 것일까? 여기에는 분명히 높은 분의 뜻이 있었던 것 아닐까?

18) 이집트 미사일 기지의 개점 휴업

이집트 공군과 미사일 부대는 이스라엘 전투기 전부를 파괴할 만큼 충분한 대공 미사일을 보유하고 있었다. 그런데 놀랍게도 이집트 미사일 기지에 이스라엘 전투기를 향해 미사일을 발사시키라는 명령은 내려지지 않았다. 그래서 이스라엘 공군은 어떤 공격이나 저항을 받지 않고 작전을 완수할 수 있었다.

19) 버려진 요새

이스라엘군은 전쟁 초기 '시나이 전초 기지'를 통과해 이집트 동부 전선, '아부 아기일라'를 점령했다. 이날 일찍, 이스라엘군은 이집트군이 철통같이 방어하던 '쿠세임마' 초소에 접근하고 있었다. 이스라엘군이 접근하려는 동시에 거대한 폭발음이 들려왔다. 이스라엘군이 도착해 보니 이집트군은 아무 이유 없이 자기네 시설들을 파괴하고 기지를 포기한 채 도망치고 없었다.

20) 헤브론 백기

헤브론은 아브라함 등 족장시대의 족장과 그의 아내들이 안식하는 무덤으로 유명한 도시다. 그런데 헤브론에 이스라엘군이 입성했을 때 아무 저항 없이 창

문마다 하얀 백기들이 걸려 있었다.

　6일 전쟁의 도화선은 소련과 아랍이었지만, 하나님은 이스라엘을 그들의 손에서 건지셨고, 역사에 길이 남을 기록들을 남기며 예루살렘을 회복시켜 주셨다.

　<6일 전쟁 회고>의 저자 리처드 파커는 이집트군의 계속된 실수는 보이지 않는 손이 움직인 증거라고 말한다. 그는 "이건 실수나 우연이 아니라 하나님이 이스라엘을 구하여 잃어버린 땅을 다시 찾기 위해 미리 계획하신 일입니다"라고 고백했다.

　'6일 전쟁'은 분명 하나님의 권능이 함께한 전쟁이었다. 양국 군사력과 병사의 수와 장비를 비교해 봐도 외부의 도움 없이 이긴다는 것은 불가능했다. 21세기 교회들은 "성경의 이적과 기적들은 '사도 시대'에 이미 다 끝이 났다"고 공공연히 이야기한다. 하지만 '6일 전쟁'에 나타난 기적들을 보면 오늘날에도 여전히 하나님께서 역사하시면 언제나 기적과 이적이 나타난다는 사실을 알 수 있다.

　이스라엘군의 예루살렘 총사령관이 통곡의 벽에 이런 글을 남겼다. "이는 여호와께서 행하신 것이요 우리 눈에 기이한 바로다시118:23".

제4장. 제4차 중동전쟁
욤 키푸르전쟁

고대 이스라엘이 가나안 땅을 정복하면서 유일하게 패한 전쟁이 '아이성 전투'였다. 이스라엘은 크고 웅장한 여리고 성을 무찔렀고, 체격도 엄청난 사람들을 무찔렀다. 그러나 제일 작은 아이성 전투에서 패했으니 체면이 완전히 구겨졌다. 성전의 기본 조건은 전쟁의 주관자이신 하나님의 말씀을 순종하는 것이다. 그런 의미에서 아이성 전투의 패전은 이스라엘에게 교훈과 좋은 약이 되었다. 다음 전투부터 아이성에서의 실수를 답습하지 않고 하나님만 의지해서 가나안 족속들과의 모든 전쟁에서 승리했기 때문이다.

세계전쟁사는 1973년 10월 6일, 이스라엘과 이집트, 시리아 3나라가 시나이 반도와 골란고원에서 벌인 약 20일간의 전투를 '제4차 중동전쟁', '욤 키푸르 전쟁', '10월 전쟁'이라 부른다.

1. 정말! 전쟁이 날까?

1) 이스라엘의 방심

이스라엘은 20세기에 독립과 동시에 하나님의 기적으로 1, 2, 3차 성전 The Holy Wars에서 승리했다. "칭찬은 고래도 춤추게 한다", "이스라엘은 기적을 먹고, 기적을 낳고, 기적을 꿈꾼다"는 칭찬에 취한 이스라엘 정치인들과 군 지휘관들은 순식간에 '나르시즘'에 빠졌다.

전쟁의 주관자이신 여호와는 자신의 백성과 나라들이 언제나 겸손과 온전하기를 원하신다. 그들에게 겸손한 마음과 겸허한 모습이 사라지면 꼭 회초리를 들어서 "겸손하라, 온전하라"고 치신다.

하나님은 1973년 '사랑의 회초리' 사용하셨는데, 그 회초리로 사용하신 것이 '이집트'와 '시리아'였다.

2) 이집트와 시리아의 회초리 담금질

'제3차 중동전쟁'의 패배는 이집트에게 엄청난 충격이었다. 그래서 '사다트' 대통령은 1970년 9월, 대통령 취임 이후 군대의 인력충원, 구조조정, 지속적인 훈련을 통해 이스라엘에 '전쟁 도전장'을 내밀기로 결심했다. 그리고 실제 강력한 이집트군을 만들어 나가며 절치부심했다.

사다트는 먼저 친서방, 친미 노선을 취했다. 또한 이집트군을 최고의 군대로 만들기 위해 나세르의 측근들을 제거하고 구조개편을 단행했으며 군의 작전과 정보, 인사와 군수의 재정비, 장비기술혁신, 장비운영체계 등 여러 방면에서 개혁에 박차를 가했다. 그는 이중 플레이를 선호했다. 외형적으로는 친서방, 친미 노선을 선택했고, 군사적으로는 소련과 북한의 군사 고문단의 지원 아래 최신 장비들을 구입하면서 엄청난 고강도 훈련으로 군의 힘을 키웠다. 또한 시리아도 제3차 중동전쟁에서 상실했던 골란고원의 회복을 위해 전쟁 준비에 돌입했다.

2. 3국의 전쟁 준비

1) 이집트 와신상담

사다트는 이집트군의 대대적인 조직 개편을 했다. 일명 '알을 낳지 못하는 늙은 암탉'같은 무능한 지휘관들을 교체하고 능력과 참신한 신참 장교들을 발탁했다. 그들은 사다트의 명령 하에 다시 전쟁을 치르게 될 이스라엘군의 장·단점을 철저하게 분석하기 시작했다. 그 중 전략 전술에 능한 '이스마일 알리' 장군은 1, 2, 3차 중동전쟁의 패전 원인을 철저히 분석했다. 또한 이집트군은 이스라엘군의 약점을 찾아낸다. 바로 가장 치명적이고 구조적인 문제, 바로 이스라엘의 전시동원체제였다.

이집트의 상비군은 35만 명, 이스라엘은 최대 동원 인력이 35만 명이다. 상비군이 있으면 상비군에게 비상을 내리는건 문제가 없다. 그러나 이스라엘군은 동원을 해야 한다. 당시 이집트가 전쟁 분위기를 조성하면 이스라엘은 약 1달에 한번 산업체 가동을 중단하고 동원령을 내려야 했다. 그런 일이 반복되면 결국 이스라엘군은 이집트의 전쟁 분위기 조성에 만성이 되어 '양치기 소년의 거짓말' 정도로 취급한다. 당시 이스라엘군의 최소 배치할 수 있는 병력은 7만 명으로 이스라엘군은 최전선에 방어벽을 구축하고 후방 부대가 먼저 공격하고 동원부대가 마무리하는 '수에즈 운하의 3단계 방어막'을 작전을 만들었다. 그리고 얼마 후 '바드로 작전'으로 불리는 '수에즈 운하 도하 작전'을 수립하고 완성시켰다. 이집트군은 '수에즈 운하 도하 작전'에서 어떻게 하면 '바레브 라인'을 효과적으로 공격할까 고심하며 전술을 짰다. 그때 한 하급장교가 "모래성은 파도가 치면 쓸려나가니까 물을 사용하자"는 기발한 아이디어를 낸다. '이스마일 알리' 장군은 '수공작전'을 전술로 채택해 '바레브 라인 돌파 3단계'를 수립한다. '바레브 라인 돌파 3단계 계획'은 다음과 같다.

- 1단계. 수에즈 운하 건너기

이스라엘군은 제3차 중동전쟁에서 수에즈 운하를 점령한 후 수에즈 운하 아래쪽으로 기름 호스를 설치해 '화공전'을 준비했다. 마치 비잔티움 '골든 혼'의 불바다 작전과 같은 계획이었다. 이러한 이스라엘의 화공작전에 대해 이집트군은 특공대를 통해 수에즈 운하의 기름 탱크를 점령하는 '헬리본 작전'으로 맞섰다. 40개 공병대를 만들어 부교를 놓은 뒤 건너는 연습만 부대당 300번을 했다. 그들은 소련제 부교로 전차 두 대가 양쪽으로 다닐 수 있게 훈련했다.

- 2단계. 모래 방벽 뚫기

'수공작전'에 돌입한 이집트군은 독일제 고압호스를 이용해 거대한 모래 방벽을 무력화시킬 전술을 훈련했다. 많은 군사 전문가들은 "이렇게 역사적으로 창의력이 넘치는 전법은 처음이다"라고 감탄했다.

● 3단계. 30개의 철근 콘크리트 요새 통과

이집트군은 수에즈 운하 건너편에 이스라엘군의 요새 높이만큼 탑을 쌓고 탑 꼭대기에 전차를 올린 후 이스라엘군의 요새를 정확히 포격하는 훈련을 했다.

이집트군은 이스라엘의 기갑 전술과 공군력에 졌다고 판단하고 이스라엘의 기갑부대와 공군을 사전 제압하는 전략과 전술을 만들었다.

먼저 세계 최강을 자랑하는 이스라엘 기갑부대를 타격하기 위해 소련제 대전차 미사일 AT-3, RPG-7 로켓포를 준비했다. 그리고 장비 조작 및 숙달 훈련을 위해 실전과 같은 시뮬레이션 훈련을 강도 높게 실시했다. 하늘의 첨병이라 불리는 이스라엘 전투기의 공격과 전폭기의 공습을 방어하기 위해 대량의 소련제 SA-6 지대공 미사일도 도입했다.

이집트군은 사다트가 취임한 1970년부터 1973년 10월 6일 제4차 중동전쟁 개전 직전까지 40개 공병대대를 만들어 하루 두 차례씩 소련제 부교의 부품들을 완전히 분해하고 결합하는 훈련을 했다. 수에즈 운하에 부교를 설치해 전차 두 대가 양쪽으로 다닐 수 있게 하는 훈련만 부대당 300회 이상을 실시하기도 했다. 이집트군은 1973년 1월부터 10월까지 수에즈 운하에 예비군을 동원한 '도하 훈련'을 무려 22회나 감행했다.

한편 이집트 정보부대는 과거 3차례 중동전쟁에서의 패인을 허위보고와 판단 미스라고 보았다. 정보의 중요성을 깨달은 정보 부대는 '제벨 아타카'에 이스라엘군의 무선통신을 감청할 만한 수준의 대규모 감청시설을 지었다. 그리고 이집트는 소련의 최신 장비들을 도입하면서 또 하나의 기만 전술을 사용했다. "이집트군의 장비들은 대부분 1960년대 이전에 생산된 노후화된 소련제 장비들이며 상당수가 실전에서 운용할 수도 없는 폐품"이라는 허위정보를 퍼뜨리기 시작한 것이다.

그런데 놀랍게도 이스라엘군 정보국인 '아만'의 지휘부와 정치인들이 별다른 의심 없이 이집트의 기만 전술에 넘어가 버리고 말았다. 덕분에 이집트군은 자신들의 침공 의도를 은폐하는데 성공했고 이로 인해 이스라엘은 결정적인 타격을 입게 되었다.

사다트와 군 지휘부는 공격 개시일을 유대인들의 성일이자 이스라엘의 속죄일인 '욤 키푸르'로 정했다. 첫째, 이스라엘군의 방어 태세가 가장 취약해지는 시기라고 판단했기 때문이고, 둘째로는 중동전쟁에서 이스라엘이 선제공격, 기습공격으로 승리한 것을 교훈으로 삼았기 때문이다.

2) 시리아 저 높을 곳 골란고원을 향하여

시리아는 골란고원을 날마다 바라봤다. 그리고 영토와 명예 회복을 위해 이집트와 군사동맹을 맺었다. 무적 이스라엘의 전차를 이기기 위해서는 이집트의 전차가 필요했기 때문이다.

시리아는 소련으로부터 T-55의 개량형인 T-62을 수입하는데, T-62는 115㎜ 활강포에 유효 사거리가 3㎞이다. 시리아군도 이집트의 영향으로 기만 전술과 교란 작전으로 골란고원을 중심으로 공공연히 병력을 움직이다가 철수하기를 반복했다.

▲ 골란고원 - 기념비

▲ 골란고원의 중동전쟁 기념비　　▲ 골란고원 - 중동전쟁의 현장

3) 이스라엘 군인들 "또 전쟁이야?"

이때 이스라엘은 이집트와 시리아가 이런 작전을 펼칠 것이라는 생각은 꿈에도 모르고 있었다. '6일 전쟁'으로 시나이반도의 엄청나게 넓은 땅과 골란고원을 점령함으로 승리에 취해 있었던 탓이다.

이스라엘은 이집트의 '수에즈 운하 상륙작전'에 대비해 높은 모래 언덕을 쌓아서 방어선을 만들었다. 만약 적이 올라오면 미끄러지고, 포격을 하면 다른 모래들이 포격된 자리를 메꾸는 방식이었다. 비가 잘 내리지 않는 사막에서는 최고의 방어선이었고, 이스라엘판 마지노선이었다.

이 모래 요새를 굳게 믿었기에 10월 6일 이집트가 도하 작전으로 밀고 들어올 때 이스라엘은 "또?"라는 정도로만 반응하고 별다른 대응을 하지 않았다.

4) 모사드의 대응

모사드의 '킴체'는 아랍과의 전면전 가능성이 높아지고 있다는 사실을 직감했다. 그러나 이스라엘군 정보기관인 '아만'은 전혀 그럴 우려가 없다고 장담했다. '아만'의 정보 책임자들은 전쟁이 일어나도 최소 5일 정도의 조기 경보의 여유가 있으며 이스라엘 공군이 '6일 전쟁'과 같은 승리를 할 수 있다고 믿었던 까닭이다.

그러나 '킴체'는 아랍 국가들이 과거의 과오로부터 교훈을 얻었다고 생각했다. 킴체를 중심으로 한 모사드는 비공식적인 정보 요원인 '캇차'로부터 "이집트 최고 사령부가 적색비상 사태에 돌입했다"는 보고를 받은 뒤 이스라엘 국방부를 움직여 전쟁 상태에 돌입하도록 유도했다.

갑자기 소집된 비상내각회의에서 군 정보기관인 '아만'은 오후 6시를 아랍의 공격시간으로 예측했으나, 실제 공격은 1시 55분에 시작되었다. 군 정보부의 안일한 대응 때문에 이스라엘의 패배는 확실해진 상황이었다. 이 일로 나중에 아만 간부들은 대규모로 숙청당했고, 모사드는 아만보다 우월한 정보기관이 되었다.

3. 시리아 전투

1973년 10월 6일, '욤 키푸르'이자 토요일, 14시. 이집트와 시리아가 수에즈 전선과 골란고원의 양 전선에서 이스라엘을 기습 공격함으로써 '제4차 중동전쟁'이 시작되었다.

1) 골란고원 전투

10월 6일, 시리아의 골란고원 전면 공격은 개전 첫날, 오후 2시실제 공격은 1시 55분에 시작 100여기의 전폭기를 동원한 공습과 포병의 6백 문의 야포가 50분에 걸쳐 대규모의 맹렬한 포격 공격을 시작으로 개시했다. 〈중동전쟁〉의 저자 케니스 폴락은 당시 상황을 이렇게 전했다.

"시리아의 전략에 이스라엘이 방심했다. 시리아군은 공공연히 병력을 움직였다가 철수하기를 반복했다. 그러나 10월 6일에는 철수하지 않았다."

'무르하프 주에타지' 시리아 국방부 교수는 "시리아가 선제 공격을 한 목적은 분명했다. 이스라엘의 기동력이 뛰어나 초반에 승부를 내지 못한다면 이스라엘의 역습을 받기 때문이다"라고 분석했다.

시리아 기갑부대는 T-55, T-62 구성된 3개 기갑사단, 1,400대의 전차를 앞

세웠고, 뒤를 이어 6만 명의 시리아군이 제3차 중동전쟁에서 빼앗긴 골란고원으로 진격했다수 11:4~5. 시리아군의 목표는 골란고원 북부와 남부, 두 가지 루트를 통해 요단강을 지나는 두 개의 다리를 점령하는 것이었다.

시리아군 헬기 부대는 골란고원의 최고봉 헤르몬산의 관측소로 돌격하여 이스라엘군을 공격했고, 헬기부대의 선전으로 기갑부대의 통로 개척에 유리한 거점을 확보했다. <중동전쟁>에서는 이 상황에 대해 이렇게 진술하고 있다.

"시리아는 전쟁을 위해 수많은 예행 연습을 했다. 하지만 한 가지 큰 실수를 했는데 바로 교량 전차 위치였다. 이스라엘은 골란고원 남북 전선에 대전차호를 파놓았다."

시리아군의 교량전차는 뒤쪽에 있었다. 시리아 전차들은 이스라엘 방어선의 대전차호로 곤두박질쳤고 고지에 있던 이스라엘 전차의 표적이 되었다. 골란고원 북쪽 전선을 공격한 시리아 기갑부대는 험한 산지와 이스라엘 기갑부대의 대전차호 방어에, 수천 명의 사상자와 전차 100대 이상이 완파되거나 반파되었다. 남부 전선은 개활지로 개전 초기 시리아 기갑부대가 우위를 점해 이스라엘 기갑 1개 대대를 전멸시키고 방어선을 뚫고 골란고원으로 진격했다.

10월 7일, 시리아 기갑부대의 남부 전선 지휘관들은 저돌적이었다. 그들은 교량 전차를 전면에 배치하고 보병까지 동원해서 대전차호를 메웠다. 개전 이틀째가 되자 남부 전선의 시리아 4개 여단 350대의 기갑부대는 골란고원을 지나 엄청난 병력으로 이스라엘군을 압도했다. 그들은 방어선 뚫고 요단강을 지나는 두 다리를 장악하기 위해 진격했다. 최종 목적은 이스라엘 예비군의 반격을 원천봉쇄하는 것이었다.

그런데 시리아 기갑부대는 소규모 이스라엘 보병부대와 교전을 하다가 요단강 다리까지 불과 몇 킬로미터 앞두고는 진격을 멈춘 채 야영을 하는 놀라운 일이 펼쳐졌다. 믿을 수 없을 정도로 신기한 일이었다. 요단강 다리가 무방비 상태여서 시리아군이 큰 피해 없이 점령할 수 있는 절호의 기회였는데 승리를 눈 앞에 둔 상황에서 뜬금없이 야영을 한 것이기 때문이다. 참으로 하나님의 도우심이 함께한 결과였다.

이스라엘의 주력군은 예비군이었기 때문에 그들을 동원하는 데 20시간이 걸린다. 10월 6일, 골란고원을 사수할 전력은 보병 6천 명, 야포 60문, 2개 기갑여단 전차 170대였다. 그날 북쪽 전선에 위치한 이스라엘의 기갑 74기갑 대대장 '야이르 나프쉬'중령은 순찰 중이었다.

헤르몬산 초소에서 12시쯤 연락이 왔다. 보고 내용은 "대대장님 시리아군이 야포 위장막을 걷고 있습니다"는 것이었다. 일단 단식을 중단하고 전 부대원을 전차에 탑승시켜 출동하는데, 격납고를 나서자 폭격이 시작되었다.

2) 골란고원 전투 증언

77기갑부대의 아비그도르 카할라니 중령은 당시 상황을 이렇게 전한다.

> "무슨 일인가 했습니다. 갑자기 전투기가 보여서 '무엇을 하는 거지?'라고 생각했죠. 처음에는 아군의 오인 공습인줄 알았습니다. 시리아의 공군이라고는 상상도 못했어요. 순간 말을 잃었죠."

'야이르 나프쉬' 74기갑 대대장도 이런 증언을 했다.

> "포탄 세례를 뚫고 정신없이 전진했어요. 5분쯤 가다가 언덕 끝에 멈췄는데 담배 연기가 퍼지듯 점점 다가왔어요. 사방 어디를 봐도 시리아 전차로 가득 찼어요."

이 외에도 당시 상황에 대한 증언은 이어진다.

> "2시 경보음을 듣고 뉴스를 들었죠. 그리고 전쟁이 난 걸 알았죠. 무방비로 당했다는 생각이 들었습니다."
>
> – 하임 다논 / 679 동원 기갑여단 소령

> "이스라엘 예비군 전차는 비무장 상태였습니다. 포탄도 실어야 했고, 각종 장비도 실어야 했죠. 전차 요원 4명이 준비해서 출동하는데 4~6시간이 걸립니다. 그러나 상황이 급박해서 준비를 제대로 못했어요."
> – '예후다 웨그만' / 679 동원 기갑여단 중위

> "모든 전차가 골란고원에 투입되었어요. 출동 준비가 됐든, 안됐든 일단 출동했죠. 20시간 걸릴 줄 알았던 이스라엘 예비군 동원이 10시간 만에 준비되었고 예비군은 밤새 전선으로 향했습니다."
> – '베니 미켈손' 188 기갑여단 대위

북부전선은 18시간의 전투 끝에 이스라엘 74 기갑대대와 77 기갑대대가 골란고원 북부 전선을 사수했다. 북부전선 기습공격이 효과를 못 보자 시리아군 수뇌부는 야간 작전을 감행했다. 계획이 지연된 탓이었다. 야간 작전은 시리아군이 유리했다. 시리아는 야간 전투 장비^{적외선 탐조등}를 갖추고 있었다. T-55 적외선 탐조등은 1.2㎞의 적을 식별했다. 시리아군이 전선을 압박하자 대책이 없던 이스라엘은 혼란에 빠졌다. 시리아군이 밤새 공격을 감행하자 양국 전차가 뒤섞여서 혼전양상이 되어 버린 것이다. '아비그도르 카할라니' 77 기갑부대 중령은 이 상황에 대해서 이렇게 설명했다.

> "이스라엘은 야간 투시경 밖에 없었어요. 야간 전투는 힘들었어요. 깜깜해도 조명을 못 켰죠. 표적이 될 테니까요. 전차 한 대가 보였어요. 겨우 10m 거리였죠. 낌새가 이상해서 근처에 있는 소대장을 불렀어요. 옆에 전차가 있으니 조명을 켜서 확인하라고 했죠. 조명을 켰더니 T-55 전차였어요. 바로 포격했습니다."

야간 전투에서 이스라엘군은 상당한 피해를 입었다. 사상자가 수백 명이였고 전차 75대를 잃었다. 10월 7일, 이스라엘 예비군 선발대가 새벽에 골란고원에 도착,

적진으로 향했다. 해가 뜨자 전방에 시리아 기갑부대의 전차가 가득 보였다.

"적을 만났으니 어떻게든 막아야 했죠. 망설일 필요도 없었습니다. 전차는 포신과 조준경을 정렬해야 조준할 수 있습니다. 전투 중에 조정해도 되지만 정확도가 떨어집니다. 그래도 시도했어요. 초탄에 시리아 전차가 몇 대 파괴되었습니다."

— '예후다 웨그만' 679 동원 기갑여단 중위

그런데 이스라엘 기갑부대의 남동쪽 방향에서 먼지구름이 일면서 적의 T-62로 구성된 부대가 등장했다. 시리아군이 4개 여단과 350대 전차를 이끌고 요단강으로 진격해오고 있었다.

"병력도 적은데 갈수록 태산이었습니다. 선발대는 5, 6대인데 무슨 수를 쓰든 시간을 끌어야 했는데 당해낼 수가 없었죠."

— 예후다 웨그만

3) 엘 알 EL AL 전투

시리아가 골란고원을 침공한지 20시간이 되었다. 남쪽 전선은 시리아군이 우세했다. 이스라엘군의 132 기계화 여단 전차 40대가 작은 마을 '엘 알 EL AL'로 진격했다. '요시 아미르' 17동원 기갑여단 중령은 당시 상황을 이렇게 설명했다.

"명령을 받고 '엘 알'로 갔어요. 엘 알 주둔지가 있는 곳인데 폭이 2㎞쯤 되는 두 협곡 사이에 있었죠. 그곳 지휘관은 진지를 잘 지켰고 갈릴리 호수로 가는 도로를 사수했어요. 오전 9시쯤 망원경으로 주변을 살피는데 먼지 구름이 일더군요. 4㎞ 전방에 무엇인가 움직이는 것이 보였습니다. 움직임의 정체는 시리아의 전차 여단이었는데 갈릴리 호수와 접한 골란고원 서부를 노리고 있었습니다. 우리가 막지 못하면 갈릴리 호수는 빼앗기게 되죠. 우리만 퇴각하고 끝날 일이 아니었습니다. 시리아 전차가 1.5㎞ 전방에서 멈췄어요. 곧 포격이 시작됐고 살아남기 위해 의지할 것은 자신의 능력밖에 없었어요. 계속 움직여야 했어요. 전 대원에게 계속 움직이고 고정 사격은 삼가라고 했어요. 한번 멈추면 두세 발만 쐈어요. 한 번 쏜 뒤 재조준하고 한 번 더 쏘면 이동했어요."

<중동전쟁>의 저자 케니스 폴락도 다음과 같이 설명했다.

"이스라엘군은 쉼 없이 움직였어요. 여기다 쐈다. 저기다 쐈다 했죠. 시리아군은 그렇게 안했어요. 전진, 계속 전진만 했어요."

또 다른 증언들도 이어진다.

"이스라엘군과 시리아군은 성향이 달라요. 시리아군은 진형을 형성하면 끝까지 유지하죠. 장점이긴 한데 교란 작전에서는 약했어요."
― 무르하프 주에타지 / 시리아 국방부 교수

"정신을 차려보니 주위에 아무도 없더군요. 언덕으로 올라갔는데 '호쉬니아' 마을이 보이더군요. 시리아 전차부대가 연료 및 탄약을 보급받고 있었어요. 일단 포격을 가했습니다. 차례 차례 격파했는데 순식간에 7대를 격파했어요. 그런데 얼마 후 저희 전차도 맞았어요. 그리고 폭발 직전 탈출했습니다."
― 하임 다논 / 679 동원 기갑 여단 소령

이스라엘 기갑부대의 '점착유탄'에 시리아 기갑부대는 맥을 못췄다. 점착유탄은 적중하는 순간 폭발하는데 충격이 발생해 전차 내부를 박살냈다. 그러나 수적으로 밀린 이스라엘군은 퇴각했다.

10월 8일, 남부 전선에 동이 텄을 때 이스라엘군은 요단강 방어선을 구축해 시리아군의 공격을 준비하고 있었다. 그들은 '베타하 계곡'에서 골란고원으로 가는 길에 시리아군과 맞부딪혔고, 이스라엘 전차부대의 후열에 있던 전차가 시리아 T-55전차를 먼저 발견하고 포격을 시작했다.

이스라엘의 '숏칼 전차'는 주포 상향각이 커서 고지대 포격에 유리했다. T-55 전차는 성능이 우수했지만 단점이 있었다. 하향각이 5도 밖에 안 돼서 하향 조준이 어려웠고, 저지대에서 적이 접근하면 발사각을 확보하기 위해 차체를 드러내야 했던 것이다.

남부 전선에 배치된 시리아의 젊은 장교들은 소규모 병력도 뚫지 못했다. 결국 요르단강까지 진격하지 못하고 승리할 기회를 놓쳤다. 이스라엘 예비군 39대대는 시리아 1기갑 사단을 막아냈다.

4) 후쉬니아 전투

10월 8일, 저녁 250대가 넘는 시리아 전차가 '후쉬니아'에 집결해서 최후의 결전을 준비하고 있었다. 그리고 바로 역사적인 '후쉬니아 전차전'이 시작되었다. 10월 9일, 시리아군이 잠시 숨을 돌리고 있을 때였다. 이스라엘은 전쟁 발발 후 처음으로 야포와 폭격기를 동원해 공습과 포격을 시작했고 그 후 전차 부대가 공격했다. 시리아군은 저항을 하다가 전의를 상실하고는 퇴각하기 시작했다. 이 때 이스라엘 전차부대가 격파한 시리아 전차는 200대였다. 10월 9일, 오후 이스라엘군은 골란고원, 남부 전선의 대부분을 회복했다.

북부 전선은 교전이 계속되었는데 북부 전선은 이스라엘 7기갑 여단이 시리아군 7보병 사단을 간신히 막고 있었다. 최후의 결전을 준비한 시리아군은 약 100대의 T-55전차와 100대 T-62전차로 공격 준비를 했다. 전투가 한창일 때 이스라엘은 7기갑 여단이 퇴각하고 센츄리온 30대가 시리아 전차 200대와 300m의 근접전을 펼쳤다. 얼마 후 시리아 전차부대가 퇴각했다. 이스라엘 부대도 전차 2대만 남을 정도로 피해가 심했다.

5) 눈물의 계곡 전투

"적의 주력부대가 언덕 밑에 있었는데 언덕을 뺏기면 막을 수가 없었어요. 언덕에 올라가서 방어하기로 했죠. 그리고 하나님께 800m의 개활지를 통과해 언덕에 정상에 무사히 도착하게 해달라고 기도했습니다. 계곡은 적전차로 가득했고, 우린 필사적으로 쐈어요. 전투가 종결되었을 때에 아군의 남은 전차는 서너 대뿐이었죠. 그리고 적의 파괴된 전차를 세어보려고 했는데 너무 많아서 셀 수가 없었어요. 눈물의 계곡 전투에서 계곡에 매장된 시리아 전차는 500대에 달했습니다. 엄청난 사상자가 발생해 '눈물의 계곡'이라 부르게 됐죠."

— 아비그도르 카할라니 / 77 기갑 부대 중령

4. 이집트 시나이 전투

이집트는 10월 6일, 이집트 포병은 작전과 동시에 수에즈 운하 '바레브 라인'에 포진한 이스라엘군 진지를 향해 약 53분에 걸쳐 1만 5백 발의 '포탄 샤워'를 쏟아 부었다. 이집트 공군은 약 250대의 전투기들을 발진시켜 시나이반도에 위치한 이스라엘 공군 기지와 지휘소를 공격했다. 또한 소련에서 도입한 '프로그 지대지 로켓'으로 이스라엘 공군 조종사와 정비 요원들을 공격했다.

포병대와 공군의 공습이 끝나기를 숨죽이며 대기하고 있던 이집트 지상군이 움직이기 시작했다. 제2, 제3군 예하 5개 보병사단과 3개 기계화 보병사단, 2개 기갑사단 및 다양한 독립 여단으로 구성된 약 20만 명의 병력과 1,700대의 T-54/55 전차, 2,000문에 달하는 야포와 방사포들이 진격을 시작했으니 이는 이스라엘 건국 이래 맞이하는 최대의 위기였다.

이집트 특수부대의 공격 준비 포격이 시작되고 15분이 지났을 때, 8천 명에 달하는 이집트 특수부대원들이 보트를 타고 수에즈 운하를 도하하기 시작했다.

포격 시작 22분이 경과할 무렵에는 이들 특수부대원 전원이 도하에 성공했고 자신들의 앞에 육중하게 버티고 있는 '바레브 라인'의 모래벽을 넘기 위해 대나무로 제작한 사다리들이 일제히 걸쳐졌다.

마치 고대 공성전을 방불케 하는 공격에 8천 명의 특수부대원들은 수비대가 없는 모래벽을 넘는데 성공했다. 그들은 이스라엘군의 방어진지를 우회해 후방으로 침투해서 휴대용 'RP G-7 로켓포'와 'AT-3 새거 대전차 미사일'을 거치했다. 곧 몰려올 이스라엘 전차대를 사냥할 준비를 갖춘 것이다.

이집트 공병은 사전에 미리 구축해 놓은 통로를 통해 운하를 도하하는데 성공했다. 포격이 종료된 후, 제3군 공병대는 후속부대의 신속한 도하를 위해 고압 펌프로 물을 분사하여 '바레브 라인'의 육중한 모래벽을 붕괴시켜서 통로를 개척했다. 그 통로로 이집트의 PT-76 수륙양용과 경전차들이 수에즈 운하를 도하했고 뒤를 이어 T-54/55 전차 5백 대가 도하해 교두보를 구축했다.

북부 전선의 제2군은 자정까지 약 12개의 부교를 결합해, 전차와 기계화 보병들을 도하시켰다. 남부 전선의 제3군은 통로 개척이 약간 지연되어 8개의 부교를 가설하는데 그쳤지만 작전은 전반적으로 성공적이었다. 최초 공격 포병의 포격이 시작된 지 6시간 만인 10월 6일 20시를 기해 이집트군 8만 명이 수에즈 운하를 도하했다. 무엇보다 놀라운 것은 이집트군의 전사자가 단 208명에 불과했다는 점이다.

5. 이스라엘 방어 작전

10월 6일, 수에즈 운하 강둑의 이스라엘 방어 요새. 그 모래성을 향해 독일산 워터펌프가 작동하자 난공불락의 모래 요새는 무너져 내리고 말았다. 이렇게 간단한 방법으로 밀어붙이자 이스라엘 전쟁 지도부는 당황했다. 이스라엘은 모래 방어벽을 이집트 공병이 불도저를 이용해 철거하는데 1일 반에서 2일 정도 걸릴 것으로 예측했다. 하지만 이집트 공병은 불과 2시간 만에 철거해 이스라엘군의 허를 찔렀다.

이때 이스라엘의 '골다 메이어 수상'은 전쟁 지도부의 전원 자결까지 언급할 정도로 겁을 먹은 상태였다. 이스라엘은 공군의 F-4 팬텀 전투기들을 발진시켰지만, 이집트군의 SA-2, SA-6를 위시한 지대공 미사일 세례를 얻어맞고 10대 이상이 격추당했다.

이스라엘 전차 부대는 '아브라함 맨들러' 소장의 사단 예하 3개 기갑여단이 있었다. 세차례의 중동전쟁에서 최고의 전성기를 구가하던 이스라엘 기갑부대는 '이번에도 간단하게 쓸어버리자'는 생각으로 진격했다. 하지만 사전에 수에즈 운하를 도하해 완벽하게 대전차 방어선을 구축하고 있던 이집트 특수부대원들과 보병들의 대전차 미사일과 로켓포 탄두들이 작렬할 때마다 이스라엘 전차들은 속수무책으로 불타올랐다.

사거리 500m~3㎞, 평균 시속 115㎞, 최고 시속 200㎞의 AT-3 거대전차 미사일을 처음 본 이스라엘 기갑부대는 경악했다. 적은 보이지도 않는데 어디선가 날아온 미사일에 아군 전차가 하나 둘씩 파괴되니 전차 승무원들의 공포감은 극에 달했다. 특히 라시프 대령이 지휘하는 제14 기갑여단의 경우, 단 30분 간의 교전 끝에 110대의 전차 중 85대가 격파되어 여단 자체가 궤멸되는 치욕을 겪었다.

10월 7일, 이틀 동안 시나이 전선에 배치되어 있던 7백여 대의 이스라엘 전차 중 200대가 대전차 미사일과 RPG-7 로켓포 세례에 불타버렸다. 이에 따라 이미 수에즈 운하를 도하한 이집트 2개 기갑사단의 전차들은 별다른 저항을 받지 않고 쾌조의 진격을 감행했다.

10월 8일, 이스라엘은 '아단' 장군의 제162 기갑사단과 샤론 장군의 제143 기갑사단을 추가로 투입했다. 하지만 철저하게 방어준비를 갖춘 이집트군의 화망에 걸려들어 수십 대의 전차만 잃고 말았다. 이스라엘은 우왕좌왕하다가 엄청난 피해를 입었고, 후속부대는 재정비를 위해 시나이 내륙으로 후퇴했다. 현대전에서 전차가 등장한 이후 "보병은 전차로 잡는다"는 전쟁의 공식이 순식간에 깨져나간 첫 사례였다.

6. 전쟁 중반부·후반부

1) 골란고원 전투

10월 9일, 이스라엘 공군은 시리아 공군과의 공중전에서 제공권을 장악하고 시리아의 수도 다마스커스를 폭격했다.

10월 10일, 골란고원 전선에 배치된 시리아 기갑부대는 썰물처럼 빠져나갔다.

10월 11일, 이스라엘이 시리아를 일방적인 밀어붙이고 시리아로 진격했다.

10월 13일, 이스라엘군은 이라크 지원군을 다마스커스 전선에서 매복작전을 사용해 T-54, T-55로 이루어진 이라크 전차 80대를 괴멸시켰다. 요르단군은 엉거주춤 슬쩍 발을 댔다가 슬금슬금 이스라엘군의 눈치만 살피는 입장을 취했다.

10월 14일, 시리아의 수도 다마스커스 30㎞까지 밀어붙인 이스라엘은 포병을 동원하여 다마스커스에 포탄을 쏟아 부어 사실상 골란고원전투의 끝을 맺는다.

10월 23일, 시리아는 이스라엘에 백기를 내걸고 항복했다.

2) 시나이 전투

10월 12일, 개전 6일이 경과하자 전열을 가다듬은 이스라엘은 예비군을 총동원하고 예비 기갑전력을 투입하기 시작했다. 그리고 이집트의 측면을 공격해 그들의 진격을 저지할 수 있다는 판단하에 본격적으로 반격을 시작해 초기 열세에서 벗어나기 시작했다.

10월 13일, 이집트군은 수에즈 동쪽에 교두보를 구축하는데 성공했다. 그러나 수에즈 운하 지역을 확보한 뒤, 더 이상 진격하지 않았다. 여기까지가 이집트의 행운이 다한 순간이었다.

10월 16일, 이스라엘은 "침공의 대가를 톡톡히 치르게 해주겠다!"며 반격을 시작했다. 그리고 수에즈 운하 중앙부를 역으로 도하했다. 이스라엘의 격한 반격에 이집트군은 시나이에 고립되었고 수도 카이로 100㎞ 앞까지 무풍지대처럼 질주한 이스라엘은 미국과 소련의 개입으로 그 위치에서 정지했다.

10월 22일, 이스라엘의 반격이 성공하자 국제 여론은 정전을 요구해왔고 미국과 소련의 중재로 10월 22일에 정전이 선언되었다.

10월 25일, UN 안전보장 이사회에서 UN군의 긴급 파견을 결정하고 28일 UN 1진이 수에즈 운하에 도착함으로써 제4차 중동전쟁은 마무리 되었다.

7. 전쟁 후 각국 상황

이스라엘은 전쟁 초반, 이집트군의 치밀한 대전차 화망에 걸려 대량의 전차를 손실했으나 이 전쟁을 통해 손해 본 이상으로 이집트와 시리아군 전차들을 노획하거나 파괴했다. 그러나 3차례의 중동전쟁을 통해 단련된 역전의 전차병들을 상당수 이스라엘 전사자 2,250명 중 1,500명이 전차병이다 잃는 아픔을 겪었다.

이집트와 시리아는 비록 전쟁에는 패했지만 지난 3차례의 중동전쟁에서 '졸전 중의 졸전'을 보여준 모습을 지울 수 있었다. 이집트는 훈련을 강화하고 장교들을 재배치하는 등 전열을 가다듬었다. 그 결과 제4차 중동전쟁 초반 신속한 수에즈 운하 도하 작전과 교두보 방위 및 대전차 화망 매복 공격을 통해 시나이반도에 배치된 이스라엘 기갑부대를 궤멸 상태로 몰아넣는 놀라운 성과를 거두었다. 그만큼 자신감도 커졌다. 그래서 이집트는 6년 후 '캠프 데이비드 협정'에도 자신 있게 나섰고, 또한 이 협정을 통해 제4차 중동전쟁 때에 재탈환하지 못한 시나이반도를 돌려받는 성과를 이루었다.

시리아는 골란고원을 탈환하고 요단강의 두 교량을 점령하기 직전까지 가는 등 엄청난 공세를 퍼부었다. 이스라엘에 대한 자신감을 완전히 회복한 것이다.

8. 성전에 역사하신 하나님의 기적

1) 왜 잠들었을까?

10월 7일, 골란고원 남동쪽에서 먼지 구름이 일어나면서 T-62로 구성된 적의 부대가 등장했다. 시리아군은 4개 여단 350대 전차로 요르단 두 교량으로 진격하고 있었다. 그들은 요단강 다리를 몇 킬로미터 앞두고 진격을 멈추었다. 그리고 그곳에서 야영을 했다. 왜 시리아군은 큰 피해 없이 점령할 수 있었음에도 불구하고 야영을 선택했을까? 만약 시리아군이 요단강 교량을 점령했다면 이스라엘의 운명이 풍전등화와 같았을 것이다.

2) 전차 16대가 1,600대로 보였나?

10월 8일 개전 3일째, 사흘간의 전투에서 제7기갑 여단의 중대장 이상 생존한 지휘관은 여단장, 대대장 1명, 중대장 1명만 남은 엄청난 전투였다. 살아 남은 대대장 '카할라니' 중령이 남은 전차 40대를 다시 편성해 시리아의 증원된 4백여 대의 전차를 막아야 했다. 그러자 천하의 이스라엘 전차병들도 사흘간의 전투에서 겁을 먹고 멈칫한다. 이때 카할라니 중령이 "저 용감한 시리아군을 봐라. 우리 포탄에 박살나면서도 굴하지 않고 진격한다. 우리는 저들보다 더 용감한 이스라엘 군대다"라고 하며 이스라엘 병사들을 북돋았고, 결국 전차가 다시 움직이기 시작했다.

이스라엘군은 시리아의 4백여 대의 전차를 향해 돌격을 개시했다. 이스라엘 7기갑 여단의 40대의 전차와 시리아군 400대 전차는 제로 거리에서 사격하고 포신과 포신이 닿고 전차의 몸체와 몸체가 만나 전차끼리 백병전을 실시해 서로 깔아뭉개고 밀어붙였다. 교전 끝에 이스라엘 7기갑 여단의 남은 전차는 불과 6대, 더더욱 전차포와 기관총 탄약이 바닥이 나자 여단장 '아비그'는 권총과 수류탄을 들고 "이 전차를 무덤으로 삼겠다"는 각오로 싸운다. 그러나 그 시간 이라크 전차부대가 이라크, 시리아 접경지대에서 이스라엘을 공격하기 위해 대기 중이었다. 누가 봐도 이스라엘의 참패는 시간 문제였다. 이때 하나님이 기적의 역사로 일하신다.

당시 히말라야에서 신혼여행 중이었던 '벤 한난' 중령은 이스라엘에서 전쟁이 일어났다는 소식을 듣고 바로 이스라엘 공항에 도착해 소속부대가 없는 상황에서 전차 정비소로 달려가 수리된 전차 16대를 끌고 골란고원으로 향한다.

벤 한난 중령이 이끈 부대는 이스라엘 남부 전선에서 방어에 성공한 '바라크 여단'의 전차부대로 M-60 전차가 주력 전차이다. 벤 한난 부대의 전차는 측면에서 맹렬한 사격을 실시해 5분 만에 시리아 전차 30대를 파괴했다. 이때 시리아군은 "이스라엘의 대규모 증원부대가 왔구나"라고 오판한다. 그래서 다리만 건너면 승리할 수 있는 기회를 완전히 놓쳐버리고 북부전선에서 시리아 제3기갑사단이 전멸한다. 6대 남은 전차의 '카할라니' 중령을 구한 16대의 전차를 지휘한 '벤 한난' 중령은 '카할라니' 중령과 친구였다.

3) 왜 자기들끼리 서로 싸웠을까?

기이한 일은 계속되었다. 10월 13일에는 시리아군을 오폭한 이라크 전투기와 시리아 전투기가 공중전까지 펼치는 어처구니없는 사태까지 발생하기도 했다.

4) 눈물의 계곡의 기도

'아비그도르 카할라니' 77 기갑부대 중령은 시리아 기갑부대와 싸우기 전에 하나님께 간절히 기도했다. "800m의 개할지를 통과해 언덕에 정상에 무사히 도착해 전투하게 해주십시오." 기도를 마친 그는 필사적으로 전투에 임했다. 그 전쟁에서 이스라엘 전차는 약 30대였고, 시리아의 전차는 약 500대였다. 비율로 나누면 1:17의 싸움이었다. 그 전쟁에서 이스라엘군의 전차는 서너 대 남았고, 시리아군의 전차는 500대가 파괴되었다.

5) 처음엔 시큰둥, 잠시 후엔 심쿵한 미국

미국의 '리처드 닉슨' 행정부는 이런 소식을 듣고 처음에는 시큰둥했다. 그러나 하나님의 기적으로 미국은 NATO 최전선, 즉 서독에 주둔하고 있던 신예 M60A1을 포함한 대규모 전차와 항공기, 막 배치가 시작된 스마트 폭탄을 비롯한 정밀유도 병기까지 대규모 지원을 하게 된다. 미국은 봉쇄된 바다와 지상을 넘어 항공로를 통해 이스라엘로 날아갔다.

6) 다윗이 아닌 '츠비카'

'츠비카 그린골드' 소위는 골란고원 전투가 일어났을 때에 여자 친구와 피크닉을 갔다. 츠비카 소위는 전쟁이 난 것을 직시하고 여자 친구에게 양해를 구한 뒤 자신을 차를 몰고 이스라엘 부대로 향한다. 그는 20대 초반의 소대장으로 이스라엘 청년준군사조직 '가드나' 출신이었다. 실전 경험이 전무한 신참 소대장이었던 그는 '바라크 여단'을 찾아가는 과정에 후퇴하는 전차 4대를 발견하고 전차를 멈춰 세운 뒤 "지금부터 이 전차는 내가 지휘한다"라고 했다. 이스라엘군은 지휘관이 사망하면 그 아래 계급이 지휘를 하는 인사 시스템을 가지고 있다. '츠비카' 소위는 간단히 탄약 보급을 받고 달랑 전차 4대를 이끌며 적진으로 진격했다. 이 부대를 일명 '츠비카 부대'라고 한다.

'츠비카 부대'는 저녁 9시 골란고원 남부에 송유관 근처에 매복 작전을 실시한다. 얼마후 시리아 기갑부대 30여대가 포착된다. 이때 '츠비카' 소위는 소대원들에게 "한 곳에서 매복 공격하면 결국 적에게 당하게 된다. 우리 소대 전차는 언덕 위에서 빙글 빙글 돌면서 전차포 사격을 하라"는 명령을 내린다. 보통 전투에서 이러한 상황이 되면 부대가 후퇴하거나 죽기 살기로 방어전을 실시하는데 츠비카 소위는 달랐다. 그는 비록 실전경험은 없지만 현장 지휘능력이 뛰어났다. 츠비카 소대장의 명령대로 전차 4대가 언덕 위에서 빙글빙글 돌면서 전차포 사격을 하자 시리아 전차 10여대가 순식간에 파괴되었다. 이때 시리아군이 "대규모 이스라엘 기갑부대가 매복 중이다"라고 오판하면서 생존한 전차 부대가 후퇴를 한다. '츠비카 부대'는 시리아 부대 행열에 끼어들어 계속해서 포사격으로 치고 빠지는 전술로 쉬지 않고 2일간을 싸웠다.

놀라운 사실은 '츠비카 부대'와 교전한 시리아군 30여대의 기갑부대의 임무는 이스라엘 방어선을 우회해 이스라엘 배후를 공격해 초토화시키는 명령을 수행하고 있었다. 이때 만약 시리아 전차 30여대가 이스라엘 본부로 공격했다면 골란고원 전투는 시리아의 승리가 되었을 것이다.

7) 이라크 공군과 요르단 공군은 적인가?

시리아는 이스라엘군이 다마스커스에 자주포로 공격하자 이라크와 요르단에게 증원군을 요청을 한다. 요르단은 눈치를 보다가 공군 전투기를 출격시킨다. 이때 이라크도 공군 전투기를 출격시킨다. 이스라엘 전투기들이 요르단, 이라크 전투기들과 교전 하기 전에 이상한 상황을 발견한다. 바로 이라크 전투기가 적기를 구별하지 못하고 요르단 전투기와 공중전을 하는 것이 아닌가. 이스라엘 전투기들은 공중전을 지켜보다가 요르단 공군에 패한 이라크 공군이 이라크 영공으로 도망가자 부대로 귀환한다. 이라크 조종사들은 귀대한 후 "역시 이스라엘 공군은 다르다"라고 했다.

8) 헬기와 지프차의 아름다운 작전

10월 10일 아침, 이스라엘 기갑부대가 시리아 다마스커스를 향해 공격한다. 이스라엘 기갑부대는 접경 지역인 '마즈라 베이트'에서 흑인 포로들을 잡는데 이들은 '모로코' 군인들이었다. 즉 모든 아랍 국가의 개입이 시작된 것이다. 250대의 이라크 전차가 나타났고 이스라엘군은 17, 19, 20 기계화 부대를 통해 '쿠네이트라'에 있는 이라크 전차부대 격파 명령을 내린다. 이때 이라크 기갑부대는 150대를 출동시킨다. 이스라엘군은 '마스카라'라는 지역의 교량에 화망을 구성하고 매복 작전을 펼쳤고, 30분 만에 80대의 이라크 전차 T-54, T-55가 20년 전 모델인 이스라엘 셔먼 전차에 아낌없이 격파되었다. 이에 이라크군은 후속부대를 보내는데 '다마스크스'로 이동하는 이라크 전차 100여대를 파괴하기 위해 이스라엘은 특공작전을 실시한다. 헬기에 6대 지프차와 12명의 특공대원을 파견하고 지프차에는 무반동총을 장착했다. 특공대원들은 교량을 지나는 이라크군 선두 전차와 후미 전차를 격파하고 계속적으로 무반동총으로 사격했다. 또한 작전타임에 맞추어 이스라엘 전투기가 출격해 지원 사격을 했다. 후퇴하던 이라크 전차는 특공대원들이 미리 예상 지역에 매설한 지뢰지대에 들어가 폭파되어 이라크 후속부대, 100대의 전차가 모두 파괴되었다. 이스라엘 12명의 특공대는 헬기에 6대 지프차와 함께 유유히 시리아에서 빠져나왔다.

제5장. 작은 중동전쟁

'여호와의 성전 Holy War of the Lord'은 21세기에도 계속적으로 일어났다. 다만 사람들이 깨닫지 못했을 뿐이다. 이스라엘과 중동국가 그리고 팔레스타인 분쟁은 현재 진행형이며 미래 전쟁인 5, 6, 7차 중동전쟁 전까지는 소규모의 국지전이나 테러 등 '작은 중동전쟁'들은 계속적으로 발생할 것이다.

나는 '작은 중동전쟁'을 1973년 제4차 중동전쟁이 끝난 이후를 시작점으로 잡았다. 50여년이 지난 약 2025년 전후로 미래 전쟁, 제5차 중동전쟁이 일어나면서 끝날 것이라고 생각한다.

이스라엘은 이집트와 1979년 3월 26일에 국교를 수립했다. 그리고 제3차 중동전쟁에서 점령한 시나이반도를 이집트에 반환해 주었다. 사실 이집트는 그동안 중동 국가들을 대표해서 이스라엘과 전쟁을 했지만, 이때에는 다른 중동국가들과의 이해 관계없이 이스라엘과 평화협정을 맺었다.

1980년 이스라엘은 '제3차 중동전쟁'과 '제4차 중동전쟁'에서 점령한 동예루살렘과 가자지구 및 골란고원을 자국의 영토로 공식적으로 합병했다.

1. 1차 레바논 전쟁

이스라엘과 레바논의 전쟁을 언급하기 전에 잠시 배경을 살펴볼 필요가 있다. 레바논은 1943년에 독립 국가가 되었다. 그러나 레바논은 역사적으로 오랫동안 반목했던 기독교인과 이슬람인들로 구성되어 있기 때문에 쉽게 화합할 수 없는 상황이었다. 종교적인 반목으로 기독교와 이슬람 세력 간에 의해 크고 작은 내전이 계속되고 있었다. 결국 1972년에 '팔레스타인 무장 해방기구PLO'는 이스라엘의 공격을 피해 레바논의 수도, '베이루트'에 메인 캠프를 설치했다.

레바논 내전에는 중동국가와 서방세계, 그리고 이스라엘이 지속적으로 개입했다. 이스라엘이 PLO 축출을 목적으로 1978년 레바논을 직접 침공하기도 했다. 이스라엘과 레바논의 전쟁은 이후 1982년 8월 휴전이 성립될 때까지 계속되었다. 1982년 PLO의 레바논 철수가 한창일 때, 바시르 제마엘은 레바논의 새로운 대통령으로 선출되었다. 그는 기독교인과 이스라엘의 절대적인 지지를 받고 있었지만, 기독교파와 모슬렘파들을 연쇄 접촉하면서 각 종파가 화해와 협력을 위해 애쓰고 있었다. 하지만 그는 취임을 9일 앞둔 시점에 폭탄 테러로 살해되고 만다.

바시르 제마엘의 암살 이후 레바논의 기독교 민병대와 이스라엘군은 팔레스타인들을 이번 암살의 배후로 지목했다. 그리고 팔레스타인 난민이 가장 많이 거주하고 있는 '사브라'와 '사틸라' 지역의 난민촌으로 진격했다.

한편 이스라엘과 팔레스타인 해방기구는 1993년 9월 13일 미국 백악관에서 '팔레스타인 자치 확대에 관한 원칙 선언'에 합의에 따라 가자지구와 웨스트뱅크 요르단강 서안 일부 지역이 팔레스타인 자치지구가 되었다.

2. 이라크 핵시설 공격

이스라엘은 1981년 6워 7일, '오페라' 작전을 개시했다. 이라크의 '오시라크 원자로알 투와이타 핵연구센터' 핵시설 공격이었다. 이라크는 1970년대 후반부터 프랑스의 지원을 받아 바그다드 인근에 원자로를 건설하고 있는 중이었다. 이스라엘은 모사드를 통해 이라크의 핵물리학자들을 암살하는 등 방해했지만 핵무기 개발을 막기엔 역부족이었다. 결국 1980년 이라크의 원자로를 물리적인 방법으로 파괴하기로 결심하기에 이른다.

1981년 6워 7일, 이스라엘의 14대의 F-16, F-15 전투기 편대는 요르단, 사우디아라비아의 남쪽 국경을 타고 비행하기 위해 시나이반도 남쪽에 위치한 '에치온 기지'를 발진한다. 원자로 인근에 도착한 F-16 편대는 '에프터버너'를 켜고 급상승해 고도 2,000m까지 수직 상승한 후 원자로를 향해 하강하며 MK-84를 내려꽂는 '다이브 폭격'을 시행했다. 당시 원전 인근에는 SA-6 지대공 미사일 포대와 방공포대가 있었지만 소수의 방공포가 대응한 것 외에 큰 저항은 없었다.(자세한 내용 196쪽 참조)

3. 2차 이스라엘-레바논 전쟁

　2차 이스라엘과 레바논 전쟁을 일명 '이스라엘-헤즈볼라 전쟁'이라고 한다. 전쟁의 원인은 이스라엘 군인 2명이 2006년 레바논 국경에서 헤즈볼라에게 납치된다. 이스라엘은 자국 군인을 구출한다는 명목 하에 2006년 7월 13일 이스라엘 육군이 전차를 이용해 레바논 침공을 개시했다. 헤즈볼라는 약 4,228발의 카추사 로켓을 이스라엘에 발사했다.

　이스라엘군은 헤즈볼라의 게릴라전에 휘말려 고전했고, 연일 레바논 주요거점에 대해 폭격을 개시했다. 그러나 이스라엘 공군은 수니파 및 '마론 기독교도' 같은 다른 레바논 종교 구역에는 공습하지 않고 시아파 구역만 공습하는 치밀함을 보였다.

　그러나 이스라엘은 헤즈볼라의 게릴라전과 국제 여론에 더 이상 버티지 못하고 레바논에서 물러났다. 이스라엘군은 전쟁 명분이었던 납치된 군인 2명을 구출하지 못했고, 150명이 넘는 전사자 및 다수의 피해만 입은 채 철수해야 했다. 이스라엘에겐 패배나 다를 바 없는 굴욕적인 전쟁이었다.

　2006년 8월 12일, 약 30일 간의 전쟁은 이스라엘과 레바논 사이의 휴전 결의안이 국제연합 안전보장이사회에 의해 채택되었다. 이스라엘은 전쟁 패배 책임이 아닌 자국 군인 사망에 대한 책임을 지고 '아미르 페레즈' 국방장관과 '단 할루츠' 참모총장이 물러났다.

4. 시리아 핵시설 공습

2007년 9월 6일, 이스라엘은 시리아의 동부 사막에 있는 '데이르 에조르Deir ez-Zor'에 위치한 원자로를 공격했다. 이스라엘 정보 당국은 2007년 여름 시리아에 핵 시설이 상당한 수준까지 건립되었다는 정보를 입수했고, 예방 전쟁 차원에서 이스라엘 정부는 8대의 F-15, F-16 전투기를 동원해 원자로를 파괴시켰다.(자세한 내용 200쪽 참조)

5. 1차 가자 전쟁

가자 전쟁Gaza War은 하마스가 휴전을 어기고 로켓 공격을 계속함에 따라 이스라엘이 하마스의 로켓 공격을 막기 위해 가자 지구를 공습한 계기로 시작된 이스라엘과 하마스 간 전쟁이다. 2008년 12월부터 2009년 1월 사이에 일어났다.

전쟁의 시작은 2006년으로 거슬러 올라간다. 2006년 6월경 가자지구 근처에서 경계근무 중이던 이스라엘의 길라드 '샬리트' 상병이 하마스 무장단체에게 납치, 억류되었다.

하마스는 샬리트 상병의 석방을 조건으로 수감 중인 팔레스타인 재소자들의 석방을 요구했다. 이스라엘은 이를 거부하고 샬리트 상병을 구출하기 위해 가자 지구를 공격했지만 실패로 돌아갔다. 그 뒤로 하마스는 지속적으로 이스라엘을 향해 로켓 공격을 했다. 계속 참다가 인내의 한계를 느낀 이스라엘은 하마스의 로켓포 공격이 평화협정 위반이라며, 2008년 말 가자지구를 향해 20여 일에 걸친 대대적인 맹공을 퍼부었다. 특히 가자 전투에서 이스라엘군은 레바논 전쟁의 실패를 교훈 삼아 시가지를 포위한 채 폭격함으로써 가자 지구를 초토화시킨 뒤 철수했다. 승리는 했지만 무고한 어린 아이들의 희생이 많았고, 유엔 학교와 구호트럭을 폭격해서 국제 사회의 비난을 받기도 했다.

6. 2차 가자 전쟁

 2012년 11월 14일, '아랍의 봄'의 여파가 어느 정도 수그러질 때에, 하마스 최고 군사령관인 '아흐마드 자바리'가 이스라엘에 의해서 암살되었다. 이스라엘 군 사령부는 트위터를 통해 선전포고를 했고, 11월 14일부터 11월 21일까지 8일 동안 전면전이 벌어졌다.
 이스라엘 공군의 공습으로 11월 16일 하마스의 내무부 건물이 완전히 파괴되었고, 11월 17일에는 총리 관저와 방송국을 포함한 가자지구 주요 지역도 공격받았다. 11월 21일, 오후 9시 미 국무장관이 도착했고, 이집트의 무르시 대통령이 주도한 휴전협정이 체결되었다.

7. 중동전쟁의 키

 로마 제국의 유대인을 강제로 추방하면서 시작된 비극의 역사는 영국의 팔레스타인 이중 계약, 나치의 유대인 학살, 중동전쟁, 레바논전쟁, 가자전쟁 등으로 이어지고 있다. 그 결과 팔레스타인 지역에서 '피의 보복'이라는 악순환이 되풀이되고 있는 중이다. 또한 종교, 민족, 자원 등이 복잡하게 얽혀 있어 해결이 쉽지 않은 상황이다. 역사적으로 볼 때 강대국들이 이에 대한 책임이 있는 만큼 문제 해결을 위해 이들을 포함한 국제사회가 적극 나서야 한다.
 1~4차 중동전쟁에서 전쟁을 하는 주축은 이스라엘과 팔레스타인이 되어야 한다. 그러나 중동전 내내 팔레스타인은 중심에 있지 않았다. 어느 순간부터 팔레스타인은 주체에서 객체로 변모하고 아랍국들만이 주체로 등장해 "팔레스타인에게 땅을 되찾아주자"라는 전쟁 명분을 내세우며 이스라엘과 싸운다.
 그러나 현실적으로는 아랍 국가들은 팔레스타인을 외면한다. 실제로 팔레스타인 난민기구가 필요한 1년치 예산이 약 2억 5천 달러인데 팔레스타인 난민을 실질적으로 도와주는 아랍 국가는 거의 없다. 팔레스타인에게 난민기금이 1년에 약 1억 달러 정도가 지원된다고 한다. 지원금의 70%를 내는 나라가 팔레스타인이 그렇게 미워하는 미국이며 그나마 2017년도 기준 아랍 국가 가운데 사우디아라비아만 59만 달러를 냈을 뿐이다. 이러한 국제사회의 현실을 보면서 정의와 실현은 생각처럼 쉽지 않고 인간사회의 문제는 너무나 복잡해서 간단하게 해결되지 않는다는 것을 느낀다.

8. 하나님의 기적

1) 56대 1의 기적

이스라엘은 1982년 6월 9일, 골란고원의 안보와 국민의 안전을 위해 시리아-레바논 국경지대인 베카고원에 있던 'SAM5, SAM6' 지대공 미사일 기지를 폭격하기로 결정했다. 그리고 이스라엘 공군의 최첨단 전투기 F-15, F-16, F-4, A-4 등 총 96대를 출격시켰다.

시리아도 가만히 당하고 있지만은 않았다. 미사일 기지를 방어하기 위해 시리아 공군의 MIG-23, MIG-21 등 총 62대를 출격시키며 맞섰다. 결국 이스라엘과 시리아, 양국 공군간의 대규모 공중전이 벌어졌고, 2시간 30분만에 이스라엘 공군의 일방적인 승리로 끝났다. 시리아군의 MIG-23과 MIG-21는 29대나 격추당했으나 이스라엘 공군의 피해는 한 대도 없었다.

6월 10일 다시 출격한 이스라엘 공군은 시리아 공군의 MIG 전투기 8대와 공격용 헬리콥터 1대를 격추시켰다. 이때도 이스라엘 공군의 피해는 전무했다. 전력에 많은 손상을 입은 시리아 공군은 6월 10일 이후 출격을 단념했다. 그리고 이스라엘과의 전투에 승산이 없다고 판단해 휴전 협정을 제안했고, 6월 12일 협정에 조인했다.

이스라엘과 시리아, 양국의 개전일인 6월 6일부터 휴전일인 6월 10일 사이의 5일간, 시리아 공군은 56대의 전투기를 격추당한 반면에 이스라엘 공군은 1대의 전투기만 손실을 입었다. 과연 누가 함께 하신 것일까?

2) 전쟁에 나타난 천사

'클라이네' 대위는 이스라엘군의 중대 지휘관으로 레바논 국경 거주지들 중 한 곳을 정찰하고 있었다. 그곳은 격렬하게 전투 중인 격전지였다. 클라이네 대위와 군인들이 벽으로 둘러진 안뜰에 들어섰을 때, 벽 뒤에 적병들이 매복해 있었다. 그들은 이스라엘 군인들 속으로 수류탄을 던졌고, 땅에 뒹구는 수류탄을 본 클라이네 대위는 자기 몸을 수류탄 위로 던지며 이렇게 외쳤다. "쉐마 이스라엘 아도나이 엘로히누, 아도나이 에카드!"

번역하면 이렇다. "들으라, 오 이스라엘, 이 주님은 우리 하나님, 이 주님은 단 한 분!"

그가 마지막 단어를 소리치던 순간, 그는 그의 하나님을 영예롭게 하는 자기 생애 가장 거룩한 기도를 드렸을 것이다. 결국 그는 전사했지만, 병사들은 모두 목숨을 구했다. 나중에 일부 병사들이 "대위의 시체 위에 서 있는 한 명의 천사를 보았다"라고 증언했다.

제4부

이스라엘 미래 성전

Israel Future
The Wars of God

제4부 – 이스라엘 미래 성전
Israel Future Holy War

  드디어 제4부에 '신의 전쟁'의 핵심인 이스라엘과 중동의 미래 전쟁이 시작된다. 이스라엘의 미래 전쟁이 시작되기 전 세계와 이스라엘에 많은 변화가 일어난다. 마치 5차, 6차, 7차 중동전쟁의 퍼즐들이 맞물려 퍼즐러의 플랜처럼 돌아가 맞추어져 간다.

  첫째, 이스라엘 땅에 미군의 기지가 세워진다. 2017년 9월 미군의 기지가 브엘세바 인근에 건설될 예정으로 미 방위군 소장 존 그론스키와 이스라엘 방공 사령관 즈비카 하이모비치가 협의에 사인을 했다.

  미 방위군 소장 존 그론스키는 "이스라엘 땅에서 미육군 부대가 최초로 배치된다"라며 감격했고, 이스라엘 방공 사령관 즈비카 하이모비치는 "처음으로 미군 영구기지가 공군 사관학교에 설립할 것을 결정했다. 역사적 기지 건설이며 이스라엘군 기지에 처음으로 성조기가 휘날릴 것이다"라고 연설했다. 미군이 이스라엘에 기지를 건설하는 의미는 미래 중동전쟁에서 아주 큰 의미를 찾을 수 있다. 미래 중동전에서 미국이 5차 중동전에 간접적으로 작전을 돕고 제6차 중동전에는 직접 전쟁에 참가하는 발판을 마련하게 되는 계기가 되기 때문이다.

  둘째는 2017년 12월 6일, 미국 트럼프 대통령이 예루살렘을 이스라엘 수도로 공식 인정하는 연설을 한다. 트럼프 대통령은 "예루살렘을 이스라엘의 수도로 공식적으로 인정할 때라고 결정했습니다. 전대통령들은 이것을 주요 대선 공약으로 삼았으나 그 약속을 지키지 않았습니다. 오늘 제가 지킵니다. 사실 우리는 이스라엘의 수도를 인정하지 않고 있었습니다. 그러나 오늘 우리는 드디어 예루살렘이 이스라엘의 수도라는 당연한 것을 명백히 인정합니다. 이것은 단지 현실을 인정하는것 뿐입니다. 그리고 이것은 옳은 일입니다. 또한 해야 할 일입니다"라고 했다. 나는 마치 B.C. 539년, 고레스왕이 이사야 선지자가 170년 전인 B.C. 710년경 자신에 관해 성경 이사야 44:28~45:5, 45:13에 예언한 말씀을 읽고 큰 감동을 받아 이스라엘에게 '귀환 조서'를 내린 것과 같은 감동을 받았다.

세계 전쟁사에서 고대 전쟁들은 사람의 힘과 기술, 불, 바람, 물, 그리고 중력을 적절하게 이용했다. 그래서 당시 전쟁 승리의 요건은 훌륭한 지휘관과 참모들의 지략과 전술, 용맹성과 병력 수가 결정했다.

군사학 측면에서 중세시대 후반에 등장한 화약무기의 발달은 군대 조직과 훈련 체계를 바꾸어 놓았다. 이전까지는 '기사'나 '영주' 등에 의해 이루어진 군사 제도가 징병제를 통해 국민 군대를 조직하는 구조로 변화되었던 것이다. 이때부터 오늘날과 유사한 사단과 군단 개념의 편제를 사용했다.

19세기는 미래 전쟁과 대량 살육전을 위한 초석을 완성시키는 시기였다. 기초과학인 수학, 화학, 생물학과 역학, 물리학, 전자기학은 물론 이를 응용하는 온갖 공학이 빠르게 발달했다.

20세기 초반, 제1차 세계대전은 대량 살육전을 위한 초석 위에 국가와 국가 간의 전쟁이 이루어졌다. 세계는 '어떻게 이러한 전쟁이 일어날 수 있는가?'라고 반문했으나, 이것은 앞으로 다가올 더 큰 미래 전쟁의 서막에 불과하다.

20세기 중반, 제2차 세계대전은 더욱 많은 대량 살육전을 위해 각 나라가 기초과학의 투자와 무기개발에 박차를 가하는 전쟁이었다. '과학이 무기'가 되고, '무기가 돈'이 되고, '돈이 힘'이 되는 '이기적인 시대' 곧 '핵무기 시대'가 열린 것이다.

20세기 중, 후반부터 기초과학과 물리학에 의한 최고의 무기, 즉 수소폭탄과 중성자탄이 개발되었다. 세계 군대 대국들은 전략폭격기, 대륙간 탄도미사일 ICMB, 잠수함발사 탄도미사일 SLBM을 운영하기 시작했고, 핵무기는 국가의 존폐를 책임지는 도구가 되었다.

또한 21세기 군대의 또 하나의 특징은 무기의 변화다. 유형의 무기뿐만 아니라 무형의 무기가 등장한 것이다. 바로 디지털 시대의 '전자전과 레이저전', '사이버전', 그리고 '로보트전'이 여기에 해당한다.

'전자전'은 전파방해, 전자적 기만, 전파방해에 대한 회피 등 다양한 기술과 장비를 개발하면서 주파수 공간이 명실상부한 전쟁 영역으로 떠올랐다. 사이버 전쟁은 전혀 새로운 개념의 전쟁으로 미래 전쟁의 초석이다. 사이버전은 가상 세계를 현실로 이용하는 네트워크 중심전 Net-work Centric Warfare·NCW 이다.

로봇트전은 세계 군사 대국들은 앞다투어 개발에 박차를 가하고 있다. 그 결과 지금은 로보트 군인, 순찰차, 무인비행기가 상당한 수준의 정찰과 타격 기능을 수행하고 있다.

역사는 언제나 과거가 오늘이라는 현재에, 그리고 현재라는 오늘이 미래에 크나큰 영향을 준다. 과거 역사는 현재를 살아가는 사람들과 미래의 후손들에게 나침판의 역할을 한다. 과거의 수많은 전쟁사와 현대의 전쟁사는 앞으로 다가올 미래 전쟁에 엄청난 영향을 줄 것이다.

이스라엘의 '미래 전쟁'은 '7년 환난' 이전에 크게 3번 일어나게 된다. 물론 이 모든 것은 전쟁을 주관하시는 여호와께서 성경을 통해 이미 예언하신 바다.

미래 전쟁에서 우주는 우주 계발로 인해 전쟁 선진국들의 전쟁터가 될 것이다. 그리고 정보기술IT과 생물학기술BT, 나노기술NT, 그리고 아직까지 어느 누구도 경험하지 못한 새로운 차원의 리더적그리스도가 등장해 3차 세계대전, 즉 아마겟돈 전쟁을 일으킬 것이다.

미래 전쟁은 반드시, 그리고 신속하게 일어날 것이다. 이스라엘을 축복하는 자, 예루살렘의 평안을 기도하고 사랑하는 자, 인자와 진리를 사랑하는 자, 슬기로운 다섯 처녀인 크리스천 모두가 미래 전쟁의 역사 가운데 들림받게 될 것이다.

제1장. 제5성전
제5차 중동전쟁

'홀리 워즈성전, The Holy Wars', 곧 미래2017년 이후 전쟁의 서막이 시작된다. 첫 관문이 이스라엘과 이란의 제5성전제5차 중동전쟁으로, 이 전쟁에 대해서는 이미 예레미야서 49장 34~39절에 예언되어 있다.

제5성전은 핵무기로 무장한 이란엘람29)이 이스라엘 멸망을 위해 이스라엘을 공격하는 계획을 수립하는 것에서 불이 붙는다. 이스라엘 정보국의 정보를 접수한 이스라엘 정부 수뇌부는 선제 공격 시나리오를 작성하고 이란을 공격하는 미래 성전The Holy War 을 시작한다.

하나님은 이스라엘을 판단하고 정죄하며 괴롭게 한 나라들이 제5성전 이후에 받게 될 미래 심판전쟁에 대해 예레미야 46장에서 51장까지 예언하셨다.

'대체 신학'에 젖어 있는 자유주의 신학자들과 유럽, 미국, 한국의 많은 신학자, 목사들은 마태복음 24장의 '무화과 나무 비유'를 영적으로만 해석했다. 그 결과 독일의 신학자들과 목사들은 600만 명의 유대인들 희생 앞에서 방관자가 되었다. 왜냐하면 대체신학은 유대인의 사명이 2,000년 전에 끝났다고 해석해서 유대인을 학살하고 돕지 않았기 때문이다.

대체신학의 해석만 따르던 사람들은 1948년에 이스라엘이 독립했을 때, 적잖이 당황했다. 약 2,000년 동안 로마 가톨릭이 만들어 놓은 대체 신학에 빠져 있던 기독교가 이스라엘을 대신한다고 굳게 믿은 탓이었다.

---

29) 엘람 : 노아의 손자이자 셈의 아들(창세기 10:22), 아브람의 조카 롯을 납치한 사건에 엘람 왕이 등장(창세기 14장)하고 그로부터 1,300년 정도 후 '엘람 사람은 화살통을 메었고(전문 궁수)'라고 성경에 기록됨(이사야 22:6).

먼저 예레미야에 예언된 미래 성전 The Holy Wars 때 심판받게 될 나라들을 3가지로 구분해 보면 다음과 같다.

첫째는 1)이집트 애굽 46장, 2)블레셋 팔레스타인 난민과 가자 지구의 하마스 47장, 3)모압 팔레스타인 난민과 요르단 중부 48장에 예언되었다. 49장에는 4)암몬 팔레스타인 난민과 요르단 북부, 5)에돔 에서의 자손, 팔레스타인 난민과 요르단 남부, 6)다메섹 시리아 남쪽, 7)게달 다메섹 남동쪽, 8)하솔 팔레스틴 북쪽 갈릴리 바다 서북쪽 16㎞ 지점 등 이스라엘 주변 5곳의 심판에 대해 예언했다.

둘째는 엘람 이란의 심판에 대하여 49장 34~39절에 예언하셨고, 셋째는 바벨론 미국의 심판으로 50~51장에 예언의 말씀이 나와 있다.

이스라엘과 이란의 제5성전은 제1, 2, 3, 4차 성전 중동전쟁과 소규모 중동전쟁을 거치면서 국방력을 키워온 이스라엘과 '중동의 지존'이라고 자부하는 이란이 핵 개발을 시작하면서 발생하게 된다. 양국 간 절대 양보할 수 없는 힘의 균형이 맞부딪치게 되는 것이다.

힘의 팽창과 균형을 맞추시는 분, 한쪽을 일으키시고 꺾기도 하시는 분은 오직 여호와시다. 여호와께서 "나 만군의 여호와가 이같이 말하노라 보라 내가 엘람의 힘의 으뜸 되는 활을 꺾을 것이요 렘 49:35"라고 말씀하셨다. 이스라엘이 이란 엘람 을 꺾는 것 심판 은 하나님의 뜻이요, 약 2,600년 전에 이미 주신 명령이다.

이스라엘은 이란 엘람의 '힘의 으뜸 되는 활', 즉 핵무기와 핵발전소를 이스라엘의 핵무기로 반드시 심판할 것이다.

내가 그동안 성경을 공부하고 연구한 바를 종합해 보면, 제5성전은 앞으로 7년에서 10년 2027년 안에 일어나지 않을까 추측된다.

1. 이란의 핵개발

이란은 핵을 개발할 때만 해도 스스로를 중동의 '으뜸 되는 활'이라고 여겼다. 그렇게 교만했던 탓에, 자기들이 이스라엘을 멸망시키기 위해 만든 핵무기 때문에 오히려 이스라엘의 핵공격으로 역공당해서 패망하고, 국민들이 세계 곳곳으로 흩어질 것이라는 사실을 전혀 예상하지 못한다.

1) 이란 핵 프로그램 구축 배경

이란은 1950년대 '팔레비 Mohammad Reza Pahlavi' 왕정 때에 미국의 지원으로 '초기 원자력 프로그램'을 시작해서 중동 지역의 원자력 선두 국가가 되었다. 미국 아이젠하워 대통령의 1953년 'Atoms For Peace' 제창 이후, 이란은 1957년 미국과 '원자력 협정'을 체결하고 미국의 지원 하에 실질적인 '원자력 프로그램'을 도입하기에 이른다.

이란은 미국이 제공한 원자로의 가동에 맞추어 1968년 '핵 확산 금지 조약'NPT : Treaty on the Non-Proliferation of the Nuclear Weapons에 서명하고, 1970년 NPT 발효에 따라 비핵국으로서 NPT에 참여했다. 그러나 미국은 1979년 호메이니Ayatollah Ruhollah Khomeini 이슬람 혁명과 이란 미 대사관 인질사건, 1980년 이란-이라크 전쟁 이후 이란을 자국 안보에 대한 중대한 위협으로 여기고 국제 사회에서 이란을 제재하기 시작했다. 그 이후로 사정은 더 나빠졌다. 이란의 과격한 이슬람주의 및 테러 지원 활동 등으로 지난 30여 년간 미국은 이란과 적대적 관계를 유지해 왔다. 특히 2002년 1월 부시 대통령이 이란을 향해 '악의 축'이라고 한 발언은 이란의 핵 보유 의지를 더욱 자극하는 계기가 된다. 이란은 이라크의 안보 위협과 이스라엘의 핵무장 등 중동 지역의 불안정한 정세에서 주도권을 확보하기 위한 전략으로 핵무기 보유를 추진했다.

2) 이란 핵협상 과정

2002년 8월 15일 이란의 반정부 단체인 '국민 저항위원회NCRI'가 이란 중부 '나탄즈Natanz'에 비밀 우라늄 농축 시설이 있다고 폭로했다. 나탄즈 핵시설Natanz uranium enrichment site의 존재를 처음으로 알린 것이다.

이 일로 미국과 이란의 관계는 1월 부시 대통령의 '악의 축' 발언 때보다 더욱 악화되었다. 2003년 3월에 미국의 이라크 공격 직후, 이란은 미국의 대이란 안전보장 제공과 외교 정상화를 조건으로, 이란 핵 활동의 완전한 투명성과 '하마스' 및 '헤즈볼라' 집단에 대한 지지미국은 1984년 이란을 헤즈볼라, 하마스, 지하드 등을 지원하는 테러단체 지원국으로 분류 철회를 교환하는 '일괄 타결 Grand Bargain'을 미국 측에 비밀리에 제안했다. 그러나 부시 정부는 이 제안의 진위를 불신했기 때문에 즉시 거부했고, 이에 EU 3개국E3: 영국, 프랑스, 독일이 이란과의 핵 협상을 추진했다. E3와 이란은 '테헤란 합의' 및 '파리 합의' 등을 통해 일부 합의를 이루는 듯 보였다. 그러나 2005년 6월 반서방 강경 보수파인 마무드 '아흐마디네자드 Mahmoud Ahmadinejad' 대통령 당선 이후 '이란 핵 프로그램' 재개로 합의가 물거품이 되고 말았다.

2013년 6월 중도적 온건파 '하산 로하니' 대통령이 당선된 후 오바마 대통령은 1979년 이후 34년 만에 이란 정상과 직접 통화하고 핵 협상 추진에 합의했다. 2015년 4월 2일, 스위스 로잔에서 이란과 P5+1미국, 영국, 프랑스, 중국, 러시아의 핵보유 5개국+독일은 이란 핵문제 해결을 위한 '포괄적 공동 행동계획JCPOA: Joint Comprehensive Plan of Action'의 핵심 사안에 잠정 합의하고 2015년 6월 30일까지 세부사항을 포함하는 최종 협상안을 도출하기로 했다.

그 뒤 2015년 7월 14일에 이뤄진 이란과 주요 6개국의 핵협상은 2002년 8월 이란의 반정부단체의 폭로로 불거진 중동 최대의 난제 중 하나였던 이란 핵문제를 13년 만에 외교적 타협점을 찾았다고 자화자찬했다. 그러나 이란 핵협상 타결로 인해 이란이 핵 전쟁의 피해 당사국으로 전락하게 될 것이라는 사실을 어느 누구도 깨닫지 못했다. 이란 핵문제 해결을 위한 '포괄적 공동 행동계획JCPOA'의 핵심 사안에 잠정 합의가 이스라엘에 결정적인 핵 공격을 감행하게 하는 계기가 된다.

3) 핵협상 결과에 대한 인접국의 반응

이스라엘, 네타냐후Benjamin Netanyahu 총리는 핵협상 타결 발표 직후, "본 합의가 이란의 핵무기 개발 의지를 꺾기에 불충분하다"고 지적하며 강력히 비판했다. 정보 국장인 스테니츠Yuval Steinitz도 "본 합의가 중동 지역의 현실을 고려하지 못했다"고 비판하며, "이스라엘은 이란의 핵무장 위협에 대응해 군사 공격을 포함한 모든 방안을 고려하고 있다"라고 밝혔다.

미국의 오바마는 본 합의를 "세계 평화와 중동의 평화를 위한 역사적인 합의"라 평가하며 외교 정책 전문가들 역시 긍정적 반응을 보였다. 그러나 미 상원은 "이란에게 농축 활동 및 핵 기반 시설 보유를 인정했다"고 본 합의를 강력히 비난했다. 사실 미 상원은 이란과의 협상 중에도 지속적으로 이란과의 합의 추진을 반대해 온 터였다.

론 존슨 미국 상원의원의 이란 핵 협상을 국제 조약으로 끌어 올리려는 저지 법안인 '핵협상 검토 법 개정안'이 미국 상원에서 무산됐다. 공화당이 장악한 미국 상원은 2015년 4월 28일 론 존슨 의원이 발의한 핵협상 검토 법 개정안-미국을 비롯한 서방국이 이란과 진행하는 핵협상을 행정협약인 합의가 아닌, 국제조약 성격으로 끌어올린다는 내용-을 표결에 부쳤으나 반대 57표, 찬성 39로 통과되지 못한 것이다.

이란은 핵합의에 관해 즉각 환영 의사를 표했으며, 협상 대표였던 자리프 Mohammad Javad Zarif 외무 장관은 귀국 당시 이란 국민들의 열렬한 환영을 받았다.

중동 국가들 특히 사우디아라비아를 비롯한 요르단, 이집트 등 걸프 지역의 '수니파' 국가들 역시 '시아파'가 이끄는 이란을 주적으로 여기고 있으며, 그들 간의 근본적인 불신으로 인해 합의에 관한 깊은 우려를 표명했다.

특히 사우디아라비아의 정보 국장과 주미 대사를 지낸 '뚜리키 왕자'는 다음과 같이 주장하기도 했다. "이란과의 핵 협상은 핵 확산의 문을 여는 것이다. 미국이 이란 핵 협상 타결에 너무 집착해서는 안 된다. 이란은 계속해서 농축 우라늄을 보유하고 있었고 무역제재를 거의 받지 않았다. 미국은 자신들의 중동 정책을 다시 수정해야 신뢰받을 수 있는 리더가 될 수 있다."

2. 이란의 주요 핵시설

1) 부셰르

부셰르는 이란 최초의 원자력 발전소로서, 2기의 중수로를 보유했으며 예레미야의 '엘림'을 지칭하는 장소이다. 1995년에는 이란은 러시아와 원자력 발전소 건설을 위한 '경수로' 공급 계약을 체결했다. 이 조약에 따라 이란은 사용이 끝난 핵 연료봉을 러시아에 넘겨 주었고, 러시아는 핵 연료봉을 재처리했다. 그리고 부셰르 발전소는 2011년 9월 3일 준공식과 함께 가동을 시작했다.

2) 아라크

이란 중부 지역에 위치하고 있으며, 핵무기 제조가 가능한 '농축 우라늄'과 '플루토늄'을 생산한다. 2002년 12월 미국의 '과학국제안보연구소 ISIS: Institute for Science and International Security'가 위성사진을 공개하면서 처음 알려졌다. 영국의 일간지 〈텔레그래프〉는 2013년 2월 "중수로 시설 냉각기에서 증기가 방출되는 위성사진을 입수했다"고 보도하기도 했다.

3) 나탄즈

우라늄 농축 생산 시설을 갖추고 있으며 원심분리기 4,000개와 최신형 IR-2m 원심분리기 700개를 보유하고 있다.

4) 포르도

우라늄 농축 시설과 함께 원심 분리기가 약 2,800개 있다. 2009년 9월에 5% 농축 우라늄 생산 시설을 건설, 2011년 6월부터는 20%의 농축 우라늄을 생산했으며, 2012년 1월에 농축을 시작했다. 특히 포르도는 산악지대의 지하 76m 지점에 핵시설을 건설했다.

5) 파르친 군사 기지

이란 북부 중앙에 위치한 곳으로, 2011년 핵실험 의혹이 제기된 곳이기도 하다. 사실 2005년 'IAEA'가 이곳을 조사했으나 이란이 조사 지역을 제한해 실질적인 조사가 이루어지지 않았다. IAEA는 2011년 11월 보고서를 통해 '파르친' 기지에 핵탄두용 고폭 실험을 위한 격납용기가 설치되었고, 이는 이란의 '핵무기 개발'의 강력한 증거라고 주장했다.

6) 테헤란

우라늄 농축 시설이 요새화되어 있고, 핵개발 연구소들이 위치해 있다.

7) 이스파한

테헤란 남방 420㎞, 고원에 위치했고 교통의 요지이며 '우라늄 변환 시설'과 '우라늄 처리 시설', 그리고 원자로를 보유하고 있다.

8) 아르다칸

'옐로 케이크' 생산 공장으로 이란 국영방송 'IRIB'는 2013년 4월 9일, "야즈드 주 '아르다칸' 시의 새로운 우라늄 생산 시설인 '샤히드 레자이네자드'에서 우라늄 생산을 시작했다. 아르다칸의 생산 시설은 연간 60t의 '정제 우라늄'을 생산한다"고 보도했다. 우라늄 광석 가공 과정에서 생기는 정제 우라늄은 색깔이 노란색이어서 '옐로 케이크 Yellow Cake'로 불리기도 한다.

9) 아나라크

핵폐기물을 처리 시설이 있다.

10) 사간드

이란의 유명한 '우라늄 광산'으로 약 12만 톤의 우라늄 원석이 매장되었으며, 연간 50~60톤의 우라늄을 채굴한다.

11) 가친

우라늄 광산으로 채굴과 '정련'이 이루어지며 연간 24톤의 '옐로 케이크'가 생산 가능하다.

▲ 인터넷에 나타난 이란의 주요 핵시설

3. 이스라엘의 핵무기 현황

이스라엘의 핵무기는 1958년 벤구리온의 지시로 "최후의 자유수단으로 핵무기가 필요하다"는 원칙 하에 원전이 네게브 사막에 건설되는데 이스라엘은 처음에 직물공장 'DIMONA FIBRES'으로 위장한다. 서방은 1960년 정찰기를 통해 처음으로 이 원전의 존재를 알게 된다. 사실 이스라엘의 핵 보유를 위해 도와준 나라는 많다. 노르웨이는 원자로용 중수 공급, 영국은 중수 공급, 프랑스는 원자로 공급, 미국은 대량의 고농축 우라늄이 이스라엘에 선적될 수 있게끔 도와주었다. 이러한 역사의 흐름은 하나님께서 도와주시지 않는다면 이루어질 수 없는 일이었다.

이스라엘은 공식적으로 핵 보유를 시인도 부인도 하지 않고 있으며 NCND, 핵확산금지조약 NPT 가입도 거부해 왔다. 이스라엘의 역대 지도자들 중 어느 누구도 핵무기에 대해 언급한 사람은 없다. 이스라엘은 1967년 제3차 중동전쟁 6일 전쟁 이후 핵실험 없이 핵폭탄을 제조했다. 미국은 1968년 이스라엘이 핵폭탄을 제조한 사실을 알았지만 문제 삼지 않았다.

아마 뒤에서 '골다 메이어' 이스라엘 총리와 '리처드 닉슨' 미국 대통령이 1969년 9월 25일 "이스라엘이 공개 선언이나 핵실험을 통해 핵무기의 보유를 밝히지 않으면 미국은 이스라엘의 핵 프로그램을 묵인하고 보호할 것이다"라는 내용의 '비밀 협약'을 맺은 것으로 추측된다.

이스라엘은 현재 80~300개의 핵폭탄을 보유한 것으로 추정된다. '스톡홀름 국제평화연구소 SIPRI'는 약 80개로 추정하고 있으며, 영국의 군사 컨설팅 업체인 '제인스 인포메이션 그룹'은 100~300개, '국제전략문제연구소 IISS'는 약 200개' 정도로 계산하고 있다. 미국의 핵 확산 반대 비정부기구인 '핵위협 이니셔티브 NTI'의 추정치는 100~200개다.

〈이스라엘과 핵폭탄〉의 저자 애브너 코언은 이에 대해 다음과 같이 말했다. "이스라엘은 최악의 상황에 대비할 능력을 갖춰야 한다고 판단했고 아우슈비츠와 같은 재발을 예방하고, 핵폭탄으로 국가를 지키고, 침략하는 적을 위협하는 힘을 가져야 하는 위치에 있어야겠다고 생각했다. 이스라엘은 이것을 '삼손 옵션'이리고 부른다." 또한 그는 이스라엘의 핵보유에 대해 "이스라엘이 적게는 수십 개, 많게는 300개가 넘는 핵무기를 가지고 있다"고 주장했고, 지미 카터 전 미국 대통령도 2008년에 "이스라엘은 최소 150기의 핵미사일을 보유하고 있다"고 언급하기도 했다.

4. 이스라엘과 이란의 긴박한 핵 전쟁 이슈

1) 2011년 11월, 이란 핵발전소 공습 계획

2011년 11월, 이스라엘은 이란의 핵 발전소 공습 계획을 밝혔으나 실제로 실행되지는 않았다. 이에 대해 이란을 정치적으로 압박하려는 엄포용이라는 분석이 많았다. 이스라엘 내부적으로 핵 발전소를 공격하는 것보다는 경제적인 압박을 가하자는 의견이 많았다고 한다.

2) 2012년 8월, 미 대선을 틈타서 이란을 공격하는 이스라엘

네타냐후 이스라엘 총리는 "11월 미국 대선 이전에 이란 핵시설을 공격하겠다는 의지가 확고하다"고 이스라엘의 유력 방송사인 <채널 10>이 보도했다. 이 방송은 7월부터 이란에 대한 제재가 강화됐지만 이란의 고농축 우라늄 생산 등 핵 프로그램을 중단시키는데 실패함에 따라 총리가 행동할 시간이 가까워졌다고 전했다. 시몬 페레스 대통령과 야당 지도자인 샤울 모파즈 전국방부 장관은 "결정권을 가진 네타냐후 총리는 정부 내에서 대다수의 지지를 확보했다"고 방송이 덧붙였다.

3) 2015년 2월 이란, 새 인공위성 발사 성공

지구 궤도를 순항하는 4번째 인공위성 설계와 제작을 이란의 기술진이 담당하게 되었다. 그러자 일각에서는 이란의 우주 프로그램이 핵무기를 장착할 수 있는 미사일을 설계하는데 쓰일 수 있다는 우려가 제기되었다. 서방에서도 "이란이 핵폭탄을 제조할 수 있을 만큼 충분한 양의 우라늄을 농축할 수 있다"는 보도를 내보내기도 했다.

4) 2015년 3월, 네타냐후, 이란 핵문제에 대한 입장을 밝히다

네타냐후 총리는 AIPAC에서 이란 핵 문제 및 정치적 논란 입장을 다음과 같이 밝혔다. "이란 핵무기가 이스라엘의 생존을 위협하고 있다. 나는 이란의 핵무기를 막아야 할 도덕적 의무가 있다."

2015년 3월 2일 미국 워싱턴 월터 컨벤션센터에서 열린 미국과 이스라엘 공공 정책위원회 연례 참석에서도 "아직도 이란의 핵개발을 피할 수 있는 시간이 있다"고 자신의 입장을 분명히 했다.

5) 2015년 4월, 이스라엘, '군사적 옵션 고려할 수도'

이스라엘의 스타이니치 장관은 "이스라엘의 안보를 고려하지 않는 이란과의 군사적 옵션은 고려할 수 있다. 우리에게 선택의 여지가 없을 경우, 모든 군사적 옵션은 열려 있다"라고 경고했다. 실제 이스라엘은 1981년에는 이라크를, 2007년에는 시리아의 원자로를 공습한 바가 있기 때문에 이러한 경고는 매우 무게감 있게 다루어졌다.

6) 2015년 4월, 이란 핵협상 타결, 검증 시 모든 대이란 제재 해제

스위스 로잔에서 마라톤 협상 끝에 4월 2일 '이란 핵협상'이 타결되었다. 유엔 안전보장이사회 5개 상임이사국 미국·영국·프랑스·러시아·중국과 이란이 2015년 4월 2일 이란의 핵개발 중단에 합의한 것이다. 이란은 핵무기 제조에 필요한 핵물질 생산을 중단하라는 것으로, 이렇게 할 경우 미국 등은 유엔 안전보장이사회의 대이란 경제제재를 해제하기로 합의했다.

이 제안에 합의한 이란은 향후 10년간 우라늄 농축을 위한 원심분리기의 숫자를 3분의 1로 줄이고, 15년간 우라늄 농축을 위한 새로운 시설을 짓지 않으며 핵분열 물질도 반입하지 않기로 했다.

한편 '무하마드 쟈바드 쟈리프' 이란 외무장관은 "쿠르도 핵시설은 아니더라도 나탄즈에서는 우라늄 농축을 지속할 것이다"라고 밝혔다. 네타냐후 총리는 이 협상에 반대했고, 합의가 이루어졌을 때에도 부정적 의견을 발표했다.

"핵협상 타결 시 이란은 1년 안에 핵무기를 제조한다. 이번 핵협상은 이란으로서는 꿈꾸던 협상이고 세계적으로는 악몽 같은 협상이라 생각한다. 전 세계는 북한과의 협상이 북핵 문제의 돌파구로 생각했고 환영했다. 또한 핵시설 사찰단도 있었고 그것이 효과가 있을 것으로 판단했으며 모두가 그것에 동의했다. 하지만 그것은 최악의 협상이었다. 나는 이번 이란과의 핵협상도 북핵과 마찬가지일 뿐 아니라 더욱 위험하다고 본다."

7) 2015년 12월, IAEA 이사회 이란 핵사찰 종료 결의안 승인

IAEA는 12월 15일 오스트리아 빈에서 특별 집행이사회를 열고 이란의 핵무기 개발 의혹에 대한 사찰 보고서를 승인하는 결의안을 채택했다. 아마노 유키야 IAEA 사무총장은 "이란이 2003년 말 이전부터 핵무기 개발 관련 활동을 해왔지만, 2009년 이후로는 핵무기를 개발했다는 신뢰할 만한 징후를 발견하지 못했다"며 "획득한 핵물질을 핵무기를 만들 수 있도록 변환한 어떤 징후도 발견하지 못했다"고 덧붙였다. 하지만 이것은 신뢰할 수 없는 일이었다.

8) 2016년 1월, 서방의 이란 제재 해제, 이스라엘 강경파 '선제공격하자.'

IAEA 이사회 이란 핵사찰 종료 결의안 승인에 따라 이란에 대한 서방의 제재가 1월 16일 해제되었다. 당시 미국 대통령이었던 오바마는 "우리는 중동에서 다른 전쟁에 의지하지 않고 외교를 통해 이를 성취했다"고 자축했지만 현실은 달랐다. '수니파'와 '시아파' 간의 갈등이 커지고, 이란의 '헤즈볼라' 지원으로 레바논과 시리아와 무력 충돌 가능성이 높아졌기 때문이다.

1월 17일 네타냐후 총리는 "이란이 핵무기 보유 야욕을 포기하지 않았다"고 비판했다. 강경파는 이란 핵시설 선제 공격론을 꺼내들었다. '길라드 에르단' 이스라엘 전략부 장관은 "이란이 핵무기를 갖지 못하길 기대한 중동의 모든 국가는 오늘이 힘든 날이 됐다"라고 밝혔고, '대니 대던' 이스라엘 유엔 대사도 "대이란 제재 해제는 테러리즘의 바퀴에 윤활유를 치는 것과 같다"고 비판했다.

9) 2016년 3월, 이란 탄도 미사일 발사

3월9일 오전 이란 혁명 수비대는 이란 '알보르즈산'에서 사거리 1,700㎞의 중거리 탄도미사일 '카르데H'와 사거리 2,000㎞의 '카르데 F'를 각각 1발씩 발사했다. 혁명수비대 공군 사령관 '아미르 알리 하지자데'는 "이란이 탄도미사일 사거리를 2,000㎞로 설계한 것은 안전한 거리에서 주적인 시온주의 정권을 타격하기 위해서다"라고 말했다. 실제 미사일 표면에는 "이스라엘을 쓸어버려야 한다"라고 적혀 있었다.

10) 2016년 3월, 이란, '탄도 미사일 개발 추진 박차 가할 것'

'모하마드 자리프' 이란 외무장관은 "이란의 미사일 개발은 핵무기와 관련 없는 만큼 제한없이 추진하겠다. 물론 IAEA는 약속이라도 한 듯이 "탄도 미사일은 핵무기와 관련 없다"라고 발표했다

11) 2016년 4월, 이란, 러시아 미사일 시스템 S-300 1차 인도

4월 11일, 이란 외무부는 "카스피 해를 통해 S-300 1차분이 러시아에서 이란에 인도됐다"는 발표를 했다.

12) 2016년 4월, 이란, '이스라엘에 맞서 이슬람 국가들 지킬 것'

이란 '하산 로하니' 대통령이 국군의 날 퍼레이드에서 러시아제 S-300 대공미사일 등장시켰다.

13) 2016년 7월, 이란, 2027년부터 핵폭탄 제조

2015년 7월, AP통신은 6개국이 이란과 비밀리에 합의한 '이란 핵합의 기밀 문서'를 단독 입수해서 폭로했다. 문서에는 "이란은 10년이 되는 2027년 1월부터 낡은 원심분리기를 신형으로 교체하는 방식으로 핵개발에 박차를 가할 수 있다. 이란 핵 협정에서 '기밀 문서'는 추가로 합의된 내용이자 유일하게 공개되지 않은 자료다"라는 내용이 담겨 있었다.

이 문서를 제공한 사람은 "해당 문건은 이란 핵협상과 별도의 내용이지만, 필수적이고 유효한 사항이기 때문에 6개국 모두 승인했다"는 증언을 했다.

기밀 협정 추가 내용은 2017년 1월부터 2년간 이란이 구형 원심분리기 5,060개를 5배 더 효율적인 신형 2,500~3,500개로 교체할 수 있다는 것이었다. 여기서 주목할 만한 것은 신형 원심분리기는 구형보다 우라늄 농축 속도를 2배 이상 늘릴 수 있다는 사실이다.

14) 2016년 8월, "이란은 이스라엘을 칠 준비가 되어 있다."

이란 혁명군 IRGC의 지휘관인 Hossein Salami는 최근 다음과 같은 발언을 했다.

"헤즈볼라는 이스라엘을 타격하여 팔레스타인을 해방시키기 위해 10만개의 미사일을 준비하고 있다. 만일 시오니스트 정권이 과거와 같은 잘못을 반복한다면 이것은 현실이 될 것이다. 현재 우리는 그 어느 때보다도 시오니스트 정권을 무너뜨리고 섬멸시킬 준비가 잘 되어 있다."

그러면서 만일 이스라엘이 잘못된 행동을 한다면 공격을 받게 될 것이라고 경고했다. 몇 주 전에는 이란 혁명군의 엘리트 고문관인 hmad Karimpour는 만일 총 사령관인 Ali Khamenei의 명령이 떨어지면 이란은 "8분 안에 이스라엘을 파멸시킬 수 있다"는 발언을 하기도 했다.

5. 이스라엘의 핵관련 전쟁

1) 이라크 핵시설 공격

1981년 6월 7일, 오후 4시 10분 이스라엘은 '오페라' 작전을 개시했다. 이 작전은 이스라엘 공군이 이라크의 핵시설인 오시라크 원전을 공습 및 파괴하는 임무다.

이라크는 1970년대 후반부터 프랑스의 지원을 받아 바그다드 인근에 원자로를 건설했다. 원유가 넘쳐나는 산유국 이라크가 원자로를 만든다는 것은 누가 봐도 핵무기를 만들기 위해서였다. 이스라엘은 '모사드'를 통해 이라크의 핵 물리 학자들을 암살하는 등 방해를 했지만 핵무기 개발을 막기엔 역부족이었다. 그래서 1980년 이라크의 원자로를 물리적인 방법으로 파괴하기로 결심한다.

하지만 이스라엘에서 바그다드까지는 직선으로 약 1,000km나 되는 먼 거리였다. 1980년대에 이 거리에서도 타격할 수 있는 군사적 수단을 찾기는 쉽지 않았다. 사거리가 1,000km가 넘는 미사일을 이용할 수도 없었고, 전투기의 공중 급유도 원활하지 못했다.

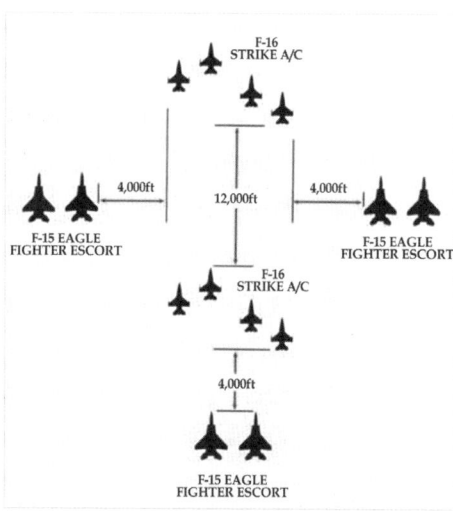

▲ 이스라엘 공군의 원전 공격을 위한 전투기 편대

이때 고안한 묘책이 이스라엘 공군으로 하여금 F-16을 이용해 원자로를 폭격하는 작전이었다. F-16의 보조 연료 탱크에 연료를 가득 채우고 기체당 두발의 2,000파운드 'MK-84' 폭탄을 장착한 F-16기 8대가 원자로 폭격을 담당했고 6대의 F-15가 에스코트를 담당하는 작전을 전개했다.

F-16에 탑재한 MK-84 폭탄은 폭발 시간이 다르게 세팅된 시한 신관이 장착되어 있었다. 첫 번째 기체는 접촉 신관으로 원자로 벽에 손상을 주고 나머지는 순서에 따라 폭발하게 세팅되어 뒤로 갈수록 깊은 곳에서 폭발하게 된다.

공격 개시일인 1981년 6월 7일, 이스라엘 공군은 14대의 F-16, F-15 혼합 전투기 편대는 요르단과 사우디아라비아의 남쪽 국경을 타고 비행하기 위해 시나이반도 남쪽에 위치한 '에치온 기지'-지금은 'Taba 국제 공항'-로 발진한다. 목표는 바그다드 남동쪽 18㎞ '알 투와이타' 핵연구소였다. 이곳에 40㎿급 경수로 1기가 건설되는데, 석유가 풍부한 이라크가 원전을 세우는 이유는 분명했다. 이 원자로를 설계한 프랑스인들은 이곳을 이집트 신화의 등장하는 죽음의 신 '오시리스'와 '이라크'를 합쳐 '오시라크'라 불렀다.

이스라엘 공군의 혼합된 14대의 F-16, F-15 전투기 편대는 북서풍 때문에 북쪽으로 이륙 후 남쪽으로 기수를 돌린 덕분에 기체가 예정보다 다소 북쪽으로 요르단 해안을 관통하게 된다. F-16 편대는 사막을 90m 높이로 저공 비행을 했고, 일부 코스에서는 30m 초저공비행을 했다. 일부에서는 레이더에 민항기

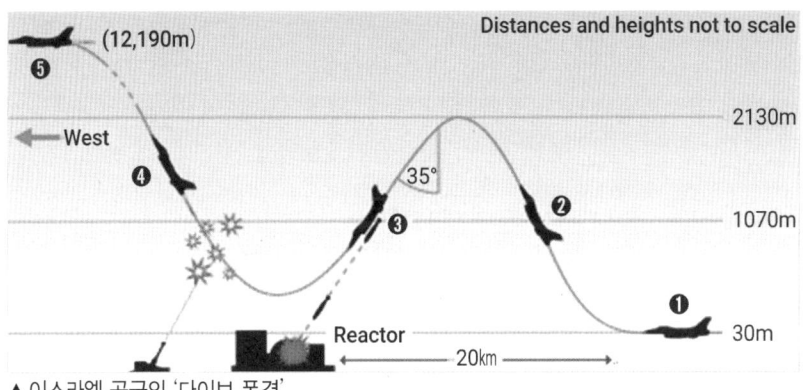

▲ 이스라엘 공군의 '다이브 폭격'

기처럼 보이기 위해 일부러 무리지어서 비행하기도 했다. 이스라엘 공군이 이렇게 초저고도로 비행 작전을 수행하는 이유는 1979년 9월 30일의 실수를 반복하지 않기 위해서였다. 당시 이스라엘 공군은 F-4 팬텀 2대가 이란 공군으로 위장 도색했으나 레이다에 걸려 작전이 실패한 뼈아픈 경험이 있었다.

원자로 인근에 도착한 F-16 편대는 '애프터 버너'를 켜고 급상승해 고도 2,000m까지 수직 상승한 후 원자로를 향해 하강하며 MK-84를 내리꽂는 '다이브 폭격'을 시행했다. 당시 원전 인근에는 SA-6 지대공 미사일 포대와 방공포대가 있었지만 소수의 방공포가 대응한 것 외에 큰 저항은 없었다.

F-16기 8대에서 발사된 16발의 폭탄 중 인근 건물에 떨어진 2발을 제외한 14발이 원자로에 적중했고, 2발의 불발탄을 제외한 12발의 폭탄이 원자로의 핵심까지 완전히 날려 버렸다. 폭격을 마친 F-16 편대는 올 때와 달리 최단거리 코스를 이용해 이스라엘로 귀환했다. 다행히 이라크 공군의 출동은 없었고 요르단 공군 역시 F-16을 탐지는 했지만 요격을 시도하지 않았다.

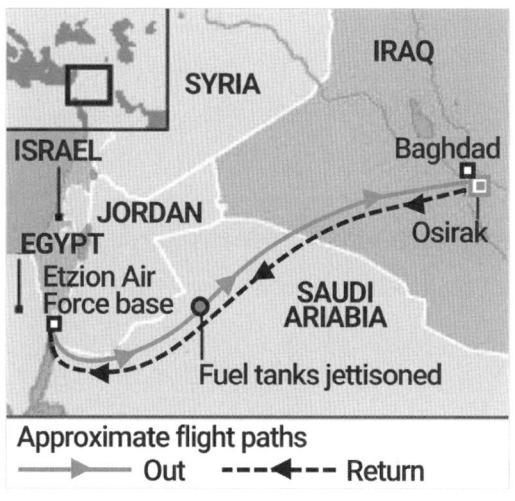

이스라엘이 원자로를 폭격하자 이스라엘을 비난하는 여론이 전 세계적으로 들끓었다. 특히 피해 당사국인 이라크와 영공을 뚫린 사우디, 요르단의 비난이

거셨다. 미국 역시 이스라엘을 비난하면서 F-16 수출을 중단했다. 물론 여론이 잠잠해진 후에는 수출을 재개했는데, 아마 미국도 내심 이스라엘이 미국 무기의 우수한 성능을 입증시켜준 것에 대해 고마워했을지도 모른다.

그로부터 10년이 흐른 1991년 오시리크 원전 공습 당시 이스라엘 공군 장성으로 공습 계획을 주도했던 다비드 아리브리 장군은 주미 이스라엘 대사로 근무한다. 미 행정부는 다비드 대사에게 붕괴된 오시라크 핵시설의 위성 사진을 선물로 증정하면서 다음과 같은 말로 감사를 전했다.

"다비드 아리브리 장군께 감사와 치하를 드립니다. 장군께서는 이라크 핵개발 프로그램을 1981년에 중단시키는 걸출한 업적을 남기셨고 그로 인해 1991년 '사막의 폭풍 작전'을 수월하게 완수할 수 있었습니다."

작전 당시 이스라엘을 맹비난한 미국도 10년 세월이 지나 그때의 판단에 대한 존중과 감사를 보낸 것이다.

이스라엘의 오시라크 공습은 대량 살상무기 위협을 제거하기 위한 선제 공격, 즉 '예방적 자위권 preventive self-defense'을 실제 군사 작전으로 구현해낸 최초이자 대표적인 사례로 손꼽힌다. 만약 이스라엘의 '오시라크 핵시설' 타격 작전이 실행되지 않았거나 실패했다면 이라크는 핵개발을 계속했을 것이고 당시에 전쟁중이던 이란에 핵폭탄을 실제로 투하했을지도 모른다. 또 걸프전 당시 이스라엘에 스커드를 날렸던 후세인이 미사일에 핵탄두를 탑재해 이스라엘에 날렸거나 쿠웨이트에 증원군인 다국적군에게 핵탄두를 날렸을 수도 있다.

여기서 놀라운 반전은 이스라엘 '모사드'에게 이라크 원전을 파괴하도록 세세한 정보를 제공한 나라가 아이러니컬하게도 이란이라는 사실이다. 이란은 이스라엘의 전술폭격을 교훈삼아 핵개발 시설을 전국 각지로 분산시킨 다음 지하에 만들었고 핵시설의 위치도 이스라엘 전술 핵폭격기 사정거리를 벗어난 이란 내륙에 만들었다.

지난 미국 대선에서 도날드 트럼프가 대통령으로 당선되었다. 미국의 국익을 가장 우선시하는 트럼프 대통령의 스타일을 보면 '주한 미군 철수'라는 카드를 만지작거릴 가능성이 있다. 만약 그러한 조짐이 보인다면 한국은 주저하지 말고 핵무기를 보유해야 한다. 핵무기는 한 국가의 힘이고, 안보의 모체다. 핵폭탄을 1기라도 보유한 나라는 어느 나라도 섣불리 공격하지 못하게 때문이다.

2) 시리아 핵시설 공습

2007년 9월 5일 저녁 10시 30분 이스라엘 공군의 F-15 1개 편대 4대와 F-16 1개 편대 4대가 이스라엘 남부 공군기지에서 출격해 지중해를 통해 시리아 영공을 침공한다. 이때 이스라엘 공군은 교신 시스템을 모두 끄고 작전대로 9월 6일 0시 40분경 목표물에 도착해 공대지 유도폭탄인 '네버린'을 발사, 시리아의 동부 사막 '데이르 에조르 Deir ez-Zor' 주의 알-쿠바르 핵시설을 파괴하고 새벽 1시 30분경 이스라엘로 귀환했다.

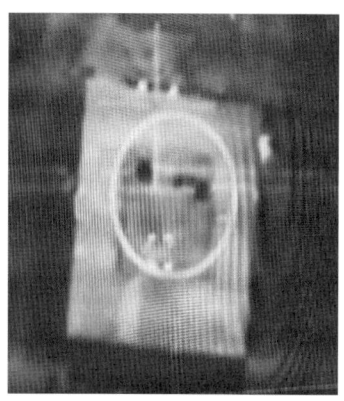 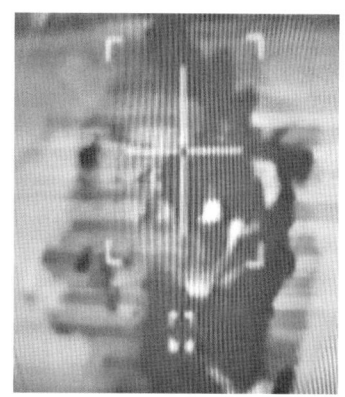

시리아의 '데이르 에조르 Deir ez-Zor' 지역은 북한과 시리아 간의 핵무기 협력 현장으로 의심받는 곳으로 북한이 우라늄 농축을 시리아에서 하고 있다는 의혹이 있었다. 이스라엘은 모사드 '메이어 다간'은 이스라엘 수상 '올메르트'에게 시리아가 북한으로부터 핵 장치 nuclear device를 구매하려 한다는 증거를 제시한 2007년 늦봄부터 공격을 준비했다. 그리고 2007년 6월 19일 이스라엘 수상 올메르트는 워싱턴을 방문, 부시 대통령과 회담한 뒤 체니 부통령과 따로 만난 자리에서 "만약 미국이 공격하지 않으면 이스라엘이 할 것이다"라고 했다.

그러나 부시 정부는 '이스라엘과 미국이 함께 외교적 방법을 쓰자'는 쪽으로 방향을 잡고 당시 라이스 국무장관에게 "그렇게 하면 이스라엘이 어떻게 나오겠느냐"고 물었다. 라이스는 "올메르트 수상이 이 문제를 유엔에 갖고 가서 시설을 폐쇄하도록 국제적 압력을 넣는 방법을 택할 것이다"라고 답변했다. 이때 체니 부통령은 부시 대통령에게 "이스라엘이 군사적 행동을 할 것이다"고 말해주었다. 7월 중순 부시는 미국의 방침을 올메르트에게 통보하였다. 올메르트는 "그런 방법은 이스라엘엔 맞지 않는다. 이스라엘의 운명을 UN이나 IAEA 국제원자력기구의 손에 맡겨놓을 순 없다. 시간이 없다. 원자로에 핵연료가 장전되기 전에 공격해야 한다"라고 재차 강조했다. 당시 이스라엘 정보부는 시리아의 핵시설 건립이 상당한 수준까지 진행되었다고 판단했다. 이에 이스라엘 '모사드'는 미국 정부를 설득할 수 있는 증거, 즉 해당 시설에서 핵물질 샘플, 사진 촬영, 토양시료를 수집하고 이를 이스라엘로 가져오기 위해 12명의 특공대를 파견했다. 그들이 촬영한 사진과 수집한 토양을 분석한 결과, 모사드는 시리아에 건설 중인 원자로가 북한식 원자로임을 확신했다. 그리고 7대의 F-15I 전투기를 동원해 시리아 영공으로 진입, 22기의 로켓을 발사해 시리아 핵시설을 파괴한 것이다.

'알 키바르 al-Kibar', '핵시설 폭격작전'은 '사예렛 메트칼'의 대장을 역임했던 후드 바락 국방장관이 직접 지휘했다. 이스라엘 정부는 시리아의 핵시설을 파괴함으로 IAEA 등의 국제사찰을 통해 알 키바르의 실체가 확인되기 전에 미리 폭격했다. 논란의 여지를 아예 없앤 것으로 추정된다.

W. 부시 대통령 시절 부통령을 지낸 '딕 체니'는 자서전 <나의 시대 In My Time> 에서 "당시 시리아의 핵개발을 중단시키기 위해 부시 대통령에게 원자로 건설 부지에 대한 폭격을 수차례 요구했다. 그러나 부시 대통령은 이라크 대량 살상 무기에 대한 잘못된 정보로 인해 곤욕을 치를 사태를 우려한 다른 참모들의 조언에 따라 이를 거부했다. 이스라엘은 미국이 시리아에 대해 '외교적 접근법'을 택하자 독자적으로 해당 시설을 폭격해 버렸다"라고 전언했다.

이스라엘 공군이 시리아 핵시설을 공격하자, 이번에도 전 세계는 이라크 원자로가 파괴되었을 때처럼 이스라엘을 비난했다. 그러나 비난으로 그쳤을 뿐,

어떤 나라도 이스라엘을 공격하지 않았다. 이유는 간단하다. 이스라엘은 중동 국가들에는 없는 핵폭탄을 가지고 있었기 때문이다. 이것이 작은 나라, 이스라엘을 지탱시키는 힘이다.

6. 이스라엘 공군

세계에서 전쟁의 실전 경험이 가장 풍부한 군대를 꼽으라면 '이스라엘 방위군'일 것이다. 현재 이스라엘 공군 Israeli Air Force, IAF 은 이스라엘 방위군의 항공전을 담당하는 부대이다. 이스라엘 공군의 전투력은 2014년과 비교했을 때 4배나 강력해졌고, 2016년 말에는 5배 정도로 증가했다. '아미르 에셸' 이스라엘 공군 참모총장은 2014년 5월 21일 한 컨퍼런스에서 "이스라엘 공군 전력은 하루에 목표물 수천 곳을 정밀 타격할 수 있는, 유례없는 공격 능력을 확보했고 12시간 내 1,500회 폭격이 가능하다"라고 강조했다.

1) 이스라엘 공군기지 Israeli Air Force base

이스라엘 공군 기지는 여러 곳에 분산 배치되어 있다. 대표적인 북쪽 기지는 '하아파 Haifa', '라맛 데이빗 Ramat David', 중·북부 지역의 기지는 '수드도브 Sde Dov', '팔라힘 Palmachim', '테일노프 Tel Nof', '핫조르 Hatzor', 중·남부의 기지는 '하체림 Hatzerim', '네바팀 Nevatim', '라몬 Ramon'이며 최남단 기지는 '오브다 Uvda'에 있다.

2) 이스라엘 전투기 구성

이스라엘 공군의 전력을 살펴보면 F-35A 아디르 통상 이착륙기 CTOL 33대, F15I 1998년; 마하 2.5; 4,450km 25대, F-16I 2004년; 마하 2.0 이상; 4,200km 102대, F-4 스카이호크 1967년 도입; 1,170km/h; 3,540km, F-15 이글 1976년; 마하 2.5; 3,450km 53-58대, F-16 팰콘 1980년; 마하 2.0 이상; 3,200km 301대, F-4E 미국이 지원 해준 전투기, 미라지 3대, 걸프스트림 G500 조기 경보기 5대, KC-707 공중 급유기 22대, E-2C

호크아이 조기 경보기 4대 등이다 2017년, 통계상 수치가 조금씩 다를 수 있다.

F-16I와 F-15I는 핵폭탄을 투하할 수 있다. 전폭기들은 대량의 무기를 탑재해 공습이 가능하며 작전상 공중급유를 받으며 작전을 수행하기도 한다. 특히 히브리어로 '폭풍'이란 뜻의 F-16I 수파 Sufa 는 이스라엘의 요구에 맞게 미국이 제작한 비행기로, 기존의 F-16과는 다른 항공기이다.

이스라엘 공군은 모두 102대의 F-16I를 미국 록히드 마틴사로부터 도입했다. F-16I의 특징은 최대 2,000ℓ 이상의 연료를 추가 탑재할 수 있어서 작전 반경이 최대 2,000km에 달한다는 점이다. 장거리 폭격을 염두에 두고 제작된 항공기라는 것을 알 수 있다.

3) 이스라엘 공군 기지와 이란 핵시설 거리

이스라엘에서 이란 서쪽 국경까지 거리는 약 1,000km이다. 이란의 서쪽 국경부터 동쪽 국경까지 500km 단위로, 즉 1,500km, 2,000km, 2,500km로 나눈다. 이란의 주요한 핵시설들인 아라크, 이스파한, 부셰르, 포르도, 나탄즈, 콤 등이 1,500km 사정권 안에 모두 위치해 있고, 2,500km 안에는 주요 우라늄 광산까지 포함된다.

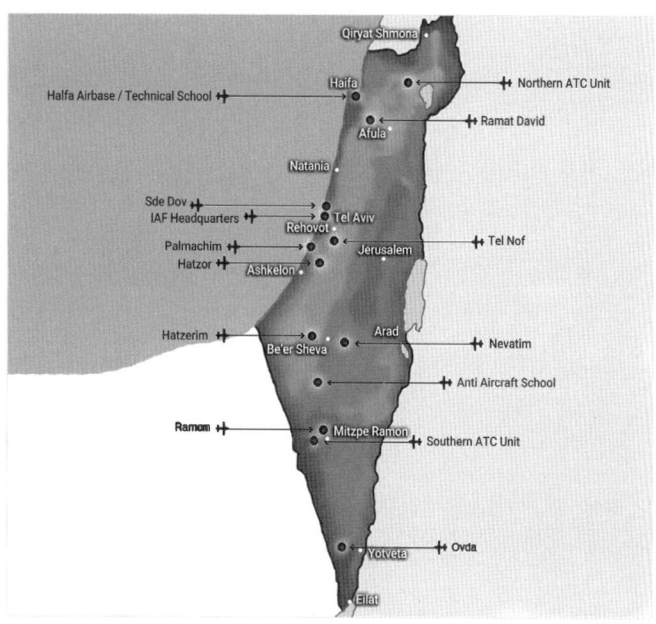

7. 이스라엘의 이란 핵시설 무력화할 첨단무기

1) 이스라엘의 중·장거리 핵탄두 미사일

이스라엘은 언제든지 핵탄두를 장착할 수 있는 중·장거리 탄도미사일을 비롯해 핵미사일을 탑재할 수 있는 잠수함과 폭격기 등을 갖추고 있다. 이스라엘이 보유한 탄도미사일 가운데 핵탄두를 탑재할 수 있는 미사일은 '예리코Jericho-2'이다.

예리코-2는 고체 연료를 사용하는 2단 중거리 미사일이다. 길이 14m, 직경 1.56m, 중량 26t, 탄두무게 1t인 예리코-2는 1메가톤급 핵탄두를 운반할 수 있으며 사거리는 1,500km로 추정된다. 그러나 예리코-2로는 이란을 공격하기에 무리가 있었다.

이스라엘 정부는 '예리코-3'를 개발했는데, 이것은 대륙간 탄도미사일ICBM로

2008년에 실전 배치된 것으로 추정된다. 예리코-3는 3단 고체 연료 로켓을 사용하며, 로켓의 길이는 15.5m, 직경 1.56m, 중량 30t, 탄두 무게는 1,000~1,300㎏에 이른다. 또한 750㎏짜리 1개의 핵탄두 또는 2~3개의 MIRV 핵탄두를 탑재할 수 있고, 사거리는 4,800~6,500㎞로 추정된다. 미국 의회 조사국은 예리코-3 미사일이 탄두무게를 1t으로 할 경우 사거리가 11,500㎞라고 평가했다. 이스라엘은 2011년 11월 예리코-3의 개량형을 성공적으로 시험 발사했다.

2) 이스라엘의 군사위성

전 세계에서 손꼽히는 우주 강국인 이스라엘은 독자적인 인공 위성도 보유하고 있다. 현재 이스라엘이 운용하고 있는 군사용 정찰 위성은 '오페크Ofek' 5, 7, 9호이다. 이스라엘은 3개의 군사용 정찰 위성을 운용하며 탄도미사일을 정확하게 목표에 타격할 수 있다.

3) 이스라엘 잠수함

이스라엘 해군기지는 지중해 연안의 '하이파'에 있고, '아카바만 Gulf of Aqaba'에는 홍해 기지가 있다. 이스라엘은 현재 돌핀급 잠수함 5척을 보유하고 있으며 2017년 이후 1척을 추가 도입할 예정이다. 돌핀급 잠수함은 핵탄두를 탑재한 '팝아이Popeye' 터보 크루즈 핵미사일을 탑재, 발사할 수 있다. 팝아이 터보 크루즈 핵미사일은 650㎜ 어뢰관에서 발사되며 길이 6.25m, 사거리 320㎞이다. 이 미사일은 2002년 시험 발사에서 1,500㎞를 비행했다.

독일 HDW사가 제작한 돌핀급 잠수함은 길이 57.3m, 너비 6.8m의 크기다. 수중에서 최고 20노트로 항해할 수 있으며 순항거리는 4,500㎞이고, 200m까지 잠수할 수 있다. 승조원 35명에 특수 부대원 10명을 태운 상태로 한 달간 작전을 수행할 수 있다. 또 선수에 구경 650㎜의 어뢰관 4기와 533㎜ 발사관 6기 등 모두 10기를 갖추고 있다. 또 6발을 재장전해 발사할 수도 있다. 650㎜ 발사관으로는 순항미사일이나 탄두 중량 227㎏, 사거리 13㎞의 하푼 미사일을 발사할 수 있고, 수중 추진기에 탑승한 특수부대원을 외부로 보내는 등 지상과 해상표적 공격 능력을 갖추고 있다.

4) '헤론'과 '에이탄' 전자전 무기

미래전은 전자전이 될 것이다. 미국의 웹사이트 뉴스 〈데일리 비스트〉는 2011년 11월 16일에 다음과 같은 기사를 보도했다.

"이스라엘이 이란 핵시설을 무력화할 첨단 무기를 개발했다. 만약 이스라엘이 개발한 최첨단 무기로 이란 핵시설을 공습할 경우, 이전과는 다른 공격이 될 것이다. 이란의 인터넷망, 휴대폰 네트워크, 긴급 전화 등 통신시스템을 교란하고 무력화시킨 뒤에 공습하는 형태가 될 것이기 때문이다. 특히 미 합동전쟁분석본부JWAC 참모 토니 데카르보는 "이러한 전자 공격이 점보 제트 크기의 드론무인정찰기 및 무인폭격기으로 수행될 수 있다"고 전했다.

실제 이스라엘은 1981년 6월 이라크 핵시설 공습하기 전에 라디오를 먹통으로 만들어 초기 공습 경보가 발령되지 못하도록 방해한 적이 있다. 그리고 2007년 시리아 '알키바르'의 핵시설을 공습할 때에도 시리아 대공 레이더를 교란시켜 한 대의 전투기도 감지되지 못하게 했다.

5) F-35A 아디르ADIR

록히드 마틴과 이스라엘 국방부 관계자들은 2016년 1월 7일 2016년 텍사스주 포트워스에서 제작하고 있던 첫 이스라엘용 F-35A '아디르ADIR: 히브리어로 '막강한 자'를 뜻함'의 시작을 기념했다. AS-1호로 명명된 이 F-35A 전투기는 공식적으로 결합 작업에 돌입했으며, 5세대 전투기의 네 가지 주요 부품들은 전자접합, 조립 스테이션Electronic Mate and Assembly Station에서 조립되어 전투기 구조를 형성하게 된다.

2016년 6월 22일 록히드 마틴사는 포트워스에 있는 F-35 생산 공장에서 이스라엘과 미국 양국 정부 관계자 400명이 참석한 가운데 F-35 공개 행사를 개최했다. 이때 아비그도르 리버만 이스라엘 국방장관은 "F-35는 세계 최고 전투기이며 이스라엘 국방부의 최상의 선택"이라고 밝혔다.

이스라엘은 이전에 미국 정부의 대외군사판매FMS 프로그램을 통해 2010년도 19대, 2015년에 14대, 도입 계약을 통해 총 33대의 F-35 통상 이착륙CTOL· F-35A기를 도입한 바가 있다.

F-35 통상 이착륙CTOL· F-35A기는 2016년 12월부터 이스라엘 측에 인도되었다. F-35A는 첨단 스텔스 기능을 전투기의 속도와 민첩성, 그리고 완전히 융합된 센서 정보, 네트워크 기반 운영 및 첨단 후속 운영 유지가 결합한 5세대 전투기다. 항속거리는 1,500마일3,000㎞ 이상이다. 엘비트사 산하인 이스라엘의 'Cyclone Ltd.'와 록히드마틴이 F-35에 항속거리를 크게 늘리기 위해 새로운 컨포멀 연료탱크를 개발하는 작업을 협업하고 있다.

6) F-22A 랩터[30] F-22 Raptor

5세 전투기 가운데 세계 최강이라 불리는 F-22A 랩터F-22 Raptor는 미국 공군의 '하이-로우 전술'에 따라서 하이급인 F-15를 대체한 스텔스 기능의 전투기로 평가받는다. 반면, 로우급 소형 다목적 전투기인 F-16을 대체한 F-35는 F-22A 랩터보다는 스텔스 기능이 조금 낮다고 알려져 있다.

F-22A는 원거리 전투에서는 세계 최강으로 전투 반경이 약 2,000㎞, 항속거리 1,600마일3,000㎞, AIM-120D 암람 미사일 사정거리 180㎞, 유도장치는 위성 항법장치를 사용한다. 두 대의 제트 엔진으로 로켓처럼 수직상승을 계속할 수도 있고, 음속 돌파 후 애프터버너를 안 켜고 기본 출력으로 음속을 유지할 수 있는 '슈퍼 크루즈'가 가능하다.

양쪽 날개 밑에 각각 2,268㎏의 폭탄을 적재하고, M61A2 20㎜ 포 1문, AIM-120 미사일 4기, AIM-9 사이더 와인더 미사일 4기 등과 같은 무기들을 탑재할 수 있다. 애프터버너 없이 마하 1.5의 속도를 낼 수 있는 높은 연비를 유지하기도 한다. 작전 반경은 3,000㎞ 이상이다.

2006년의 'Northern Edge' 훈련에서 F-22와 F-15의 '블루포스'와 F-15,

---

30) F-22A 랩터 : F-22A 랩터는 2017년 기준 이스라엘 공군에는 배치되어 있지 않지만 이스라엘이 이란 핵공격시 미국에서 지원받는다는 가정하에 글을 쓴다.

F-16, F-18의 '레드포스'가 벌인 모의 공중전에서 나타난 성적은 241대 2. 그나마 격추된 블루포스 두 대는 F-22가 아니라 F-15였다. 보통 10% 정도 손실되었다고 하면 훌륭한 기록으로 평가받는다. 더 황당했던 것은, 레드포스는 E-3 조기 경보기의 지원을 받았다는 사실이다. 그래서 F-22A 랩터의 전적만 비교해보면 144:0의 승리다.

8. 이스라엘과 이란의 가상 전쟁 시나리오

한국과 미국이 북한의 핵시설과 핵무기 사용 가능성에 대해 양국이 머리를 맞대고 해결책을 찾기 시작했다. 그리고 2015년 6월 '작전계획 5027'을 대체하는 '작계 5015'를 새롭게 만들었다. 미국과 한국은 북한과의 전면전에 대비한 작전계획, 일명 작계 5027과 북한의 급변 사태에 가동하는 5029를 세워 놓고 이를 보완해 왔다. 특히 북한의 핵과 미사일 등 대량살상무기와 기습공격에 대한 대응전략이 필요했다. 핵무기에 대처하는 새로운 전쟁 시나리오 작전계획이 바로 '작전계획 5015' 이다.

핵무기에 의한 적의 공격은 한국뿐만 아니라 아랍 국가에 둘러싸여 있는 이스라엘도 최우선으로 풀어야 할 당면 과제이다. 특히 이스라엘의 중요 과제가 이란의 핵이다. 이스라엘 네타냐후 총리는 "이란 핵무기가 이스라엘의 생존을 위협하고 있다. 나는 이란의 핵무기를 막아야 할 도덕적 의무가 있다"고 했으며, '유발 스타니이치' 에너지 장관도 "우리에게 선택의 여지가 없을 경우 군사적 옵션은 모두 열려 있다"고 경고했다. 그리고 이런 경고 메시지는 실행에 옮겨졌다. 이스라엘이 이란의 핵시설에 대해 핵폭탄 공격을 감행한 것이다.

예레미야의 '엘람'은 현대의 이란으로 고대의 페르시아가 5/6을 차지하고 엘람이 1/6로 두 곳이 합쳐진 곳이다. 이란의 핵시설 '부셰르' 핵발전소가 바로 엘람에 있다. 이곳은 3개의 지각판이 겹쳐지는 곳으로 지진에 취약한 지역이다. 성경에서 "엘람의 힘의 으뜸가는 활렘 49:35"이라고 언급된 곳은 오늘날 이란의 '부셰르 핵발전소'이며, 이란이 개발 중인 것은 ICBM 대륙간 탄도미사일, 즉 핵미사일이다.

아랍 국가와 이슬람의 종주국을 자처하는 이란의 대이스라엘 정책은 'Annihilation 전멸, 소멸, 종족말살'이다. 이란이 종주국을 자처한다는 것은 핵무기 보유나 보유단계에 있다는 사실을 암시한다. 이란은 평야보다 산악지대가 많다. 특히 1981년 이스라엘의 '이라크 원전 폭격'을 교훈 삼아 자국의 원자력 관련 시설을 내륙에 건설하고 지하화하는 데 집중했다. 이란 전역에 위장용 시설 핵발전소를 만들어 인공위성으로도 발견할 수 없게끔 만든 것이다. 이란은 러시아로부터 S-300 대공미사일을 수입해 대공망을 갖춤으로써 이스라엘과 적성 국가의 공습에 대비하고 있다.

성경은 이스라엘의 이란 공격을 "하늘의 사방에서부터 사방 바람을 엘람에 이르게 하여렘 49:36"라고 했다. 그리고 그 말씀대로 하늘 상공 4곳을 통해 이스라엘 전투기의 공중 공습과 핵폭탄 공격이 이루어진다.

이스라엘이 핵공격을 감행할 때에 공격 대상으로 삼을 만한 이란의 핵시설은 모두 4곳이다. 이 가운데 이란 정부도 존재를 시인한 콤 근처 '포르도'와 '나탄즈'의 핵시설은 우라늄 농축시설이고, 나탄즈에서는 약 7,000기의 원심분리기가 가동 중이다. 또한 '아라크' 중수로와 '부셰르' 경수로 시설도 있다.

이스라엘은 이란을 공격할 때 4곳의 핵시설을 동시에 파괴하는 과감하고도 정교한 작전을 감행해야 한다. 우라늄 농축시설을 정확히 포착해 공격하는 것은 그야말로 모험이었기 때문이다. 아무리 확실한 정보라 하더라도 변수가 있을 수 있고, 4곳을 한 번에 폭격하자면 공중 급유기, 벙커 버스터 GBU-28, 전폭기, 전투기, 핵탄두 등 엄청난 장비와 인력이 동원되어야만 하기 때문이다.

1) 가상 작전 시나리오 1

타깃지역 - 이란 아라크, 포르도, 나탄즈, 부셰르

이스라엘 최남단 기지인 '오브다Uvda'에서 이스라엘 전자전 특수부대 '스카이크로우The Sky Crows'가 운영하는 '헤론'과 '에이탄'이 저녁 7시경, 이스라엘 공군 본진 전투기들보다 먼저 출격한다. 이스라엘 전자전 특수부대의 '헤론'과 '에이탄'은 스텔스 기능이 미미한 F-15I, F-16I 전투기가 레이더에 포착되지 않도록 지원한다. 그들은 전투기가 터키, 시리아, 이라크, 요르단, 사우디아라비아, 쿠웨이트 상공을 통과할 때에 적의 군사 시스템을 교란시키고, 덕분에 어느 누구도 이스라엘 전투기들의 영공 통과 자체를 인식하지 못할 것이다.

북쪽 '하이파Haifa', 중북부 '수드도브Sde Dov', 중남부 '하체림Hatzerim', 남쪽 '오브다Uvda'기지에서 이란 공격을 위해 대기하고 있는 전투기들이 저녁 11시 일제히 전투기에서 불을 뿜어내며 적진을 향해 출격한다.

북쪽 ''하이파Haifa' 기지에서 F-35A 2개 편대 8대와 F-15I 1개 편대 4대가 '북부 공습로'인 시리아와 터키 영공을 통과하여 '아라크' 중수로를 공습한다.

중북부 '수드도브Sde Dov' 기지에서 출격해 '중북부 공습로'인 시리아, 이라크 영공을 통과한 F-35A 2개 편대 8대와 F-16I 3개 편대 12대가 '포르도' 핵시설을 핵미사일과 핵탄두가 탑재된 '벙커버스터'를 공습한다.

중남부 '하체림Hatzerim' 기지에서 출격해 '중남부 공습로'인 요르단, 이라크 영공을 통과한 F-35A 2개 편대 8대와 F-15I 2개 편대 8대도 '나탄즈' 핵시설을 공습한다. 이스라엘의 F-15I는 콘크리트 6피트를 관통하는 약 1,000㎏ 레이저 유도폭탄인 GBU-27폭탄과 콘크리트 100피트를 관통하는 약 2,500㎏의 최신 GBU-28 폭탄을 사용하여 이란의 핵시설을 불바다로 만든다.

남쪽 '오브다Uvda' 기지에서는 F-35A 2개 편대 8대와 F-16I 3개 편대 12대가 남부 공습로를 통해 공격하라는 명령을 받고 사우디, 이라크, 쿠웨이트 영공을 통과해 '부셰르' 원자력 발전소를 공습, 폭파한다.

2) 작전 시나리오 2

타깃 지역 - 부셰르, 아라크, 포르도, 나탄즈

이스라엘 정보국과 육, 해, 공군은 이란의 핵시설을 타격하는데 대륙간 탄도 미사일 ICBM인 '예리코 3호 Jericho 3'가 가장 합리적이라고 판단한다. 그리고 '예리코 3호'의 모든 미사일에 핵탄두를 장착한다.

텔아비브의 남쪽, 가자 지구의 북쪽에 위치한 '팔라힘 공군 기지 Palmachim Air Force Base'는 이스라엘 최초의 인공위성을 발사한 곳이며, 각종 미사일의 시험발사도 여기서 한다.

이스라엘 대륙간 탄도 미사일 ICBM인 '예리코 3호 Jericho 3' 8기가 D-day에 맞추어 부셰르 원자력 발전소, 아라크 중수로, 포르도 핵시설, 나탄즈 핵무기 저장소를 요격 및 파괴하기 위해 불을 토해내며 목표물을 향해 날아간다.

이스라엘 대륙간 탄도 미사일 ICBM '예리코 3호' 가운데 부셰르 원자력 발전소와 아라크 중수로를 요격하는 미사일 4기는 750㎏ 핵탄두를 탑재한다. 포르도 핵시설, 나탄즈 핵무기 저장소를 요격 및 파괴의 임무를 맡은 예리코 3호 4기는 2~3개의 MIRV 핵탄두를 탑재한다.

'팔라힘 공군 기지'에서 발사된 8기의 이스라엘 대륙간 탄도 미사일 ICBM '예리코 3호'는 군사용 정찰위성인 오페크 Ofek 5, 7, 9호의 유도 하에 대기 권력에 도달해서, 이란 상공에서 직강하했다. 이란 상공에서 직강하를 시작한 750㎏ 핵탄두를 탑재한 '예리코 3호' 4기는 각각 2기씩 부셰르 원자력 발전소와 아라크 중수로를 요격한다. 또 다른 2~3개의 MIRV 핵탄두를 장착한 예리코 3호 4기도 각각 2기씩 포르도 핵시설, 나탄즈 핵무기 저장소를 파괴한다.

3) 작전 시나리오 3

타깃지역 - 부셰르, 아라크, 포르도, 나탄즈

텔아비브의 남쪽, 팔라힘 공군 기지 이스라엘 전자전 특수부대 '스카이 크로우The Sky Crows'가 운영하는 헤론과 에이탄이 D-day에 맞추어 어두움을 뚫고 출격한다. 군사 시스템을 교란시키고 무력화시키는 헤론과 에이탄은 이미 요르단, 이라크, 사우디 영공에서 작전을 시작하고, 이스라엘 전투기들이 적성 국가를 통과할 때 교전이 일어나지 않도록 돕는다.

중부 '테일노프Tel Nof' 기지에서 F-35A 3개 편대 12대, F-15I 3개 편대 12대가 중북부 공습로인 시리아와 이라크 영공을 통과하기 위해 대기하고 있는다. 그것들은 '포르도' 핵시설을 핵미사일과 핵탄두가 탑재된 '벙커버스터'로 공습하기 위해 불을 뿜으며 발진한다.

F-35A 3개 편대 12대와 F-16I기 3개 편대 12대는 중부 '네바팀Nevatim' 기지에서 중남부 공습로인 요르단과 이라크 영공을 통과하기 위해 '나탄즈' 핵시설을 핵미사일과 핵탄두가 탑재된 '벙커버스터'로 출격한다.

'팔라힘' 공군 기지에서 발사된 4기의 이스라엘 대륙간 탄도 미사일 '예리코 3호'는 군사용 정찰위성인 오페크 5, 7, 9호에 의해 '부셰르 원자력 발전소'와 '아라크 중수로'를 정확하게 타격한다. 한편 타깃 지점인 '포르도'와 '나탄즈'에 도착한 이스라엘 공군은 작전 명령대로 핵탄두 미사일과 핵탄두가 탑재된 '벙커버스터'를 전원 투하하고 귀환한다.

4) 작전 시나리오 4

타깃지역 – 부셰르, 아라크, 포르도, 나탄즈, 파르친, 테헤란

남쪽 '오브다Uvda' 기지에서 F-35A 3개 편대가 이란의 우라늄 광산 '사간드, 야즈드, 가친'을 타격하기 위해 1개 편대씩 발진한다. 스텔스 기능을 가진 3개 편대 12대의 F-35A는 사우디 영공을 통과해 페르시아만을 지나 이란 영공에 도착하고, 1개 편대씩 타깃 지역인 우라늄 광산 3곳을 차례로 폭격한다.

중부 '팔라힘' 기지에서는 이스라엘 대륙간 탄도 미사일 '예리코 3호' 4기가 핵탄두를 탑재하고 2기는 요르단, 이라크 영공을 통과해 공격 목표인 '부셰르' 원자력 발전소를, 다른 2기는 북부 공습로인 시리아와 터키 영공을 통과하여 '아라크'를 타격한다.

북부 '라맛 데이빗Ramat David' 기지에서 북부 공습로인 시리아와 터키 영공을 이용해 F-35A 2개 편대 8대가 '포르도' 핵시설을 향해 출격한다. 중남부 '하체림Hatzerim' 공군기지에서 새로 편성된 107 비행대대 소속 F-35A 3개 편대 12대가 핵탄두 미사일과 핵탄두가 탑재된 '벙커버스터'를 장착하고 '나탄즈'를 향해 출격한다.

D-day 30일 전, 이스라엘 해군은 '아카바 만Gulf of Aqaba'에 홍해 기지에서 돌핀급 잠수함 2척이 핵탄두를 탑재한 '팝아이Popeye : 사거리 100km의 정밀공격용 미사일'로 터보 크루즈 핵미사일을 탑재, 오만 해협을 향해 출항한다. 잠수함 2척의 임무는 '파르친 군사기지'와 이란의 수도 테헤란을 공격하는 것이다.

5) 작전 시나리오 5

> **F-22가 도입되었다는 전제하에 시나리오가 진행된다.**
> **타깃 지역 - 부셰르, 아라크, 포르도, 나탄즈, 파르친, 테헤란**

이스라엘 중북부, 팔라힘 공군 기지에서 이스라엘 대륙간 탄도미사일ICBM 예리코 3호 8기가 D-day에 맞추어 부셰르 원자력 발전소, 아라크 중수로, 포르도 핵시설, 나탄즈 핵무기 저장소를 향해 날아갈 준비를 마치고 대기하고 있는다.

예리코 3호 8기 가운데 먼저 4기는 3개의 MIRV 핵탄두를 탑재하고 '부셰르' 원자력 발전소와 '아라크' 중수로를 초토화시키는 임무를 맡는다. 다른 미사일 4기는 750㎏ 핵탄두를 탑재하고, '포르도' 핵시설, '나탄즈' 핵무기 저장소를 파괴한다.

'팔라힘' 공군 기지에서 8기의 이스라엘 대륙간 탄도 미사일 예리코 3호가 불을 솟아내며 발사한다. 이란 상공에서 2기씩 직강하로 4곳의 목표지역을 타격하고 초토화시킨다.

북쪽 '하이파Haifa' 기지에서 제1팀인 F-35A 2개 편대 8대와 F-15I 1개 편대 4대가 '테헤란 핵시설' 공습을 목표로 '북부 공습로'인 시리아와 터키 영공을 통과하기 위해 출격한다. 제2팀인 F-22 1개 편대, F-16I 2개 편대는 중북부 공습로인 시리아, 이라크 영공을 통과하는 작전 임무를 위해 출격한다. 이들의 목표는 '파르친' 군사기지의 핵시설이다.

이스라엘 중북부 공군기지 '하체림 Hatzerim'은 하체림 키부츠 서쪽의 네게브 사막에 위치한 이스라엘 공군기지이다. 1966년에 이스라엘 공군 비행 아카데미가 설치했으며, 이스라엘 공군 에어쇼 팀이 배속되어 있다.

하체림 공군기지에 어둠이 서서히 내리는 저녁 D-day, 작전 명령이 내려지면 제69 비행대대 소속 F-22 1개 편대와, F-35A 1개 편대, F-15I 1개 편대가 한 팀이 된다. 이들의 임무는 원자로, 우라늄 처리 시설이 있는 '이스파한'을 타격하는 것이다.

107 비행대대 소속 F-22 2개 편대, F-16I 2개 편대가 한 팀으로 연간 60t의 정제 우라늄인 '옐로케이크' 생산 공장이 있는 '아르다칸' 폭격을 위해 출격한다.

홍해 기지가 있는 '아카바 만'에서 돌핀급 잠수함 2척이 핵탄두를 탑재한 팝아이 Popeye 터보 크루즈 핵미사일을 탑재, 오만 해협을 향해 출항한다.

오만 해협에 대기하고 있던 2척의 이스라엘 잠수함은 사간드, 야즈드, 가친의 우라늄 광산에 '팝아이 Popeye 터보 크루즈 핵미사일'을 발사해 광산 일대를 초토화시킨다.

9. 전쟁 결과

1) 엘람 이란 지역

성경의 예언대로 이스라엘 대륙간 핵탄도 미사일과 이스라엘 공군의 '핵미사일', '핵 벙커버스터' 투하로 '부셰르', '아라크', '포르도', '나탄즈' 일대는 핵폭탄 공격과 핵발전소 폭발로 방사능 유출이 심해진다. 이란 영토의 대부분이 초토화되어 잠시 동안 사람이 살 수 없는 지역이 된다렘 49:36.

현재 이란 지형의 특성으로 볼 때, 과거 페르시아와 엘람은 산맥으로 나눠졌다. 이란의 핵 시설과 핵발전소가 파괴되면 인접 국가인 'GCC Gulf Cooperation

Council 걸프 협력회의' 국가들 즉, 사우디아라비아, 쿠웨이트, 아랍에미리트, 카타르, 오만, 바레인 등 6개국에 핵 재앙의 영향을 주게 된다.

2) 세계로 흩어지는 이란 국민들

이란 대통령과 부통령, 그리고 장관, 차관, 및 국회의원 등 사회 지도급 인사들이 목숨을 잃는다. 또한 살아 남은 이란 국민들은 세계 모든 나라로 흩어지게 되어, 세계 200여 나라에 이란 사람들이 도피하게 된다 렘 49:38.

3) 극단적 반이스라엘. 친이스라엘 정서가 팽배해짐

세계는 이스라엘을 두려운 존재로 인식하게 된다. '극단적 반유대주의'과 '친이스라엘' 정서가 동시에 일어나 세계 각국의 유대인들은 자발적으로 이스라엘로 알리야한다. 이것이 성경 에스겔 39장 28절, "내가 그들을 모아 고토로 돌아오게 하고 그 한 사람도 이방에 남기지 아니하리니"라는 말씀이 이루어지는 시작점이 된다.

4) 이란 백성들이 돌아옴

성경이 말씀하시는 '끝날'은 천국 복음 전파, 즉 개신교에 의한 선교가 완료되는 날이다. 세계 선교가 마치는 시기는 제5차 성전 제5차 중동전쟁 바로 전이나, 제5차, 6차 성전 사이에 완료될 것이다. 그리고 이란 엘람의 국민들은 제6성전 이후에 세계 각 나라에서 이란으로 돌아오는데 제7성전이 시작되기 전에 이란으로 돌아가게 될 것이다.

2016년 현재 이란에는 하나님을 믿고, 예수님을 그리스도로 영접하는 이란 크리스천들이 많이 생겨나 구원의 역사와 또한 성령님이 나타내시는 기적과 이적의 역사로 개신교가 빠르게 부흥되고 있다.

기독교의 교회 성장 측면에서 미국과 세계 교회는 마이너스 성장인 반면, 이란의 경우 약 20%나 증가하고 있다. 다가오는 제5성전의 핵 재앙 이전에 많은 영혼들을 구원하시기 위한 하나님의 강력하신 역사와 은혜이다.

제2장. 제6성전
제6차 중동전쟁

제6성전제6차 중동전쟁은 약 2천 5백년~3천년 전, 선지자들예레미야, 이사야, 에스겔, 다니엘, 오바댜, 아삽을 통해서 성경에서 이미 예언되었다. 이스라엘은 제5성전제5차 중동전쟁을 통해 이란의 핵 위협을 완전하게 제거하는데 성공한다. 핵 공격을 받은 이란은 엘람이란 땅에 거주할 수 없어 전 세계로 흩어지게 될 것이다렘 49:36.

세계 교회는 제5성전제5차 중동전쟁을 통해 성경의 예언이 역사 현장에 성취된 것을 보고, 놀라워하면서 기뻐하며 하나님께 영광을 돌리게 된다. 이스라엘을 축복하며 예루살렘의 평화를 기도하고 예루살렘을 사랑하는 모든 이들이 슬기로운 다섯 처녀와 같이 '휴거'를 더욱 사모할 것이다. 그리고 유대인의 '알리야'를 위해 더욱 물질과 기도로 헌신하고 전도하게 된다.

한편 세상 사람들은 여호와를 알지 못하고 두려워하지도 않는다. 그래서 전보다 훨씬 반유대주의에 편성해 이스라엘과 유대인들을 미워하고 이스라엘을 도와준 미국을 경멸한다. 특히 이스라엘 인접 국가들은 이스라엘에 대해 두려움과 놀라움을 동시에 느끼며 반이스라엘 감정을 끌어올린다. 이러한 배경이 제6성전제6차 중동전쟁의 불씨가 된다.

1. 아랍 연합군 창설

이란의 패망으로 전 세계 국가들은 혼란에 빠지고 특히 서방 세계는 더욱 당황하고 당혹감을 감추지 못한다. 이란의 석유 매장량이 1,546억 배럴세계4위, 천연가스 매장량 33조 6121억㎥ 세계2위로, 2016년 5월 기준으로 원유 생산량이 일일 약 356만 배럴이나 되기 때문이다. 이란의 원유는 아시아, 유럽이 가장 큰 수요처인데 이란의 전체 수출량 중 30~35%가 유럽으로, 60% 이상이 아시아로 수출되고 있다.

제5차 중동전쟁으로 세계는 '유가 급등'이라는 악재를 만난다. 그로 인해 경제적인 어려움을 겪고, 유럽은 유로화의 하락으로 치명타를 입으며, 미국의 달러는 잠시 동안 강세를 유지한다. 미국은 제5성전 제5차 중동전쟁에서 이스라엘을 후방에서 경제적, 군사적으로 도운 결과, 국제 사회와 특히 러시아에게 비난의 화살을 받는다. 세계 여러 나라들 가운데 자국에 원유가 생산되지 않는 나라들은 엄청난 어려움과 경제적 직격탄을 맞게 되고 전 세계는 '21세기 오일 쇼크'를 겪게 된다.

'오일 쇼크'도 잠시, 이스라엘 인접 국가들이 이스라엘 공격을 목표로 아랍 연합군 창설을 서두르고 일시적으로 원유를 과잉 공급한다. 아랍 국가들은 러시아를 통해 엄청난 양의 무기, 특히 미사일과 생화학 무기를 수입해 이스라엘과의 일전을 준비한다.

5차 성전 이후 세계 모든 미디어의 중심에는 "과연 아랍 국가들이 언제 이스라엘을 공격할 것인가?"라는 제목이 뉴스의 헤드라인을 차지하게 된다. 아랍 국

가들은 국제 정세와 맞물려 "이스라엘을 지구상에서 멸하자", "유대인을 지중해로 몰아내 수장시키자"라고 외치며 아랍 연합군을 구성한다시 83:4.

아랍 연합군은 이스라엘의 인접 국가로 형성된, 레바논, 시리아, 이라크, 요르단, 사우디아라비아, 이집트 등 6개 국가와 팔레스타인, 하마스, 헤즈볼라, 아이에스ISIS 등 폭력 단체들이 연합할 것이다.

2. 수니파 & 시아파

제6성전제6차 중동전쟁을 언급하기 전에, 짚고 넘어가야 할 것이 이슬람의 수니파와 시아파다. 국제 뉴스를 보거나 들을 때마다 언제나 헷갈리는 것이 수니파, 시아파이다. 내 경우에는 좀 더 쉽게 이해하기 위해 "순이수니파는 많고, 철이씨앗-시아파는 적다"는 방법으로 외웠다.

수니파는 무슬림아랍은 국가적, 무슬림은 종교적 개념의 85%를 차지하며, 국가별로는 이집트, 사우디아라비아, 이라크 1/3, 요르단, 레바논, 시리아 3/4, 터키, 아랍에미리트, 오만, 예멘 1/2, 아프가니스탄, 리비아, 차드, 수단, 소말리아, 에티오피아, 파키스탄, 인도, 인도네시아 등이 있다. 시아파는 무슬림의 15%를 차지하며 이란, 이라크 2/3, 시리아 1/4 , 예멘 1/2, 아프가니스탄 1/10 등이 시아파에 해당한다.

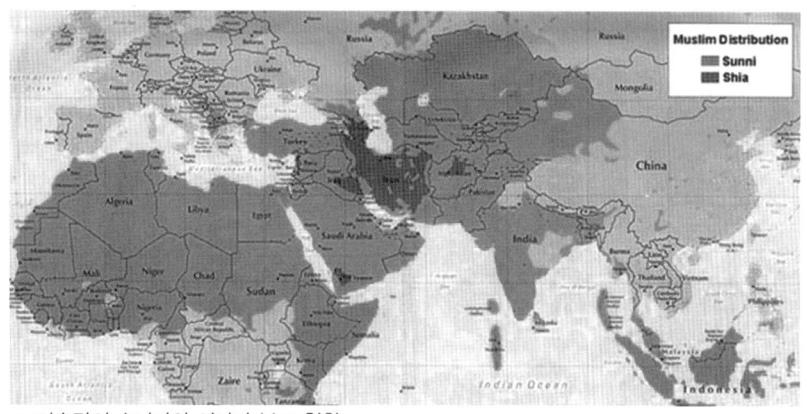

▲ 이슬람의 수니파와 시아파 분포 현황

이슬람 국가들은 지금도 수니파와 시아파로 나뉘어 종파 간, 민족 간 분쟁하고 나라끼리 치열한 싸움을 하고 있다. 그러나 이슬람 공동의 적이라 칭하는 이스라엘과 기독교 앞에서는 수니파와 시아파 할 것 없이 무조건 단결한다. 놀라운 것은 제6성전제6차 중동전쟁에 등장하는 아랍 연합국과 1948년 5월 이스라엘의 1성전제1차 중동전쟁 때에 이스라엘을 공격한 아랍 연합국이 거의 동일하다는 사실이다.

1성전제1차 중동전쟁에 등장하는 아랍 연합국과 제6성전제6차 중동전쟁에 등장하는 나라들이 동일하나 제1성전과 제6성전의 성격이 다른 이유는 다음과 같다.

제6성전은 "시편 83편, 이사야 15~19장, 예레미야 46~49장, 에스겔 25~29장, 오바댜 1장, 스가랴 10장"에 예언되어 있다. 이 말씀들을 보면 이스라엘이 요르단을 점령하고, 다마스커스를 무너뜨리고, 이라크를 파괴하며, 레바논이 핵공격으로 멸망당한다고 기록되어 있다. 그러나 제1성전제1차 중동전쟁은 팔레스타인에서 독립을 선포한 이스라엘이 아랍 연합국의 공격을 받고, 자국 영토를 방어했다. 영토가 조금 확장되는 전쟁을 했으나 아랍 연합국의 영토는 침입하지 않았다.

3. 아랍 연합국의 심판

예레미야, 이사야, 에스겔, 다니엘, 오바댜, 아삽 선지자들에게 주신 아랍 연합국 심판에 대한 예언의 말씀이 제6성전제6차 중동전쟁을 통해 성취된다.

시편 83편에 에돔, 이스마엘, 모압, 하갈인, 그발, 암몬, 아말렉, 블레셋, 두로, 앗수르의 멸망이 기록되었다.

이사야서에서는 11장 애굽, 14장 앗수르, 블레셋, 15장 모압, 16장 모압, 17장 다메섹, 18장 구스, 19장 애굽, 23장 두로의 심판이 예언되었다.

예레미야에서는 46장 애굽, 47장 블레셋, 48장 모압, 49장 암몬, 에돔, 다메섹, 게달, 하솔의 심판이 예언되었고 엘람은 제5성전제5차 중동전쟁에서 심판받는다고 나와 있다.

에스겔은 25장 암몬, 모압, 세일, 에돔, 블레셋, 26~27장 두로, 28장 두로, 시돈 29장 애굽, 35장 세일, 에돔 멸망에 대해 예언했다. 오바댜는 1장 전체가 에돔의 심판에 대한 예언이며 스가랴는 10장에 짧게 애굽, 앗수르의 심판에 대해 말하고 있다.

다시 한 번 정리하면 다음과 같다. 시편 83편, 이사야, 예레미야, 에스겔, 오바댜, 스가랴의 예언들을 종합하면 제6성전_{제6차 중동전쟁}에 등장하는 아랍 연합국은 6개국_{레바논-두로, 그발, 시리아-앗수르, 다메섹, 이라크-앗수르, 요르단-북부 암몬, 중부 모압, 남부 에돔, 사우디아라비아-이스마엘인, 이집트-하갈}으로 요약된다.

레바논   시리아   요르단

이라크   사우디아라비아   이집트

4. 아랍 연합 국가들의 현재와 과거

1) 에돔의 장막 Tents of Edom

에돔의 장막은 제6성전_{제6차 중동전쟁}에 등장하는 첫 번째 나라로, 야곱의 형인 에서가 에돔인의 시조이다. '붉다'는 뜻의 '에돔'은 '에서'를 가리키며, 그들은 이스라엘이 B.C. 586년 멸망하자 그 땅으로 들어가 거주한다. 유목민 '나바티안족'이 아라비아로부터 나와서 에돔을 서쪽으로 몰아내고 에돔이 이두매 지역에 정착함으로 이두매인과 에돔인은 동일인이 된다창 25:29~30.

헤브론은 B.C. 164년 유다 마카비가 다시 찾을 때까지 에돔의 지배 하에 있었다. B.C. 126년에 다시 유대군에 의해 점령 당하면서 이두매인들은 죽거나, 도망가거나, 유대교로 개종하도록 강요당했다. 이런 현상에 대해 코이노니아 하우스 창설자인 'Chuck Missler'는 "최근에 랍비들을 만났을 때에 랍비들이 '지구에 세계 정부를 만들려는 권세있는 엘리트들'을 이두매인으로 지칭하는 것을 보고 놀랐다. 매우 힘이 있는 권력자들 가운데 많은 사람이 유대인이라고 생각하지만 그렇지 않은 사람이 있다"고 말했다.

또한 그는 "우리는 '로스차일드'라고 알고 있지만 사실 그들은 '로스 쉴드'로서 '붉은 방패'다. '붉다'는 에돔과 이두매인과 같은 뜻을 지닌 이두매의 뿌리를 가진 것이다. '록펠러'도 마찬가지이고, '루즈벨트'도 '붉은 세계'라는 뜻이다. 이두매인들이 사회의 높은 지위로 아무도 모르게 등장한 것이다"라고 강조했다.

'에돔'은 현재 지형은 이스라엘 남쪽 지방 사해 주변과 현 요르단의 산악 지방으로 '팔레스타인 난민'과 '요르단 남부'가 이에 해당한다. 에돔의 멸망에 관해 오바댜 1장 1절에서 14절에 자세히 예언되어 있다.

2) 이스마엘인 Ishmaelites

사우디아라비아는 군방 예산이 약 570억불60조로 중동 전체 국가들 중 1위를 유지하는 막강한 대국이다. 이스마엘은 아랍의 아버지, 즉 현재 지형은 '사우디아라비아'이다창 17:20.

3) 모압 Moab

모압은 '아버지의 소생'이라는 뜻이다. 창세기에서 소돔이 멸망한 뒤, 롯의 맏딸이 아버지 롯과 근친상간한 결과로 비롯된 민족이다창 19:33. 그들은 우상 그모스를 숭배했으며왕상 11:7, 그 결과로 모압에는 가증하고 음란한 미신적 행위가 성행했다렘 27:9. 그들은 물질적으로는 부유했으나렘 48:1, 7, 자고하고 교만했으며렘 48:29, 거짓 만족에 취해 있었다렘 48:11. 예언자들은 이 같은 모압의 행태를 바라보면서 그들이 하나님의 징벌을 받고암 2:1~3, 진멸되어 포로가 되며사 11:14; 렘 27:8, 그 땅은 폐허가 될 것사 15:1~9이라고 예언했다. 그 예언대로 결국 그들은 교만과 거짓과 우상 숭배 등으로 인해 심판을 면할 수 없었다사 16:6. 모압의 현재 지형은 팔레스타인 난민과 요르단 중부이다.

4) 하갈 Hagrites

사라의 하녀였던 하갈은 이집트인으로 믿음의 조상, 아브라함의 아들인 이스마엘의 어미가 되었다. 하갈은 이집트를 예표한다.

5) 그발 Gebal

현재 베이루트 북쪽 약 40㎞ 지점의 지중해 항구로 헤즈볼라와 레바논 북부에 위치해 있다.

6) 암몬 Ammon

모압과 같이 롯의 작은 딸이 아버지 롯과 근친상간의 부정한 관계로 낳은 아들의 자손이 '암몬'이다창 19:36~38. 옛 암몬 족속의 도시로 오늘날의 요르단의 수도인 암만과 동일시되고, 지형적으로 팔레스타인 난민과 요르단 북부가 해당한다.

7) 아말렉 Amalek

아말렉은 '골짜기에 사는 자'라는 뜻으로 에서의 맏아들 '엘리바스'가 그의 첩 팀나를 통해 얻은 아들로창 36:12, 16, 에서의 손자인 아말렉은 에돔의 족장들 가운데 한 사람이다창 36:15, 16. 현재 지형은 이스라엘 남쪽인 시나이와 네게부 사막 북동쪽이다.

8) 블레셋 Philistia

현재의 이스라엘 영토를 형성한 팔레스타인Palestine이라는 단어는 블레셋에서 왔다. 현재 지형은 팔레스타인 난민과 가자지구의 하마스로 판단된다.

9) 두로 Tyre

두로는 시리아의 고대 도시이며, '베니게'의 중요한 해안 도시로 시돈에서 남쪽으로 40㎞ 지점에 위치해 있는 곳이다. 현재 지형은 시리아의 헤즈볼라와 레바논 남부가 해당한다.

10) 앗수르 Assyria

앗수르는 시리아와 이라크 북부 티그리스 강 상류에 자리 잡은 B.C. 3천 년 경에 형성된 도시 국가이며, 현재 지형은 시리아, 이라크 북부에 위치해 있다.

11) 롯 자손 Descendants of Lot

모압과 암몬의 자손들로 오늘날 팔레스타인 난민과 요르단 중부와 북부가 해당된다.

5. 이스라엘과 아랍 연합국의 군사력

이스라엘과 제6성전을 하는 아랍 연합국의 군사력을 간단히 비교해 보면 다음과 같다.

이스라엘과 6개국 중동 Middle East 군사력

나라	병력	전차	전투기	핵무기	잠수함	예산
이스라엘	176,500	3,870	680	200-300	14	$15,000,000,000
이집트	468,500	4,767	1,100	0	4	$4,400,000,000
사우디아라비아	233,500	1,095	652	0	0	$56,725,000,000
요르단	110,700	1,321	246	0	0	$1,500,000,000
시리아	178,000	4,950	473	0	0	$1,872,000,000
이라크	271,500	357	212	0	0	$6,055,000,000
레바논	131,100	318	57	0	0	$1,735,000,000

(2017년 기준, 조금씩 차이가 날수 있다.)

6. 전쟁 시나리오

제5성전은 미군의 간접적인 지원이 있었던 전쟁이지만, 제6성전에서 미군은 직접적으로 전쟁에 참여할 것이다.

이스라엘의 우방인 미군의 주공격 작전은 공중 폭격이다. 먼저 미군의 작전 계획은 레이더 공격용 미사일인 AGM-88HARM 미사일을 장착하고 전자 전용기인 EB-18G 그라울러는 '귀신작전' 수행이 가능해 스텔스 기능 없는 전투기 선두에서 방해 전파를 발사해 전파 유리벽을 만든다. 적국의 레이더가 아무리 발사되어도 유리벽에 막혀 못 듣고, 못 보는 깜깜이 레이더가 되는 것이다. EB-18G그라울러는 3대의 항공모함에서 각 6대씩 출격해 레바논, 시리아, 이라크, 요르단, 사우디아라비아, 이집트군의 적 레이더를 무력화시키고, F-15 스트라이크 이글, F-18 호넷, F-16 파이팅 팰컨도 파견되어 공중 엄호 및 적군 진지를 타격한다. '독립적으로는 세계 최강, 합치면 천하무적'인 미공군의 F-35A, 미해병대의 F-35B, 미해군의 F-35C가 CBU, JDAM, LGB 미사일들을 창착하고, 공중전의 최강자인 F-22 랩터에 JDAM, SDB 유도 폭탄 8기를 장착해 적군 지휘소를 파괴한다. F-22와 F-35는 모두 스텔스기로 정밀 타격이 가능하며 소프트웨어 데이터를 공유해 조종사의 헬멧과 조종사 눈이 연동이 되어 촛점을 맞추면 바로 미사일이 목표물에 발사되어 "보는대로 쏘고 쏘는대로 명중시킨다"라는 찬사를 받는다. 미공군의 전략 폭격기 3총사가 출격하는데 바로 '죽음의 백조'로 불리는 B-1B랜서는 무장 탑재량이 가장 많고 제일 빠르다. '폭격기의 제왕'이라 불리는 B-52폭격기는 단독 임무 수행이 가능하며 핵미사일 탑재가 가능하다.

마지막으로 '하늘의 유령'이라는 별명을 가진 B-2는 완전한 스텔스 기능을 갖추고 있으며 핵폭탄을 탑재한다. 특히 B-2 폭격기는 미 본토 미주리주 '화이트먼' 공군기지의 제8공군 예하, 유일한 B-2 폭격기 부대이다. 이 부대는 2차 세계대전 당시 일본의 '히로시마', '나가사키'에 핵폭탄을 투하한 '509 폭격 비행단' 소속으로 '509 배행단에서 20대를 보유하고 있으며, 6대가 중동 6개 나라로 출격해 장거리 임무를 수행한다. 특히 B-52와 B-2는 '챔프'라 불리는 비밀병기를 모두 장착했다. '챔프' 미사일은 발사된 순간부터 극초단파가 발사되어 미사일 회로를 녹이고 적 통제실을 파괴하고 모든 전자, 전기 회로판을 파괴하며 ICBM의 회로를 태운다.

한편 공중 목표물을 탐지하는 E-3센트리와 지상 목표물을 600개 탐지하는 E-8 조인트스타스가 6개국의 모든 목표물을 추적 및 감시한다. 마지막으로 공중전에서 전투기와 폭격기의 젖줄인 KC-135 공중 급유기가 작전을 위해 출격한다.

아랍 연합국 6개국의 대표들은 이스라엘이 이란을 공격한 이후 머리를 맞대고 전쟁 계획을 세운다. 그 계획은 단순히 전쟁을 위한 것이 아니다. 영적인 눈으로 보면, 사탄의 영감을 받은 아랍 연합국 지도자들이 "주의 숨긴 자," 즉 '들림 받을 메시야닉쥬'들과 유대인들을 치려고 서로 의논하는 것이다.

아랍 연합국의 주요 안건은 3가지다.

첫째, "이스라엘을 끊어 다시 나라가 되지 못 하게 하자."

둘째, "이스라엘 이름 자체를 기억하지 못 하게 하자."

셋째, "하나님의 목장인 이스라엘의 모든 석유와 가스 및 금과 은, 그리고 모든 경제적 가치가 있는 것을 차지하자."

아랍 연합국은 이스라엘이 하나님의 사랑받는 나라인 것을 알고 있다. 그럼에도 불구하고 마치 가인이 아벨의 제사만 열납된 것을 보고 아벨을 죽인 것처럼 이스라엘을 멸절시키려 한다.

1) 시리아 전쟁 시나리오

시리아는 전쟁 초기, 생물화학무기로 이스라엘 북쪽을 공격한다. 다메섹에 중동 테러 집단의 지부를 두고 있는 시리아는 테러 단체들과 이스라엘에 작은 피해를 입힌다.

이스라엘은 전쟁 초기 대응군을 운영해 시리아를 반격하는데 이스라엘 육군의 기갑부대는 골란고원 방면으로 공격해 오는 시리아 전차부대를 효과적으로 차단하고 봉쇄한다. 이스라엘 공군은 시리아의 생화학무기 제조 및 보유 지역인 사피라, 라타키아, 마스야프, 홈스, 푸르클루스, 두마이르 6곳이다. 군사 시설이 있는 다마스커스, 홈스, 바니아스 지역에 핵폭탄 공격을 개시한다 사 17:1, 3.

이스라엘 공군의 공격 작전은 저녁에 시행된다 사 17:14. 이스라엘 북쪽 '하이파 Haifa' 기지에서 미국이 지원하는 제6세대 전투기 F/A-XX 1개 편대의 엄호 가운데, B-2 폭격기에 900kg급 GBU-31폭탄과 지하시설 파괴용인 13,600kg급 GBU-57을 싣고 출격한다. 목표 지역은 시리아의 생화학무기 제조 및 보유 지역인 사피라, 라타키아, 마스야프, 푸르클루스, 두마이르이다.

동시에 F-22, 2개 편대, F-35A 2개 편대가 공군 기지에서 출격한다. 그들의 목표 지역은 수도 다마스커스와 홈스, 바니아스이며 약 5~7분만에 그 영공에 도착해 핵폭탄을 투하한다. 다마스커스는 현존하는 도시 중 역사가 가장 오래된 고대 도시로 약 600만 명이 거주한다. 그곳은 B.C. 732년에 함락당한 적이 있으나 파괴된 적은 없었다. 그러나 제6성전 때, 다마스커스는 완전히 파괴되어 폐허가 되며 도시민들 대부분이 죽게 된다.

한편 시리아를 핵폭탄으로 공격한 이스라엘도 시리아에서 날아오는 낙진과 방사능으로 인해 이스라엘 북동쪽에 거주하는 국민들이 피해를 입게 된다 사 17:4~6,9,14.

2) 레바논 전쟁 시나리오

레바논은 지정학적으로 이스라엘 북쪽에 위치한다. 구약성경에는 두로 레바논 왕 히람이 다윗에게 사절들과 백향목, 목수와 석수 프리메이슨를 보내매 그들이 다윗을 위하여 집을 지었고 삼하 5:11, 신약에는 예수 그리스도께서 두로와 시돈 지방에서 전도하셨다 마 15:21.

2007년 2월 10일, 레바논은 국회의 징병제 폐지안에 따른 헌법 개정으로 징병제에서 모병제로 전환했다. 그러나 전쟁 준비 단계에서 모병제를 다시 징병제로 전환한다.

북부 '라맛 데이빗 Ramat David' 공군 기지에서 F-22 1개 분대 2대의 엄호 속에 F-35A 1개 편대 4대, F-15I 1개 편대 4대, F-16I 3개 편대 12대가 출격한다. 베이루트, 시돈, 트리폴리, 티레, 비블로스, 바브다 지역을 목표로 삼아 이스라엘 공군은 전술적 핵공격을 한다.

미군의 항공모함 '해리 투루먼호'에서 F-35C 3개 편대가 레바논을 공격하기 위해 출격한다겔 29:18~20. 미 공군의 전투기들은 미사일 탄두에 핵을 장착하고 레바논의 5개 육군 본부인 베이루트 지역 본부, 베카 지역 본부, 레바논 산악 지역 본부, 북쪽지역 본부, 남쪽지역 본부를 폭격한다.

이스라엘과 미군의 핵공격으로 레바논 국민들은 "각 머리털이 무지러졌고 각 어깨가 벗겨진다." 그러나 미국은 초기 공격의 대가로 받기로 한 보수를 받지 못한다겔 29:18~20.

3) 요르단 전쟁 시나리오

현재 요르단은 과거 이스라엘의 일부로, 이스라엘 동쪽의 므낫세 반 지파, 르우벤 지파, 갓 지파, 베냐민 지파가 현재의 요르단 지역을 소유하고 있다.

요르단의 주요 공군 기지는 최북서쪽의 알 마프라Al Mafra, 북서쪽에 위치한 알 마타, 최북동쪽 에티치 5, 북동쪽의 엘 아자크, 남쪽에 위치한 알 자프르와 무와팍 살티 공군기지 등이 있다.

전쟁 초기, 요르단 공군은 아랍 연합군의 작전대로 엘 아자크 공군기지에서 F-16AM, F-16BM, 2편대와 A-16A ADF, F-16B ADF 2편대가 이스라엘 텔아비브를 목표로 출격한다.

이스라엘 공군은 군사용 정찰위성 오페크 5호와 '모사드'의 도움을 받아, 수드도브 공군 기지에서 F-22 2개 편대를 신속히 발진시켜 이스라엘 영공에서 요르단 전투기들을 격추시킨다.

이스라엘 공군의 방어 차단 작전으로 요르단 공군이 패하면 요르단 수도 랍바암만에 전쟁의 소문이 들린다. 수드도브 공군 기지에서 출격한 F-35A 2편대가 요르단 수도 암만을 공격해 파괴되고 시민들은 핵탄두 미사일의 공격으로 죽임을 당하며, 도시는 불에 타 도시로서의 기능을 상실한다렘 49:2, 욥 1:9.

요르단 중부 알 카라크를 중심으로 한 지역의 남자들은 죽거나 잡혀가고 여자들도 포로가 되며렘 48:46~47, 남부 데만 와디럼도 황무케 된다겔 25:13~14.

4) 사우디아라비아 전쟁 시나리오

사우디아라비아는 2018년부터 이란의 핵폭탄에 맞선다는 명분으로 25년 동안 800억 달러를 투자해 원자력 발전소 16기를 2043년까지 건설한다. 이스라엘은 요르단 남부를 점령하고 사우디아라비아 북서부를 공격한다렘 49:8, 겔 25:13~14. 미국도 요르단을 점령한 즉시 사우디아라비아에 대한 공격을 시작한다.

사우디아라비아는 미국으로부터 가장 많은 무기를 사들였기 때문에 미국의 첨단무기는 거의 다 가지고 있다. 그렇다면 미국은 무기를 사고 팔 만큼 최고 우방이었던 사우디아라비아를 왜 공격하게 된다는 것일까? 분명한 사실은 미국을 통해 이스라엘을 돕고자 하는 것이 하나님의 계획이라는 점이다.

'게달 Kedar'은 '검은 천막에서 사는 사람'이라는 뜻이다. 그는 이스마엘의 둘째 아들창 25:13, 대상 1:29로 유목민시 120:5, 시 1:5의 조상이 되었다사 21:13~17. 게달은 에돔과 바벨론 사이 광야인 아라비아 사막의 북쪽에 살면서 천막 생활을 했고, 그래서 게달을 아라비아인의 조상으로 본다.

'하솔'은 요르단 강 동쪽의 아라비아 사막에 있던 지방이다. 이곳은 예레미야의 예언에서 바빌론의 느부갓네살 왕에 의해 탈취를 당할 것이라고 언급된 곳이다.

미군은 사우디아라비아와 이라크를 공격하기 위해 걸프만에는 항공모함 '조지 H, W 부시' 전단, 홍해에는 '니미츠' 항공모함 전단을 배치한다. 이 전단은 항공모함 1척과 4척 이상의 이지스 전투함, 2척 이상의 공격형 원자력 잠수함 등으로 구성된다.

먼저 걸프만에 전단을 배치한 항공모함 '조지 H, W 부시'호에서 F-35C 라이트닝II, 2개 편대와 6세대 전투기 F/A-XX 1개 편대가 사우디아라비아를 향해서 발진한다.

미군 전투기의 목표는 사우디아라비아의 중동부 지역에 있는 다하란 공군 기지, 하파 알-베틴 공군 기지, 알 카르즈 공군 기지를 타격하는 것이다.

6세대 전투기인 F/A-XX 1개 편대 4대는 항모에서 이륙과 동시에 걸프 상공에서 핵탄두가 탑재된 미사일을 발사한다. 핵미사일은 목표 지역에 편차 없이 정확히 투하되고 공군 기지를 비롯한 50㎞ 일대는 초토화가 될 것이다.

한편 이스라엘 공군은 홍해에 파견된 항공모함 '니미츠' 항공모함 전단과 함께 연합작전을 수행하는데, 이스라엘 남쪽 오브다 공군 기지에서 F-35A 3개 편대가 북서쪽 타부크 공군 기지, 중서부 해안 지역에 가까운 제다히 공군 기지를 공격한다.

니미츠 항공모함에서 출격한 F-35C 2개 편대는 두 갈래로 공격을 실시한다. 그 중 1개 편대는 최남단 지역에 위치한 '카미스 무샤이트Khamis Mushait' 공군 기지를, 다른 1개 편대는 '타이프Taif' 공군 기지를 초토화시킨다.

이스라엘 공군과 미군 해군 전투기들의 신속 정확한 공격으로 사우디아라비아의 주요 도시와 공군 기지, 군 기지들은 황폐하게 되고 이스라엘은 수많은 전리품들을 얻는다.

5) 이집트 전쟁 시나리오

이스라엘과 미군의 미사일 공격과 핵공격, 이스라엘 공군의 도시와 군 기지 공격으로 요르단과 사우디아라비아의 도시들이 파괴된다. 지중해 연안, 중동국가들의 땅이 진동하고 이집트까지 전쟁의 소리가 들린다렘 49:20~21.

이집트 공군은 전쟁 초기 Egyptian Air Force와 Egyptian Air Defense Forces 두 가지 형태를 그대로 유지한다. 이집트는 약 20군데의 공군기지에 1,100대의 전투기를 보유하고 있다.

전쟁 초기, 이집트는 이집트 기갑부대의 약 4,700대 전차를 동원해 총공세를 펼친다. 이집트 공군도 공중전에서 기선을 제압하기 위해 전투에 임할 수 있는 모든 전투기들을 출격시킨다.

이집트 기갑부대는 강습작전으로 이스라엘을 공격한다. 그러나 이스라엘 공군은 남쪽 오브다 공군기지에서 F-22기 2개 편대를 출격시켜 시나이반도에서 이집트 전차부대를 섬멸해 버린다.

이스라엘 공군은 중남부 하체림 Hatzerim 기지에서 출격한 F-22기 3개 편대, 6세대 전투기 F/A-XX 1개 편대, F-15I 4개 편대가 벌떼처럼 몰려오는 이집트 전투기들을 시나이반도 상공에서 대부분 격추시킨다.

이스라엘 공군의 F-35A 3개 편대가 적의 상공을 향해 불을 뿜는다. 첫 번째 편대는 이집트 공군 기지인 Abu Suwayr Air Base, Al Mansurah Air Base, Alexandria/Intl Air Base를 격파했다. 두 번째 편대는 Az Zaqaziq Air Base, Beni Suef Air Base, Bilbays Air Base를, 세 번째 편대는 Birma/Tanta Air Base, Cairo/Almaza Air Base, Cairo/Intl Air Base 제공권을 잡고 초토화시킨다.

F-15I 2개 편대는 핵폭탄과 핵탄두가 탑재된 '벙커버스터'와 콘크리트 6피트를 관통하는 약 1,000kg 레이저 유도폭탄인 GBU-27 폭탄으로 이집트 주요 지하 기지들을 공습한다.

이스라엘 해군은 '아카바 만'에 홍해 기지에서 돌핀급 잠수함 2척에 핵탄두를 탑재한 '팝아이 Popeye' 터보 크루즈 핵미사일로 공격을 개시한다. 이스라엘 중북부, 팔라힘 공군 기지에서 이스라엘 대륙간 탄도 미사일 ICBM '예리코 3호' 2기가 이집트 수도 카이로를 향해 발사된다.

이때 미국도 홍해에서 작전을 펼치는 항공모함 니미츠호에서 이집트 공격을 위해 6세대 전투기, F/A-XX 1개 편대와 F-35C 2개 편대를 출격시킨다. 미 해군 전투기들의 목표는 11곳의 공군기지를 파괴하는 것이다.

6세대 전투기, F/A-XX 1개 편대는 이집트의 최남단 기지인 Aswan Air Base와 El Minya Air Base, 그리고 Hurghada Air Base의 제공권과 기지를 점령한다.

미 해군의 F-35C 2개 편대 가운데 1개 편대는 Cairo/West Air Base, Fayid Air Base, Gebel el Basur Air Base, Inshas Air Base를 타격한다. 다른 편대는 Jiyanklis New Air Base, Kom Awshim Air Base, Mersha Matruh Air Base, Wadi al Jandali Air Base를 초토화시킨다.

전쟁 결과 이스라엘의 공격으로 이집트의 주요 도시들이 기능을 상실한다. 황무지고 사막화가 되어 40년 동안 황폐해질 뿐만 아니라 이집트 국민들은 각국으로 흩어져서 어려운 생활을 하게 된다 겔 29:12~15.

6) 이라크 전쟁 시나리오

이라크는 전쟁 전에 이미 요르단 국경에 약 350대로 구성된 T-55 AV/QM2, T-72 M/M10, 3세대 전차 M1A1M로 구성된 전차 부대와 이라크 전투기 F-16IQ 36기를 대기시킨다.

전쟁 초기, 이라크의 전차 부대와 공군은 이스라엘의 성지 예루살렘을 목표로 공격을 감행한다. 이에 이스라엘 공군은 중부 테일노프 기지에서 F-35A 3개 편대 12대, F-15I 3개 편대 12대를 이라크의 전차 부대를 향해 출격시키고, F-22 1편대는 이라크 공군을 공격하기 위해 힘차게 날아오른다.

같은 시각 이스라엘 중부 네바팀 Nevatim 기지에서는 F-35A 3개 편대 12대와 F-16I기 3개 편대 12대, 그리고 6세대 전투기, F/A-XX 1개 편대 이라크 본토를 향해 날아간다.

먼저 F-35A 3개 편대는 이라크의 수도 '바그다드'와 북쪽의 모술, 아르빌, 키르쿠크 도시들을 공격하고 F-16I기 3개 편대는 이라크 중서부에 위치한 알 아사드 Al-Asad, H2, H3, 알 타카덤 Al-Taqaddum 공군기지 등을 공격한다.

한편 미군은 걸프만의 항공모함 '조지 H. W 부시' 전단에 출격 명령을 내린다. 그들의 목표 지역은 이라크 북쪽의 모술, 중동부의 알 사라, 알 발라드, 알 타지와 남부의 아마라, 타릴 공군기지 등이 될 것이다.

'걸프만'에 전단을 배치한 항공모함 '조지 H. W 부시'호에서 6세대 전투기 F/A-XX 2개 편대가 이라크의 공군기지들을 향해 발진한다. F/A-XX 2개 편대는 이라크 상공에 들어서자 핵미사일들을 발사하기 시작하고, 발사된 핵미사일들은 한 치의 오차도 없이 공군기지들을 타격하고 파괴해 버릴 것이다.

이라크의 패전은 마치 바벨론 제국인 '미국'이 멸망하는 모습과 비슷하다. 이라크는 스스로를 "이는 기쁜 성이라 염려 없이 거하며 심중에 이르기를 오직 나만 있고 나 외에는 다른 이가 없다"라고 했지만, 이것은 실로 엄청난 교만이었다.

7. 전쟁 결과

　이스라엘은 제6성전을 통해 6개 나라들을 굴복시키고 큰 땅을 차지하게 된다. 이로써 아브라함에게 약속하신 땅, 즉 창세기 15장 18절에서 약속하신 "애굽강에서부터 그 큰 강 유브라데까지 네 자손에게 주노니"라는 말씀이 이루어진다.

　이스라엘은 솔로몬 시대에 "유브라데 강에서부터 블레셋 땅과 애굽 지경까지의 열왕을 관할했다"대하 9:26. 그러나 그 이후로 지금까지 이집트의 나일강에서부터 시리아와 이라크의 가운데로 흐르는 유브라데강까지 영역을 넓힌 적이 없지만 제6성전을 통해서 시편 83편의 말씀이 성취된다. 또한 이스라엘은 항상 문제를 일으켰던 가자지구, 웨스트뱅크, 골란고원도 차지하게 된다. 이로써 "요르단 남부의 산을 얻을 것이며, 블레셋가자지구을 얻을 것이요 또 그들이 에브라임의 들과 사마리아웨스트뱅크의 들을 얻을 것이며 베냐민은 길르앗골란고원을 얻을 것이며"라는 오바댜 1장 19절 말씀이 성취된다.

제3장. 제7성전
제7차 중동전쟁

　이스라엘은 제5, 6성전제5, 6차 중동전쟁을 '감동성전'으로 승리한다. 중동 지역에 이 감동성전이 일어난 후 세계는 불안과 혼란에 빠지게 된다. "혹시나 제3차 세계대전이 일어나는 것이 아닌가?" 하는 불안과 두려움이 팽배해질 것이기 때문이다. 전쟁에 대한 공포 외에도 세계는 지금 다양한 어려움을 겪고 있다.

　첫째, 태양의 온도 변화로 지구 표면의 온도가 상승했다. 그로 인해 주요 도시들의 한여름 온도가 평균 섭씨 40도를 웃돌고 있는 상황이다.

　둘째, 강수량이 줄어 기근을 겪고 있다.

　셋째, 전염병전염병은 죄로 인한 것과 이 어두움의 세상 주관자들이 캠트레일과 약을 통해 퍼트림으로 심한 고통을 당하고 있다.

　넷째, 8, 9, 10도의 파괴력 강한 지진이 세계 모든 나라에 엄습하고 있다.

　이런 상황에서 제5, 6성전제5, 6차 중동전쟁을 겪게 된다면 세계는 전쟁의 여파에 시달릴 것이 분명하다. 우선 오일과 가스의 가격이 치솟아서 물가가 고공행진하고, 동시에 시장 경제는 바닥을 치게 될 것이다. 세상 나라들은 이러한 일이 일어나고 있는 배경에 유대인이 있다고 믿는다. 그래서 유대인을 향한 분노와 미움이 점점 커지고 있는 상황이다.

　개인적 견해로는, 사실 유대인이 있는 것은 맞다. 그러나 세상을 움직이고 지배하려는 유대인 모임은 유대인이 아닌 사단의 모임이다. 그럼에도 불구하고 세계는 그들이 진짜 유대인이든 '사단의 회'이든 상관없이 그저 '유대인'이라는 사실에만 주목할 뿐이다.

　이러한 분위기 속에서 미국과 서유럽, 그리고 전 세계의 유대인들은 핍박과 테러를 당하게 되고, 그 결과 유대인들로 하여금 이스라엘로 '알리야'를 하게 하는 결정적 계기가 된다.

제6차 중동전쟁을 승리로 이끈 이스라엘 총리와 정부는 미국을 비롯한 세계 각국의 정상들과 협상을 하게 된다. 이스라엘과 세계 각국의 협상 내용은 바로 '디아스포라' 유대인들이 세계 각국에서 폭력과 테러의 고통을 받지 않고, 안전하게 이스라엘로 '알리야하는 협력 방안'이다.

놀랍게도 각국의 정상들이 자국에서 유대인들에게 가한 암묵적 핍박을 멈추고 유대인들의 '알리야'를 허락한다. 각국에서 일어나는 알리야는 마치 기적과 같은 일이지만, 사실 이 모든 일들은 하나님께서 말씀하신 예언의 성취일 뿐이다.

1. 신 소련연방과 이란의 재등장

21세기 '바벨론 제국'인 미국은 제6성전에서 이스라엘을 돕는다. 하지만 교만해진 미국은 '악한 스태프참모'와 '통치자의 왕사 14:5'의 모습으로 세계에 권력을 행사하고 군림한다. 힘은 얻지만 대신 러시아와 세계 각국의 미움을 받는 공공의 적이 된다. 그로 인해 미국에 다음과 같은 두 가지 현상이 나타날 것이다.

첫째, 미국 국적의 유대인 약 500만 명이 '알리야'해서 모두 이스라엘로 떠난다.

둘째, 미국 교회에 항상 깨어 기도하는 많은 크리스천들이 성경 말씀렘 50:8, 51:6대로 '아메리칸-엑소더스American-Exodus'를 결정하고 '미국 탈출'에 나선다. 그리고 이때를 기점으로 세계 각 나라에 거주하고 있던 모든 유대인들이 고토 이스라엘로 '알리야' 할 것이다겔 39:28.

세계 제2군사 대국인 러시아의 대통령 푸틴은 미국을 압도하기 위한 전방위적인 노력을 다할 것이다. 우선 군사력에서 외형적 성장과 군사적 우위를 차지하기 위해 '구 소련연방'의 '위성 국가'들을 통합하는 작전을 수립하고 위성 국가들을 회유하거나 국지전을 시도할 가능성이 크다.

푸틴의 주도 하에 많은 위성 국가들이 통합되어 '미완성의 소련연방'이 재등장하는 계기가 되고, 이는 푸틴에게 정치적 승리를 가져다줄 것이다. 그러나 푸틴은 수많은 정적들에 의해 타도되고 만다. 비록 미완성 통합에 그치지만, 재탄생한 '신 소련연방'의 등장으로 미국을 비롯한 세계 모든 나라들은 긴장하게 된다.

한편 '미완성 통합 소련연방'은 잠시 동안 정치적, 군사적으로 어지럽고 혼란스러운 시기를 맞이한다. 푸틴의 뒤를 이은 새로운 지도자가 등장하는데, 그는 러시아의 21세기 '차르황제'를 자칭하며 미 통합 위성 국가들을 통합할 것이다. 그리고 구 소련연방의 영광을 재현하기 위해 '미완성 소련연방'을 '신 소련연방'으로 완성시키고, 군사적 대국을 이루기 위해 이란이 중심이 된 이슬람권 나라들과 연합국을 형성한다.

이러한 움직임은 이란에게는 절호의 기회가 된다. 이란의 국민들은 제5차 중동전쟁의 패배로 세계에 흩어져 살게 되지만, 성경의 예언대로 이란은 기적처럼 빠른 시간 안에 영토를 회복하고 국민들이 돌아올 것이다.

전쟁에서 패배한 후, 이란은 계속 미국을 향한 복수의 칼을 갖게 된다. 그러던 차에 '신 소련연방'과 손을 잡으면서 이슬람권 나라들과 연합국을 만들어 미국을 공격할 준비를 한다.

세계 뉴스와 미디어는 연일 각국에서 일어나는 테러, 지진, 전염병, 가뭄 소식으로 가득하다. 그것에 초점에 맞춰져 있다 보니, '이 세상 어두움의 주관자들'이 무슨 일을 하고 있는지 놓칠 때가 많다. 그들은 미디어를 통해 세계가 '신 소련연방'과 '이슬람 연합국'의 군대가 미국을 초토화시키기 위해 전쟁 준비를 하고 있다는 사실을 깨닫지 못하도록 방해하고 있다. 눈을 가리고 있는 것이다.

2. 미국의 멸망

얼마 후 세계 각국의 뉴스에는 충격적인 제목의 기사가 도배를 한다. 바로 '신 소련연방'의 왕자인 곡러시아과 이슬람 연합군이 미국을 선제공격하고 일부 주State에는 핵공격을 감행했다는 소식이 될 것이다.

사실 미국은 '21세기 바벨론', '마지막 바벨론 제국'이라고 불린다. 또 '온 세계의 방망이렘 50:23', '세계의 여왕'이기도 했다. 이처럼 '바벨론화'된 미국은 자신들이 다른 나라에 의해서 무너지거나 멸망당하게 될 것이라고 생각하지 않는다. 오히려 세계의 모든 나라들이 다 망해도 미국만은 멸망하지 않을 것이라고 굳건히 믿는다.

미국 군대가 어떤 군대인가? 국방비로만 1년에 1천조 원을 쓰는 나라, 그래서 천조국이라는 우스갯소리가 있을 만큼 미국의 국방력은 어마어마한 수준이다. 특히 전 세계에 5개의 사령부를 두고 있지 않은가.

첫째, 북아메리카를 담당하는 북부 사령부는 미국 콜로라도Colorado 피터슨Peterson 공군기지로 상비군 총 1,219,995명2011년 5월 말 기준, 예비군 1,082,718명, 민간인군무원 등 10,126명, 캐나다 143명, 그린란드 138명으로 이루어져 있다.

둘째, 중·남아메리카를 담당하는 남부 사령부는 미국 플로리다Florida주 마이애미Miami에 위치하고 있다. 쿠바관타나모 2,306명, 푸에르토리코 769명, 온두라스 412명, 콜롬비아 125명, 에콰도르 13명이 주둔한다.

셋째, 아프리카, 대서양 동쪽, 인도양 서쪽, 서남아시아를 담당하는 중부 사령부는 미국 플로리다주 템파에 있다. 아프가니스탄 109,200명, 지부티 2,400명, 케냐 1,531명, 바레인 1,389명, 사우디아라비아 274명, 카타르 158명, 아랍에미리트 87명, 이집트 29명, 세인트헬레나 10명, 쿠웨이트 10명, 오만 10명이다.

넷째, 유럽을 담당하는 유럽 사령부는 독일 하이델베르크Heidelberg에 있다. 독일 53,766명, 이탈리아 10,801명, 영국 9,382명, 터키 1,491명, 벨기에 1,367명, 스페인 1,479명, 포르투갈 864명, 네덜란드 541명, 그리스 341명, 노르웨이 80명, 덴마크 25명, 헝가리 19명, 체코 10명으로 유럽 주둔 미군은 총 80,718명이다.

다섯째, 동북아시아, 동남아시아, 북태평양, 남태평양, 인도양 동쪽을 담당하는 태평양 사령부는 미국 하와이주에 있다. 미국 하와이주 35,810명, 일본 39,222명, 대한민국 공식적으로 28,500명, 미국 알래스카주 17,989명, 괌 2,828명, 오스트레일리아 711명, 영국령 인도양 지역 디에고 가르시아 섬 240명, 타이 84명, 마셜 제도 26명, 인도네시아 19명, 필리핀은 현재 협의중으로 필리핀은 미군에 최대 5개 기지를 제공한다. 이렇게 해서 동아시아, 태평양에 주둔하는 미군은 총 84,000명이다.

특히 미군은 10척의 항모와 9개의 항모전단Carrier Strike Group을 갖추고 있다. 항공모함은 미국의 세계 제패를 가능하게 해주는 핵심 전력이다. 미국은 현재 2척의 핵 항모를 건조하고 있는 중인데 2017년 완조될 제럴드 R 포드 호가 2012년 퇴역할 엔터프라이즈 호를 대체할 예정이다. 또 존 F 케네디 호도 2025년 실전 배치를 목표로 건조 중에 있다.

항모 전단은 항공모함 1척과 4~5척 이상의 이지스 전투함, 2척 이상의 공격형 원자력 잠수함으로 구성되어 있다.

각 항모전단은 다음과 같다. 1항모전단칼 빈슨, 2항모전단조지 H.W. 부시, 3항모전단존 C. 스테니스, 5항모전단로널드 레이건, 8항모전단해리 트루먼, 9항모전단조지 워싱턴, 10항모전단드와이트 아이젠하워, 11항모전단니미츠, 12항모전단시어도어 루즈벨트으로 총 9개이다.

이렇게 엄청난 미군의 군사력도 '신 소련연방'의 선제 핵공격과 '이슬람 연합국'의 공격 앞에서 무너지게 된다. 미국의 수많은 젊은 청년들이 거리에 엎드려져 죽고 세계 최강을 자랑하며 명성을 날리던 미국 군대는 멸절하고 패망을 맞이할 것이다렘 50:30.

3. 세계 선교의 끝

한편 이스라엘과 세계 교회는 '영적 도전'을 받게 된다. 독버섯처럼 자라는 '거짓 그리스도', '거짓 메시아들'이 나타나 이스라엘과 교회를 어지럽게 하고 제5, 6차 중동전쟁이 일어난 혼란을 틈타, '자칭 선지자'라 칭하는 '거짓 선지자'들이 넘쳐나게 되기 때문이다.

안타까운 사실은 세상이 어지럽고 혼란스러워져 성경 말씀이 없는 사람들,

말씀을 읽지 않은 자들, 말씀을 깨닫지 못하는 많은 사람들이 거짓 선지자들의 거짓 이적에 속아 그들을 따르게 될 것이라는 점이다.

세계 선교는 2025년을 전후로 미전도 종족, 모두에게 복음이 전파되어 예수 그리스도께서 약 2천 년 전, 감람산 위에서 말씀하신 '세상의 끝'이 현실로 다가오게 된다 마 24:14.

4. '젖과 꿀의 땅' 이스라엘

이스라엘은 세계 최고의 산유국이 될 것이다. 하나님께서 말씀하신 그대로 이스라엘은 '축복의 땅'이 된다.

성경적, 역사적으로 팔레스타인 땅은 유대인들의 '알리야' 이전에는 버려진 땅, 사람이 거하지 아니하는 불모지에 불과했다. 그러나 말씀의 약속대로 유대인들의 '알리야'로 인해 '죽음의 땅', '불모지', '저주의 땅'인 팔레스타인이 하나님의 축복으로 '젖과 꿀이 흐르는 땅'으로 변모해 갔다.

하나님께서 이스라엘과 유대인을 통하여 젖과 꿀이 흐르게 하시는 단계는 크게 두 가지로 나눈다.

첫째는 '시작의 축복', 둘째는 '절정의 축복'이다.

첫째, 하나님은 이스라엘 바다에 '시작의 축복'을 주셨는데 그것은 바로 풍성한 '천연가스'와 '오일'이다. 이스라엘 땅에 이 두 가지가 넘쳐나는 것은 "그때에 네가 보고 희색을 발하며 네 마음이 놀라고 또 화창하리니 이는 바다의 풍부가 네게로 돌아오며 사 60:5"라고 말씀하신 예언의 성취. 이스라엘 바다, 즉 해상 경계 지역인 지중해에 엄청난 축복을 주신 것이다.

이스라엘 바다, 지중해에서 발견된 가스전과 원유는 21세기 초 2000년 이후부터 발견된 천연가스전으로 '타마르Tamar'에 셰일가스 470~2,500억㎥, '레비아탄Leviathan'에 셰일가스 5,380억㎥, 액화 천연가스 3,400만 배럴, 원유 6억 배럴이다. 마리Mari-B에 283~340억㎥, 달리트Dalit에 30~200억㎥, 오르Or에 2억㎥ 등

총 5개로, 그 규모가 미화로 1,492억 달러에 달했다. 그리고 2015년도에 지중해 삼손Samson에서 650억㎥가 발견되었다.

이스라엘 중부 지역 '로쉬 하-아인' 인근 '메게드 5' 광구에는 약 15억 배럴 가량의 원유가 매장되었고, 지중해 해저에는 최대 42억 배럴의 원유가 매장돼 있을 것으로 추정되고 있다. 이스라엘 땅에 대한 '시작의 축복'은 이러했다.

2008년 예루살렘에서 남서쪽으로 50㎞ 떨어진 시펠라 분지에서 발견된 '시펠라 유전'은 원유 2,500억 배럴이다. 세계 1위 산유국인 사우디아라비아의 원유 매장량인 2,600억 배럴에 육박하는 수준이다. 2020년 이후에는 이스라엘의 원유 매장량과 생산량이 중동국가들의 전체 원유 매장량과 생산량보다 앞서게 될 것이다.

골란고원은 1967년 6일 전쟁을 통해 이스라엘 영토가 되었다. 그리고 2015년 골란고원에 수십억 배럴의 원유가 발견되었다. 실제로는 더 많은 원유가 있을 것으로 추정된다. 2016년 10월 이스라엘의 리바이어던 컨소시엄은 인접국인 요르단 전력회사와 15년간 $100억 달러11조원에 달하는 천연가스 수출 계약을 체결했다.

둘째, '절정의 축복'이다.

제4부 이스라엘 미래 성전 _ 239

하나님은 이스라엘에 '절정의 축복'을 내리셨고 이것을 유대인의 '알리야'와 연결하셨다. 전 세계 디아스포라로 살아가던 유대인들이 '한 사람도 남지 않고 이스라엘로 계속적으로 돌아오는 그 날, 그 시간을 기점으로 '절정의 축복'이 시작된다는 것이다.

1) 2020년 이전까지만 해도 세계 각국과 비슷한 수준의 천연가스와 원유 생산을 한 이스라엘은 2020년 이후에는 '풍부가 넘쳐' 세계 최고의 산유국이 된다. 네게브 사막에서 발견된 원유의 매장량은 세계 최대인 약 1만 2천억 배럴이나 된다 신 33:19.

하나님께서는 요단강 서쪽, 지중해를 품고 있는 구약 시대 '아셀 지파'의 땅인 이스라엘 북서쪽을 축복하셨다. 이 지역에 원유의 매장량이 넘치고 넘쳐 '사람의 발이 기름에 잠길' 정도가 된다는 것이다 신 33:24.

2) 하늘의 풍성한 비와 최고 등급의 지하수
세계는 너무나 덥고 메마르다. 이스라엘 역시 과거에는 사막 지역이었다. 그런데 하늘에 비가 풍성히 공급되고, 지하수의 물은 최고 등급을 자랑하는 생수로 변한다. 이러한 생수는 전 세계로 엄청난 비싼 가격에 거래되고, 세계는 부러움에 환호하게 된다 신 33:13.

3) 이스라엘 땅에 창조의 빛이 나타난다.
예루살렘과 이스라엘, 그리고 전 세계에 이상한 현상들이 나타나게 된다. 예루살렘에는 여호와께서 첫날에 창조하신 빛이 비추기 시작한다. 예루살렘에 비취는 빛은 '구원의 빛'이요, '주의 영광이요 광명'이다. 마치 어두움이 물러가고 광명한 새벽의 빛처럼 예루살렘 위에 떠오를 것이다 사 60:1~3.

세계는 모든 뉴스, 언론들 그리고 개인 인터넷과 TV, 스마트 폰을 통해 예루살렘에 나타난 빛을 보고 놀라움과 두려움을 느끼게 된다. 그들은 이 빛이 태양이 비취는 빛과는 다르다는 사실을 알게 된다.

예루살렘에 놀라운 '창조 첫날의 빛'이 나타날 때, 세계 모든 나라는 알 수 없는 어둠이 그들의 땅을 덮고 먹구름이 모든 나라 위에 있게 된다. 그러면서 세계 모든 나라들은 이스라엘과 유대인들을 두려워하게 된다.

마치 애굽의 10가지 재앙 후에 바로가 유대인들을 애굽에서 빨리 떠나가라고 한 것처럼, 세계 모든 나라들은 자국에 있는 유대인들을 안전하고 편안하게 돌려보낼 것이다.

4) 열방의 대통령과 수상들이 예루살렘과 이스라엘로 몰려온다.

세계에 나타나는 어둠과 예루살렘에 나타난 창조의 빛. 그런 징조들을 보며 두려움을 느낀 세계 각국의 정상들은 예루살렘으로 모여든다.

5) 세계 모든 유대인들이 이스라엘로 알리야 한다.

세계 지도자들만 모여드는 것은 아니다. 세계에 흩어져 있던 유대인들이 예루살렘에 나타난 창조의 빛으로 인해 자신이 태어난 나라와 민족을 뒤로 하고 이스라엘로 알리야한다. 이때를 정점으로 약 19세기 말부터 시작된 '알리야'의 역사가 완전하고도 아름답게 성취된다.

6) 세계의 재물들이 이스라엘로 온다.

요르단과 사우디아라비아에서 약대와 양과 수양이 들어오고, 예맨에서는 금과 향유가 들어온다. 그들은 여호와의 찬송을 예루살렘과 이스라엘, 그리고 전 세계에 전파하게 된다사 60:6~7, 겔 36:11.

7) 유럽 나라들이 예루살렘으로 몰려든다.

유럽의 '알리야'는 스페인에서부터 시작된다. 스페인이 먼저 유대인들과 함께 금과 은을 가득히 실어 예루살렘에 들어오고, 그 모든 것을 여호와 하나님께 바친다. 뒤를 이어서 유럽의 모든 나라들도 유대인이 알리야하는 데 찬성하고 유대인과 함께 금과 은을 가져와 하나님을 경배한다사 60:8~9, 겔 36:11.

8) 솔로몬의 영화를 능가한다.

이스라엘은 솔로몬의 시대보다 더욱 큰 경제적 영화를 누린다. 금이 놋을 대신하며, 은이 철을 대신하고, 놋이 나무를 대신하며 철이 돌을 대신하게 될 정도로 이스라엘에 금과 은과 놋과 철이 흔해진다.

5. '신 소련연방곡'과 '이슬람 연합국'

이스라엘에 대한 예언 가운데 에스겔 37장겔 37:14은 유대인들이 고토로 돌아가 나라를 재건하는 말씀이고, 에스겔 40장은 제3성전 건축의 환상에 대한 이야기가 기록되었다.

그 사이에 있는 에스겔 38, 39장에는 전쟁 이야기가 삽입되었다. 종말의 예언들을 연구하는 기독교 신학자, 이스라엘 랍비들은 이 두 장이 마지막 때에 이스라엘의 운명을 결정할 중요한 전쟁이라고 해석한다.

에스겔 38, 38장에서 곡과 마곡의 전쟁을 일으키는 중요한 두 나라가 바로 마곡 땅겔 38:2, 곧 '신 소련연방'의 '러시아'와 바사겔 38:5 곧 '이란'이다.

이스라엘에게 망한 이란이 세계에 재등장한 것은 종말의 핵심 요소 가운데 하나다. 이란이 미국과 이스라엘에 대한 보복을 다짐하고 '신 소련연방', '이슬람 연합국'과 함께 이스라엘 전멸annihilation에 앞장서기 때문이다.

역사적으로 러시아와 이란은 2,500년 동안 한 번도 군사 동맹을 맺은 적이 없다. 두 나라는 그다지 좋은 관계가 아니었지만 성경의 말씀대로 마지막 때에 그들은 군사동맹을 맺고 연합한다.

에스겔 38, 39장에 등장하는 마곡 땅의 '곡'은 러시아와 위성국가의 통합된 새로운 '신 소련연방'이다. 마곡 사람은 B.C. 10~B.C. 3세기 러시아 초원에 살던 유목 민족이어었다. 곡의 로스는 '러시아', 메섹은 '모스코바', 두발은 '두볼스크Tobolsk'의 어원으로 '그루지야'이다.

곡 – 소련연방

아르메니아	 아제르바이쟌	 벨라루스
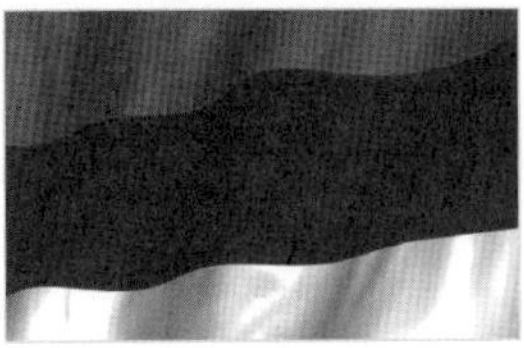 에스토니아	 그루지아(두발)	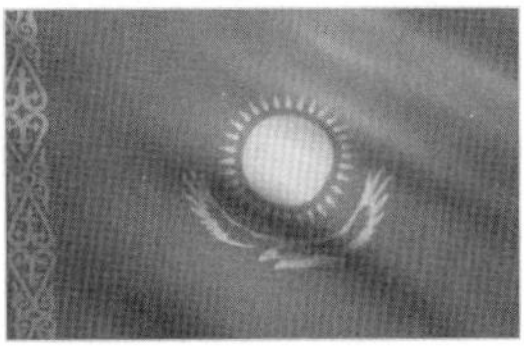 카자흐스탄
 키르키스탄	 라트비아	리투아니아
 몰도바	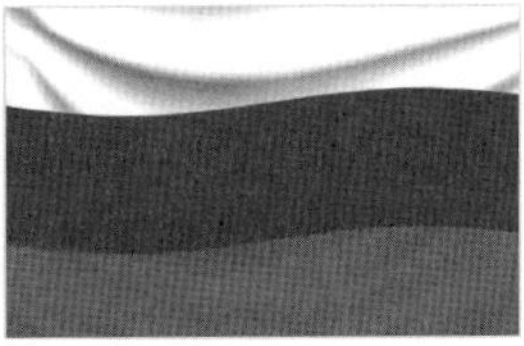 러시아	 타지크스탄
 투르크메니스탄	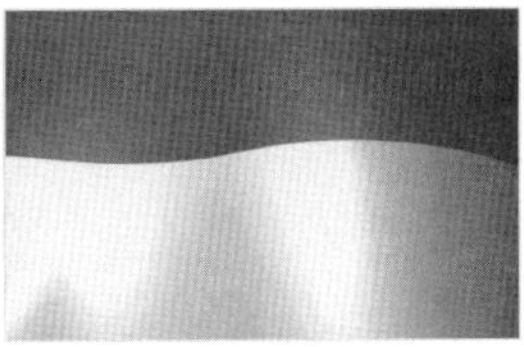 우크라이나	 우즈베키스탄

1) 신 소련연방

구 소련소비에트 사회주의 공화국 연방은 세계에서 가장 큰 국가였다. 구 소련의 영토 면적은 무려 22,402,200㎢, 국경은 세계에서 가장 긴, 약 6만㎞에 달했는데, 이는 지구를 1바퀴 반 정도 돌 수 있는 길이다.

구 소련에 가입한 나라는 아르메니아, 아제르바이잔, 벨라루스, 에스토니아, 그루지야, 카자흐스탄, 키르기스스탄, 라트비아, 리투아니아, 몰도바, 러시아, 타지크스탄, 투르크메니스탄, 우크라이나, 우즈베키스탄 등 모두 15개국이다.

2) 이슬람 연합국

성경에 나타난 이슬람 연합국가의 과거와 현재를 보면 바사는 이란 지역이고, 구스는 에티오피아와 수단 지역, 붓은 리비아와 알제리 지역, 고멜은 독일, 도갈마는 터키다.

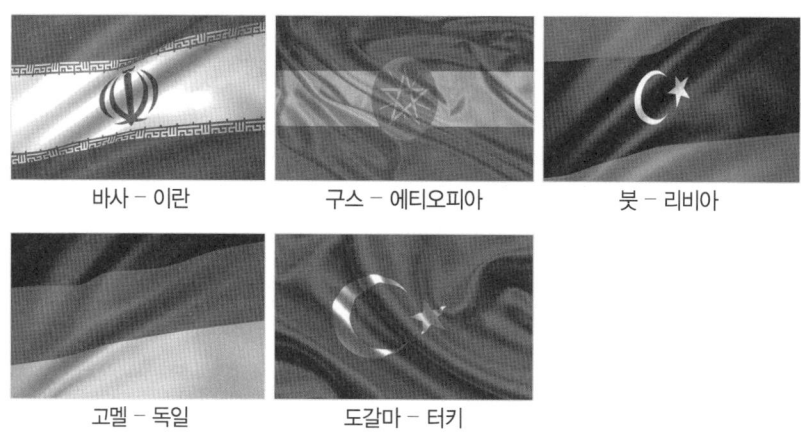

바사 - 이란   구스 - 에티오피아   붓 - 리비아

고멜 - 독일   도갈마 - 터키

미국을 패망시킨 '신 소련연방'과 '이슬람 연합군'은 다음 타깃으로 이스라엘을 정한다. 세계는 중동전쟁의 여파와 미국의 패망으로 '절대적인 혼란'을 겪게 된다. '신 소련연방'과 '이슬람 연합국'은 자국들의 경제적 어려움을 해결해야만 하는 상황이 된다. 그래서 세계 '최고도의 경제적 강국'인 이스라엘로 그들의 눈

을 서서히 돌리기 시작한다.

'신 소련연방'의 왕자인 러시아와 이란이 중심이 된 '이슬람 연합국'은 이스라엘의 금과 은, 석유와 가스, 우라늄, 각종 보석, 그리고 젖과 꿀이 흐르는 땅을 차지하고, 이스라엘을 멸망시키는 묵시록적 전쟁인 제7성전 The Holy War 즉 '곡 전쟁'의 서막을 활짝 열었다.

6. '신 소련연방' 15개국 군사력

각 나라의 군사력은 총병력과 육군의 전차와 장갑차, 공군의 전투기, 해군의 군함, 잠수함 등의 순서로 열거한다. 2015년 전, 후로 나라와 연도에 따라 조금의 차이가 날 수 있다. 2025년 이후면 더욱 증강될 것이다.

1) 러시아

러시아의 병력은 약 966,000명, 예비군은 200만 명, 육군의 전차는 25,000대, 장갑차 약 16,000대를 갖추고 있다. 공군력은 세계 3위로 약 3,500대의 전투기를 갖고 있고, 해군은 군함 233척과 잠수함 65척을 보유했다.

러시아 공정군공병은 세계 제 1위의 전차 보유국답게 엄청난 공병 전차를 보유했다. '러시아'하면 공수부대고, '공수부대' 하면 러시아다. 그만큼 러시아의 공수부대는 세계 최고의 수준이다. 현재 4개 사단, 1개의 독립여단, 특수부대 역할을 하는 2개의 독립 연대의 35,000명과 특수부대 '스페츠나츠'를 운영하고 있다.

또한 러시아는 핵무기 최다보유국이기도 하다. 현재 18,000개 정도 있으며, 대륙간 탄도 미사일은 800개 정도 될 것으로 추정된다. 핵무기는 로켓 전략군이 운영한다.

러시아 우주군은 1957년, 러시아가 세계 최초의 위성인 스푸티니크 1호를 발사했고, 항공력은 미국 못지않은 우주 기술력을 보유하고 있다.

러시아 공군은 제5세대 스텔스 전투기 PAK-FA, 전략폭격기 PAK-DA가 2025년부터 공군에 도입하고, 우주 전쟁을 위한 제6세대 전투기를 개발하고 있다.

2) 아르메니아

총 병력은 42,080명이다. 그 중 육군은 38,945명이고, 전차는 T-72A/B/BM 107대, 장갑차는 613대를 보유하고 있다. 공군은 MIG-25PD 전투기 1대, 공격기는 SU-25 15대가 있다. 내륙국인 관계로 해군은 조직되어 있지 않다.

3) 아제르바이잔

현역 군인 약 67,000명, 예비군 30만 명, 주력 전차 433대, 전투기 MIG-29기 14대, SU-25기 16대이다.

4) 벨로루시

총 병력은 83,100명으로 지상군은 43,500명, 예비군은 289,500명이 있다. 전차는 3세대 전차인 T-80계열 전차를 95대, T-72계열 전차를 1,569대로 T-72 보유국 중 3위에 해당하는 전력이다. 공군은 25,700명에서 8,100명으로 감군했다. 전투기는 SU-27 S형을 23대, MIG-29S형 50대, SU-25 신형을 18대, 구형 62대이다.

5) 에스토니아

총 병력은 5,500명, 육군은 2,700명, 전차는 전무, 장갑차는 170여대, 공군은 L-39 알바트로스 고등 훈련기 3대, 해군은 1,900t급 Admiral Pitka A230 1척이 있다.

6) 그루지야 조지아

총 병력은 41,400명으로 그 중 육군이 37,000명으로 가장 많다. 전차는 T-72전차 220대를 갖고 있으며, 공군의 전투기는 Mig-21 2대, SU-25 스콜피

온 이스라엘 개량형 공격기 11대가 있다.

7) 카자흐스탄

총 병력 48,000명이다. 육군은 3만 명, 전차 T-72BA 300대의 전력을 갖고 있다. 공군은 전투기 MIG기 83대, SU기 56대를 보유하고 있으며, 해군은 3천 명의 병력, 초계정1척, 연안함 1척을 보유했다.

8) 키르키스탄

총 병력은 15,500명, 전차는 T-72 전차 150여대, 공군은 단 한 대의 전투기도 없고, 해군은 조직되어 있지 않다.

9) 라트비아

지상군은 1,300명, 전차, 공군은 편성이 있으나 전투기는 없다.

10) 리투아니아

총 병력은 12,700명, 지상군이 9,300명, 예비군은 356,000명이다. 전차는 없고, 정찰 장갑차 11대만 있다. 공군은 L-39ZA 알바트로스 공격기겸 고등훈련기 2대, 해군은 그리샤급 초계함 2척을 보유했다.

11) 몰도바

총 병력은 9,540명, 지상군이 8,500명, 예비군 66,000명, 보병 전투차가 전차 역할을 한다. 공군은 MIG-29A 6대가 있다.

12) 타지키스탄

현역 8,800명, 예비 7,500명, 전차 T-72 37대, 전투기는 없다.

13) 투르크메니스탄

총 병력은 22,000명, 전차는 T-72를 702대, T-90을 10대, SU-25가 20기 있다.

14) 우크라이나

총병력 16만 명, 전차와 장갑차 약 1만대, 전투기 미그27기, 수호이 27기 116대, 전투기 헬기 493대를 보유했다.

15) 우즈베키스탄

지상군인 육군은 4만 명, 전차 410대, 공군 15,000 명, 전투기 89대가 있다.

7. 이슬람 연합국 군사력

1) 터키 군사력

터키의 총 병력은 644,849명이다. 전차 3,657대, 장갑차 6,592대, 전투기 379대, 훈련기 257대, 헬기 874대이며, 미국으로부터 F-35기 150대를 추가 도입할 예정이다.

2) 리비아 군사력

총 병력은 7만 5천 명이다. 육군의 전차는 T-62 350대, T-72 260대이며, 장갑차는 2,000대, 공군의 전투기는 약 370대, 해군의 전투함은 프리게이트함 2척, 코르베트함 3척, 미사일함 13척, 상륙함 4척, 지원함 9척, 잠수함 2척이다.

3) 이란 군사력

이란의 군사력은 2016년을 기준으로 정규군은 42만 명, 혁명수비대는 125,000명, 민병대는 50만 명이나 된다. 전차 1,700대, 장갑차 640대, 전투기

281대를 보유하고 있다.

4) 에티오피아 군사력

육군 병력 약 138,000여명, 공수부대 약 3,000명, 전차는 T-72 700여대, 전투기 54대이다.

5) 독일의 군사력

독일 육군의 병력은 약 59,136명으로 전차 408대, 공격 헬기 11기+69기, 수송 헬기 304기+77기를 보유하고 있다. '신 소련연방'과 '이슬람 연합국'의 병력과 무기를 종합하면 다음과 같다.

'신 소련연방'의 15개국의 병력은 1,538,730명, 예비군 3,023천 명이며, '이슬람 연합군'의 병력과 예비군은 1,774,136명이다. '신 소련연방'의 전차는 23,690대, 장갑차 27,794대, 전투기 3,692대이며, '이슬람 연합군'은 전차 6,657대, 장갑차 640, 전투기 1,874대를 갖고 있다.

결론적으로 '신 소련연방'과 '아랍 연합국' 총 병력은 약 6,335,866명으로, 600만 명이 넘는 병력이다. 전투에 참가하는 전차는 29,747대, 장갑차 28,434대, 전투기 5,166대로 엄청난 규모의 병력과 무기가 이스라엘을 공격하기 위한 준비를 마쳤다.

8. '신 소련연방'과 '이슬람 연합국'의 침략 배경

'디아스포라' 유대인이 미국을 비롯한 세계 각국에서 핍박과 고통을 받다가 모세와 이스라엘 백성들이 애굽에서 각종 금, 은, 보석을 들고 나오듯이 이스라엘 정부의 지원과 각국의 지원 하에 이스라엘로 돌아온다. 하나님께서 유대인과 이스라엘에 잠시 동안 평안과 안전을 허락하신다. 이때, 이스라엘 땅은 성경대로 '젖과 꿀이 흐르는 땅'이 된다. 골란고원에 넘쳐나는 석유, 지중해의 천연가스와 무궁무진한 석유, 네게브 사막에 발견된 금과 은, 제6차 성전제6차 중동전쟁을 통해 얻은 전리품 등으로 이스라엘은 세계 어떤 나라보다 경제적인 풍요를 누리게 되는 것이다. 또한 사회 전반으로 테러와 미사일 공격이 없는 평안하고 안전한 땅이 된다.

'신 소련연방'과 '이슬람 연합국'의 이스라엘 침략은 예언의 성취이자 하나님의 명령이다. 이와 관련한 몇 가지 특별한 사실을 성경에서는 이미 말씀하고 있다.

첫째, 여호와께서 신 소련연방을 대적하신다겔 38:3.
둘째, 여호와께서 신 소련연방과 이슬람 연합국을 직접 끌어내신다겔 38:6.
셋째, 하나님의 공격 명령이 내려졌다겔 38:8.
넷째, 악한 생각이 떠오른다겔 38:10.
다섯째, 이스라엘의 모든 경제권을 탈취하기 원한다겔 38:13.

9. 신 소련연방과 이슬람 연합국의 침략 시기

첫째, 러시아를 위시한 '신 소련연방'과 '이슬람 연합국'은 이스라엘을 침략하기 위해 오랜 시간 동안 준비하고 기다렸다겔 38:8.

"여러 날 후 곧 말년에 네가 명령을 받고" -개역성경
"네가 공격 명령을 받기까지는 오랫동안 기다리고 있어야 한다." -표준새번역
"여러 날 후에 너는 무장하라는 명령을 받을 것이다." -우리말성경

둘째, 침략은 제6차 성전제6차 중동전쟁을 통해 인접 6개국을 점령한 다음에 일어난다겔 38:8.

셋째, 이스라엘에 거주하는 유대인과 알리야한 유대인들이 이스라엘 영토에서 평안히, 안전하게, 안심하며 거할 때 일어날 것이다.

넷째, 그들은 이스라엘 땅이 젖과 꿀이 흐르는 축복을 받을 때 침략한다. 그

전에 이스라엘은 엄청난 석유와 가스, 금과 은 그리고 전리품으로 마치 다윗왕과 솔로몬의 시대와 같은 황금기를 누릴 것이다.

다섯째, 결국 이스라엘은 세계 모든 나라들의 중앙, 즉 중심이 된다겔 38:12.

10. 신 소련연방과 이슬람 연합국의 공격

이스라엘을 침략하는 '신 소련연방'인 곡과 '이슬람 연합국'은 영적으로 무지한 존재들이다. 그래서 그들은 창조주 하나님이 누구이신지, 진리와 거짓을 구분하지 못한다겔 38:14.

사실 '신 소련연방'과 '이슬람 연합국'은 현실적으로 위협적인 존재다. 600만 명이 넘는 병력과 전차 약 30,000대, 장갑차 약 29,000대, 전투기 약 5,200대 등 엄청난 전력을 갖춘 강력한 세력이기 때문이다.

'신 소련연방'은 북방 함대, 태평양 함대, 흑해 함대, 카스피해 소함대, 발트 함대, 지중해 함대 등 모든 해군을 이스라엘 해상지역인 지중해에 총집결시킨다.

리비아 해군은 지중해를 통해, 공군은 이집트 영공을 통과하고, 육군도 이집트 영토로 진격한다. 에티오피아 육군은 '신 소련연방'의 해군 지원을 받아서 에이스라엘 남단 네게브 사막 지역으로 이동한다.

독일 육군은 오스트리아, 크로아티아, 세르비아, 불가리아를 통해 터키 지역으로 이동하고, 독일 해군은 대서양과 지중해를 통해 공군은 이탈리아 영공을 통해 이스라엘을 공격한다.

터키 육군은 시리아와 레바논을 통과해 이스라엘로 공격하고, 공군은 제1전술 공군 사령부, 제2전술 공군 사령부, 항공 보급 사령부, 항공 교육 사령부 등 군단급 부대가 총출동한다. 해군은 지중해 북쪽에서 공격해 들어온다.

이란은 나라가 재건된 지 얼마 되지 않은 상황이지만, 육군과 공군을 동원해서 이스라엘을 공격하고, 해군은 아라비아해과 홍해를 이용해 공격을 실시한다.

'신 소련연방'과 '이슬람 연합국'의 공격 작전은 아주 빠르고 신속하게 진행된다. 성경은 이미 엄청난 병력이 이스라엘을 침략할 것이라고 예언했다. 이스라엘을 공격하는 군대를 일컬어 "광풍같이 이르고 구름 같이 땅을 덮으리라겔 38:9"라고 말씀하셨다.

그런데 킹 제임스 성경KJV에는 하나님께서 '곡'의 모든 군대를 이스라엘 공격에 가담시키시지 않고 "여섯째 부분만을 남기고"라고 말씀하셨다. – 하나님께서 여섯째 부분을 남겨 놓으신 이유를 차후 5번째 출간되는 책에서 설명한다 – 실제로는, 이스라엘 전투에 참가한 '곡'의 모든 군대가 이스라엘 산지에서 전멸하지만, '곡'의 1/6 군대는 이스라엘 침략에 가담치 않고 마곡 땅에 주둔해 있다.

11. 하나님의 직접 성전

하나님은 '홍해 전투' 이후로 '직접 성전'을 이스라엘 땅에서 시작하신다.

1) 하나님의 전략

'곡'을 향한 하나님의 '직접 성전'은 세상 마지막 때에 '곡'을 끌어내신다. 하나님은 '곡'에게 명령을 내려 오래 황무하였던 이스라엘 산에 이르게 하시고 '곡'을 위해 모인 연합국 군대의 대장이 되게 하신다. 또한 '곡'에게 "내가 평원의 고을들로 올라가리라 성벽도 없고 문이나 빗장이 없어도 염려 없이 다 평안히 거하는 백성에게 나아가서 물건을 겁탈하며 노략하리라"는 어리석은 생각을 넣어 주신다.

2) 대적자 '곡'의 침략

'곡'은 자신도 모르는 사이에 하나님의 계획을 실천으로 옮긴다. '곡'은 황무하였다가 지금 사람이 거처하는 땅, 즉 젖과 꿀이 흐르는 이스라엘과 알리야한 유대인들을 치기 위해 연합군을 형성한다.

'곡'이 이스라엘을 침략하려고 할 때에 사우디아라비아와 스페인의 정치 경제계가 '곡'을 향해 책망한다. "네가 이스라엘을 탈취하러 왔느냐 네가 네 무리를 모아 이스라엘을 노략하고자 하느냐 은과 금을 빼앗으며 짐승과 재물을 취하며 물건을 크게 약탈하여 가고자 하느냐."

그럼에도 불구하고 '곡'과 연합 군대는 바다와 공중과 육지로 파상공세를 펼치면서 이스라엘에 다다르게 된다. 북쪽으로는 '신 소련연방'의 군대와 터키, 독일이 공격해 들어오고, 서쪽인 지중해에는 '신 소련연방'의 함대들과 독일, 터키, 리비아의 해군으로 바다가 가득 찬다. 동쪽으로는 이란이 육지와 공중으로 공격해 들어왔으며 남쪽으로는 에티오피아와 이란의 해군이 침략할 것이다.

3) 하나님의 성전 작전

제7성전에 나타날 하나님의 '직접 성전'의 작전을 살펴보면 다음과 같다.

첫째, 하나님께서 얼굴에 노를 나타내신다. '곡'의 '신 소련연방'과 이슬람 연합군이 이스라엘을 치러 오는 순간, 하나님의 얼굴에 노가 나타난다. 하나님이 진노하시면 이 세상에는 온갖 고난과 재난들이 시작된다.

둘째, 하나님께서는 지진을 일으키신다. 하나님께서는 '신 소련연방'과 이슬람 연합군이 공포와 혼란을 느낄 만큼 큰 지진을 이스라엘 땅에 일으키신다. 하나님께서 일으키실 지진의 규모는 엄청날 것이다. 산들이 무너지고 절벽들이 넘어지며 모든 성벽이 땅에 쓰러지고 바다의 물고기와 공중의 새와 들판의 짐승과 땅 위에 기어 다니는 모든 것들과 땅 표면에 있는 모든 사람이 하나님 앞에서 두려움으로 떨게 될 것이다.

셋째, 하나님께서 칼을 불러들인다. 구약의 '모리아산 전투'에서 기드온과 3백 명의 용사들이 나팔을 불 때, 여호와의 기적이 일어났다. 미디안, 아말렉, 동방 군대가 자기들끼리 칼날로 서로를 치는 바람에 이스라엘은 큰 노력 없이 승리를 거두었다.

하나님께서는 21세기에도 '모리아산 전투'와 같은 기적을 베푸신다. 이스라엘을 침략하는 군대들 사이에 의사소통이 깨어져 버리는 것이다. 이에 대해 성경에서는 "네 활을 쳐서 네 왼손에서 떨어뜨리고 네 살을 네 오른손에서 떨어뜨리리니겔 39:3"라고 말씀한다. 즉 개인 화기와 총알을 사용할 수 없고, 전차 포탄이 움직이지 않아 사격도 안 되고, 전투기가 미사일을 발사하려 해도 작동하지 않는 일들이 발생한다.

이런 하나님의 이적이 일어나자 '신 소련연방'의 군대와 '이슬람 연합국'의 군대는 큰 불안과 공포에 휩싸이고, 그 결과 각 군대는 닥치는 대로 상대편을 쏘는 상황이 된다. 이렇게 이해할 수 없는 전쟁, 제7성전을 세계 각국은 뉴스 미디어를 통해 생중계로 시청하게 된다.

넷째, 전염병과 만물의 징조가 나타난다. 하나님의 마지막 공격 작전은 전염병과 피 비린내 나는 일이다. 하나님께서는 직접 성전으로 '곡'과 '신 소련연방', '이슬람 연합군'이 큰 피해를 입게 된 다음, 억수 같은 소나기와 돌덩이 같은 우박과 불과 유황을 연합군 생존자들 위에 퍼부어진다. 그리고 남아 있던 모든 사람들이 전멸하게 된다수 10:1.

12. 전쟁의 결과

'신 소련연방'과 '이슬람 연합국'에게 이스라엘 침략을 허락하신 분이 하나님이다. 하나님께서는 자신의 영광을 나타내기 위해 전쟁을 허락하신다. '신 소련연방'과 '이슬람 연합국'을 향한 하나님의 진노는 맹렬해서 이를 본 세상 만물은 두려워 떨게 된다. 이때 하나님께서 사용하시는 심판의 도구는 지진, 칼, 온역, 불, 유황 등이다.

제7성전은 하나님의 '직접 성전'이다. 과거 이스라엘의 전쟁 역사를 보면, 대개 그들은 아무것도 한 일이 없었다. 하나님께서 직접 계획하시고, 전쟁하시며 승리하셨기 때문이다. 이스라엘은 그저 전쟁 후에 전리품을 태우는 일과 시체를 장사하는 일만 했을 뿐이다.

그들은 이스라엘의 산에 엎드려졌다. '신 소련연방'의 군대와 '이슬람 연합군' 600만 명이 넘는 모든 병력도 이스라엘의 산에서 전멸을 당한다. 이스라엘의 산에서 전멸을 당한 '신 소련연방'의 군대와 '이슬람 연합군'의 600만 명은 새와 들짐승의 밥이 된다.

"주 여호와께서 이같이 말씀하셨느니라 너 인자야 너는 각종 새와 들의 각종 짐승에게 이르기를 너희는 모여 오라 내가 너희를 위한 잔치 곧 이스라엘 산 위에 예비한 큰 잔치로 너희는 사방에서 모여 고기를 먹으며 피를 마실지어다 너희가 용사의 살을 먹으며 세상 왕들의 피를 마시기를 바산의 살진 짐승 곧 숫양이나 어린 양이나 염소나 수송아지를 먹듯 할지라 내가 너희를 위하여 예비한 잔치의 기름을 너희가 배불리 먹으며 그 피를 취하도록 마시되 내 상에서 말과 기병과 용사와 모든 군사를 배부르게 먹일지니라 하라 주 여호와의 말씀이니라 겔 39:17~20."

하나님께서 불을 마곡 땅과 섬에 평안히 거하는 자에게 내리신다. 이렇게 불을 내리신 이유는 이방인들이 여호와가 하나님이심을 알게 하시기 위함이었다.

하나님께서 원하시는 것은 분명하다. 여호와가 참 하나님 되심을 세계가 알게 되는 것이다.

하나님께서는 제7성전을 통해 하나님의 백성 이스라엘 가운데 여호와의 거룩한 이름을 알려 주시고 여호와 하나님의 거룩한 이름이 다시는 더럽혀지지 않게 하신다. 그때에야 비로소 모든 민족이, 여호와 하나님만이 주인이 되시고 이스라엘의 거룩한 하나님인 줄 알게 된다.

또한 하나님께서는 7년 동안 불을 피우신다. 제7성전을 치를 때, '신 소련연방'의 군대와 '이슬람 연합군'은 엄청난 군수장비를 이끌고 온다. 이것들은 이스라엘의 경제에 큰 역할을 하게 된다. 이스라엘이 기름이나 가스를 팔지 않아도 될 만큼 엄청난 연료가 되기 때문이다. 결국 이것은 7년 대환난이 시작되고 전 3년 반까지 사용하게 될 것이다. 다시 설명하면 제7성전이 일어나고 3년 반 이후에 7년 환난이 시작된다고 볼 수 있다.

하나님께서 진멸당한 '곡'을 위해 이스라엘 땅 곧 바다 동편 사람의 통행하는 골짜기를 매장지로 주신다. 사람이 거기서 곡과 그 모든 무리를 장사하고 그 이름을 '하몬곡의 골짜기'라 일컫는다. 이스라엘 족속이 7개월 동안 그들을 장사하고 그 땅을 정결케 한다.

　하나님께서는 '직접 성전'을 통해 하나님의 영광을 열국 중에 나타내신다. 그들로 하여금 하나님의 심판과 권능을 보게 하신다. 제7성전 이후에 이스라엘 족속은 여호와가 자기들의 하나님인줄 알게 된다.

　과거 이스라엘 족속이 그 죄악으로 인하여 사로잡혀 갔고 '디아스포라'가 되었던 것, 그런 유대인들을 하나님께서 고토로 돌아오게 하고 한 사람도 이방에 남기지 않으셨다는 것, 이런 사실을 직접 경험하고 확인하며 이스라엘은 여호와를 자기들의 하나님으로 더 깊이 알게 된다. 그리고 하나님께서는 그들에게 하나님의 신을 부어주실 것이다.

제5부

맺는말

제5부 _ 맺는말

장차 미래의 제5성전, 제6성전제5차, 6차 중동전쟁은 전 세계에 엄청난 파장을 가져올 것이다. 그리고 제7성전 즉, 하나님의 '직접 성전'은 다니엘서에 예언된 마지막 때를 알리는 시계가 카운트다운에 들어갔음을 경고하는 강력한 메시지가 될 것이다.

이스라엘은 하나님의 은혜로 제7성전에서 승리한 후 넘쳐나는 축복으로 인해 이스라엘 역사상 가장 평안하고 안전한 나라가 되고, 이러한 '평안과 안전함' 속에 성경의 약속, '휴거'가 일어날 것이다.

휴거는 예수 그리스도 안에서 죽은 자들, 즉 신, 구약시대와 금세에 죽은 하늘 성도들의 흙이 된 육신이 먼저 변화체를 입고 공중으로 들림휴거을 받는 것이다. 영혼과 결합을 하고, 다음으로 영혼신을 지닌 살아있는 크리스천의 몸이 변화체를 입고 들림을 받아 공중에서 이끌림을 받는 현상인 것이다.

이스라엘 정부는 크리스천 유대인인 '메시아닉 쥬'들의 휴거에 놀라고, 세계의 교회는 성도들이 휴거되어 놀랄 것이다. 가족 전체가 들림받은 가정과 남은 가정, 교인가운데 들림 받은 자와 남은 자가 있을 것이다. 남겨진 자들은 사랑하는 사람이 사라져 버린 것에 대해 엄청난 혼란을 겪게 된다.

만약 남은 자 가운데 휴거에 대해 알고 있는 사람이 있다면 어떨까. 아마 엄청난 공포에 시달릴 것이다. 자신이 '7년 환난'을 통과해야 한다는 사실을 알고 있기 때문이다.

'어둠의 세상 주관자들'은 이미 휴거가 일어날 것을 예견했다. 그래서 주도면밀하게 '휴거 사건' 이후의 계획을 근대사 초기인 19세기 말부터 2010년 이후까지 약 120년에 걸쳐 수립했고, 완성해 나갔다.

할리우드 영화에서는 외계인을 'E.T.' 처럼 사랑스럽게 묘사하거나, 에일리언처럼 무섭고 두려운 존재로 등장시키는 등 다양한 형태로 계속적으로 외계인에 대한 이미지를 심어주었다. 그 결과 많은 사람들이 영화와 인터넷, SNS, 드라마, 팝음악 등을 통해 등장하는 외계인과 UFO를 신성시하거나 두려움을 갖게 되었다.

들림 받지 못한 일부 교인들은 '휴거'라는 사실을 인지하면서도 현실을 부정할 가능성이 크다. 그러다 보면 대부분의 사람들처럼 휴거를 '외계인의 소행'이라고 치부해 버릴 수도 있다.

제7성전은 '적그리스도'의 등장과 '7년 대환난'의 신호탄을 제공한다. '곡 전쟁'에서 '신 소련연방'이 패배함으로써 강대국의 위치에서 약소국으로 강등되고 세계 평화를 외치던 유럽 연합이 두각을 나타낸다. 세계는 경제적으로 큰 어려움을 겪게 되고 전 세계는 자신들을 돌봐줄 슈퍼맨을 찾을 것이다.

그때 다니엘서에 예언된 한 사람이 세계 무대에 등장한다. 그는 지구촌이 바라는 세계의 정치 안정과 경제적인 해결책을 동시에 제시하고 평화를 외칠 것이다. 그가 바로 인간의 모습을 한 사탄이며, 사단의 메신저 '적그리스도 Antichrist'이다.

이스라엘은 메시야로 세계적 시각에는 민족과 민족, 나라와 나라를 화합시킬 수 있는 슈퍼맨 지도자로 등장한다. 들림받지 못한 교인 가운데 하나님의 은혜가 아니면 '적그리스도'의 미혹을 세계 어느 누구도 거부할 수 없다.

마지막 때, 성도들과 메시아닉쥬들이 깨어나야 한다. 우리는 약하고 원수는 강해 보인다 할지라도 하나님의 백성은 '하나님의 편'에 설 때 견고해진다. 또한 주님의 강림을 예비할 시간이 찼다는 사실을 깨닫고 경건의 삶을 살아야 한다. 하나님의 말씀, 성경만이 진리되심을 고백하고 말씀에 정진해야 한다. 말씀과 기도만이 마지막 때에 우리를 살릴 수 있다.

"이러므로 너희는 장차 올 이 모든 일을 능히 피하고 인자 앞에 서도록 항상 기도하며 깨어 있으라 하시니라 눅 21:36".